趣味逻辑

刘润泽 著

金城出版社 GOLD WALL PRESS
西苑出版社 XIYUAN PUBLISHING HOUSE
中国·北京

图书在版编目（CIP）数据

趣味逻辑 / 刘润泽著. -- 北京 : 金城出版社有限公司, 2025. 6. -- ISBN 978-7-5155-2716-1

Ⅰ. B81

中国国家版本馆CIP数据核字第2024X94Q16号

趣味逻辑

QUWEI LUOJI

作　　者	刘润泽
策划编辑	雷燕青
责任编辑	张纯宏
责任校对	李凯丽
责任印制	李仕杰
开　　本	710毫米 × 1000毫米　1/16
印　　张	19
字　　数	260千字
版　　次	2025年6月第1版
印　　次	2025年6月第1次印刷
印　　刷	天津旭丰源印刷有限公司
书　　号	ISBN 978–7–5155–2716–1
定　　价	58.00元

出版发行	**金城出版社有限公司** 北京市朝阳区利泽东二路3号　100102
发 行 部	(010) 84254364
编 辑 部	(010) 61842768
总 编 室	(010) 64228516
网　　址	http://www.jccb.com.cn
电子邮箱	jinchengchuban@163.com
法律顾问	北京植德律师事务所　（电话）18911105819

代　序

刘润泽先生是一位业余作者，他以高度热情长期探索逻辑问题，取得了可喜成果，对我国文科大学讲授的传统逻辑内容和体系，提出了富有创造性的系统观点，实在是难能可贵。

作者观点鲜明，反对用数理逻辑取代传统逻辑的片面看法，主张改造并发展传统逻辑，使之更好地为现代人的思维服务。该书将传统逻辑在认识、表达和论辩等方面的应用充实为三大部分，即上篇——逻辑学，中篇——形式逻辑，下篇——论辩学，突破了现代通行逻辑教材的旧框框，为传统逻辑的发展方向提出了一个引人瞩目的独特的改革方案。

作者大胆地对人们熟知的权威理论提出挑战，颇具勇气地对直言三段论的 19 个正确式进行深入分析后，尖锐地指出“其中只有两式正确，其余都违背了三段论公理”，冲击了书斋中的沉闷空气，真是振聋发聩。专业逻辑工作者由于思维定式，往往缺乏业余作者这种大胆的探索精神。

作者治学严谨，一丝不苟，材料丰富翔实，语言通俗易懂。书中的每一个观点、每一个实例，都是经过认真思考、刻苦钻研、不断修改的结果。其引用的大量例证亦是其他逻辑读物鲜少用过的资料，为读者带来一股清新气息。即使采用耳熟能详的部分实例也赋予了新意，每个实例都经过反复推敲、仔细琢磨，真正消化吸收后用自己独特的语言方式表述出来，绝无简单移植或照搬照抄。

该书既然是一部创新之作，就会有不完善之处，自然会引起学术界的不同批评。不管它有多少疏漏和不当之处，但从总体上看，仍不失为一部具有较高学术价值的言之成理、持之有据的好书。

我们相信，此书的出版不仅是一件幸事，也有利于提高逻辑学术水平，有利于贯彻百家争鸣的方针。

麻保安

中国人民大学哲学系教授

前　言

“逻辑学是和认识论一致的。”[1]

“逻辑学是关于认识的学说，是认识的理论。”[2]

“在《资本论》中，逻辑、辩证法和唯物主义认识论 [不必要三个词：它们是同一个东西] 都应用于同一门科学。”[3]

这是列宁在《列宁全集》中阐明的有关逻辑的论述，“逻辑学是关于认识的学说”，逻辑、辩证法和唯物主义认识论是同一个东西，都应用于同一门科学。

本书讲的即列宁所说的“逻辑学”，是“和认识论一致的”，是“关于认识的学说”，是“认识的理论”，即通常所说的“科学方法论”的内容。

爱因斯坦说过：“西方科学的发展是以两个伟大的成就为基础的，那就是西方哲学家发明的形式逻辑体系，以及通过系统的实验发现有可能找出因果关系。”

本书改造并发展了形式逻辑，去除了和“认识的理论”无关的内容，补充了很多新逻辑方法，对如何“找出因果关系”进行了更深入地系统阐释，对“科学的发展”起到更大的推动作用。

---

[1] 列宁全集：第 38 卷 . 北京：人民出版社，1959：186.

[2] 列宁全集：第 38 卷 . 北京：人民出版社，1959：194.

[3] 列宁全集：第 38 卷 . 北京：人民出版社，1959：375.

书中讲述的很多逻辑方法是前人没讲过或没讲清的，因而可以指导人们解决很多尚未弄清的认识问题。而且，前人的很多逻辑理论存在不同程度的误区，本书讲述的逻辑方法可以尝试解决其中很多问题，使之进一步完善。

恩格斯说："一个民族想要站在科学的最高峰，就一刻也不能没有理论思维。"本书讲述的即是一套关于"理论思维"的知识，掌握这套知识必将会加强我们的理论思维，帮助我们在攀登科学高峰中取得不凡成就。

笔者 2000 年出版的《传统逻辑体系探析》一书，承蒙中国人民大学的麻保安教授作序。由于本书是该书内容的一部分，亦是该书内容之精华，为了使读者了解本书的学术价值与实用价值，本书沿用麻保安教授的序言为"代序"。特此说明，再一次感谢麻保安教授。

目　录

第一部分・总论

逻辑学是研究认识事物的逻辑方法与基本原则的学说。本书所研究的内容，包括认识事物的逻辑方法与基本原则，即通常所说的“科学方法论”的内容。

在科学史上，盘点很多重大的科学发现与发明，如德国物理学家伦琴发现X射线，法国物理学家居里夫妇发现镭元素，法国物理学家贝克勒尔发现放射性元素，英国物理学家查德威克发现中子，英国微生物学家弗莱明发现青霉素，丹麦物理学家奥斯特发现电磁效应，俄国科学家罗蒙诺索夫发现物质不灭定律，荷兰生理学家艾克曼发现维生素，意大利物理学家伏特发明电池，英国医学家詹纳发明牛痘接种疫苗，法国化学家莫瓦桑研制人造金刚石，法国细菌学家卡默德、介兰成功培育卡介苗，英国化学家卡文迪许揭开物质化合的奥秘，美国物理学家富兰克林揭开雷电之谜，等等，这些科学发现与发明也是借助于逻辑方法完成的。

认识事物的逻辑方法，可视之为辩证法的具体方法。古希腊哲学家柏拉图认为：“归纳是‘上升的辩证法’……分类是‘下降的辩证法’。”[1] 柏拉图把“归纳”和“分类”称之为“辩证法”是有道理的。

列宁说：“没有抽象的真理，真理总是具体的。”[2]

认识客观世界，要应用认识事物的逻辑方法去思索，遵循认识事物的基本原则去探寻，无论是自然科学问题还是社会科学问题，都要借助于这些逻辑知识去研究。逻辑方法，就是认识客观世界时所用的具体的科学方法。

认识客观世界，首先是通过各种实践活动去接触客观外界的现象形成感性认识，这是认识过程的第一步。感性认识是由人的眼、耳、鼻、舌、身五个感觉器官完成的，是人的感觉器官对事物的认识结果。

[1] 彭漪涟，马钦荣．逻辑学大辞典．上海：上海辞书出版社，2004：129.

[2] 列宁选集：第4卷．北京：人民出版社，1972：453.

我们认识到太阳明亮、晴空蔚蓝、湖水碧绿、樱桃鲜红、骆驼高大、蚂蚁微小、青山静立、江水奔流等，这些是由视觉器官——眼睛完成的；认识到鸣虫啾啾、燕语呢喃、溪流淙淙、海涛呼啸、琴曲悠扬、炮声隆隆等，这些是由听觉器官——耳朵完成的；认识到桂花香、狗屎臭、狐狸臊、山羊膻、鱼虾腥等，这些是由嗅觉器官——鼻子完成的；认识到青梅酸、甘蔗甜、黄连苦、秦椒辣、柿子涩、食盐咸等，这些是由味觉器官——舌头完成的；认识到冰雪凉、火焰热、海绵软、岩石硬等，这些是由触觉器官——身体完成的。这些都是感性认识。

认识事物的光色、形状、动态、静态、声音、气味、滋味、凉热、软硬等属性，都是感性认识。感性认识是属于事物之片面的、现象的、外部联系的东西，是人的感觉器官所能感觉到的。

毛泽东在《人的正确思想是从哪里来的？》一文中说："无数客观外界的现象通过人的眼、耳、鼻、舌、身这五个官能反映到自己的头脑中来，开始是感性认识。这种感性认识的材料积累多了，就会产生一个飞跃，变成了理性认识，这就是思想。"

所得到的感性认识需要应用逻辑方法进行加工，使之上升为理性认识，形成思想，这是认识过程的第二步。理性认识是由人的大脑完成的，是人的思维器官大脑对事物的认识结果。

人们常把感性认识比作原材料，把大脑比作加工厂，那么，逻辑方法则像加工厂里的机器。也就是说，大脑是用逻辑方法对感性认识进行加工的。只要掌握了丰富而真实的感性材料，应用逻辑方法进行加工，就能得出合乎客观实际的结论，达到对事物规律性的理性认识。

认识事物的逻辑方法有 15 个：即分析法、综合法、分类法、比较法、递比法、排除法、联缘法、溯因法、度果法、觅差法、对照法、察变法、归纳法、演绎法和类比法。

认识客观世界，要认识事物的五个具体内容：即事物的类别、事物的属性、事物属性的比较、事物的因果关系和事物的演化规律。

认识事物的类别，是运用分类法完成的；认识事物的属性，是运用分析法与综合法完成的；认识事物属性的比较，是运用比较法与递比法完成的；认识事物的因果关系，是运用联缘法、溯因法、度果法、觅差法与对照法完成的；认识事物的演化规律，是运用察变法完成的。在此基础上，还要运用归纳法、演绎法与类比法，对事物的五个具体内容进行归纳、演绎与类比的认识。这些内容是在认识客观事物的过程中进行逻辑思维的方法。

毛泽东说过："认识的真正任务在于经过感觉而到达于思维。" [1]

应用逻辑方法，能够使认识"经过感觉而到达于思维"，得以完成"认识的真正任务"。

例如，太阳能发光，牛郎星能发光，织女星能发光，天狼星能发光，比邻星能发光，老人星能发光，等等，这些都是用人的感觉器官眼睛得到的感性认识。应用归纳法，概括出太阳、牛郎星、织女星、天狼星、比邻星和老人星属于恒星，归纳出"恒星能发光"的结论，把所得到的感性认识上升到了理性认识。

毛泽东说："感性的认识是属于事物之片面的、现象的、外部联系的东西，理论的认识则推进了一大步，到达了事物的全体的、本质的、内部联系的东西。" [2]

认识客观世界，通过观察、调查、实验等各种实践活动，接触客观外界的现象形成了感性认识，应用逻辑方法进行加工，就可以将感性认识上升为理性认识。只要掌握的感性材料是丰富而真实的，并且正确地应用逻

[1] 毛泽东选集：第 1 卷 . 北京：人民出版社，1968 : 262.

[2] 毛泽东选集：第 1 卷 . 北京：人民出版社，1968 : 263.

辑方法进行加工，就能得出符合客观实际的结论，探索出客观世界的规律与奥秘。

逻辑方法各有各的特征，在认识过程中起的作用也各不相同，解决不同的问题需要采用不同的逻辑方法。应用逻辑方法进行探索，既要了解它们各自的特征，又要注意它们之间的相互联系、相互补充，这样才能达到认识复杂的客观世界的目的。

恩格斯说："经验自然科学积累了如此庞大数量的实证的知识材料，以致在每一个研究领域中有系统地和依据材料的内在联系把这些材料加以整理的必要，就简直成为无可避免的。建立各个知识领域互相间的正确联系，也同样成为无可避免的。因此，自然科学便走进了理论的领域，而在这里经验的方法就不中用了，在这里只有理论思维才能有所帮助。"[1]

本书介绍的逻辑方法即进行"理论思维"的科学方法，掌握了这种逻辑方法，不但可以探索客观世界的规律与奥秘，还可以加工整理前人的实践经验。由于没有采用正确的逻辑方法，只凭"经验的方法"，前人的很多实践经验没有形成系统完善的科学理论，有待于应用逻辑方法进行加工整理，使之形成系统完善的科学理论体系。

应用逻辑方法进行探索，要遵守认识事物的基本原则，这个基本原则就是同一原则。

同一原则要求认识结果必须符合客观实际，和客观世界达到一致。衡量一个认识结果是否遵守同一原则，必须通过实践检验。凡符合客观实际的认识就是正确的，否则就是错误的。对于错误的认识要予以修正，使之和客观世界达到一致。

遵守同一原则的过程，是通过实践去检验、修正认识结果的过程。遵守同一原则，是为了保障人们的认识如实地反映客观实际，达到正确地认

[1]　马克思恩格斯选集：第 3 卷 . 北京：人民出版社，1972：465.

识客观世界的目的。应用逻辑方法进行探索，必须懂得如何通过实践去检验和修正所得到的理性认识，这是认识过程中非常重要的一环。

综上所述，逻辑方法是认识事物的科学方法，同一原则是保障人们的认识如实地反映客观实际的基本原则。掌握了逻辑方法与同一原则的道理，就可以去探索客观世界的规律与奥秘了。

第二部分 • 分析法、综合法与分类法

认识客观事物，一般说来，先把事物分解为各个部分或方面、各种特性或因素去研究，借以认识事物的本质；然后，再以对事物的分析认识为指导，把事物的有关方面、特性或因素联结成一个统一整体来研究，借以认识事物的全貌。这两个认识过程，是运用分析法和综合法完成的。通过分析与综合，达到对事物的本质和整体的认识。

恩格斯说："思维既把相互联系的要素联合为一个统一体，同样也把意识的对象分解为它们的要素。没有分析就没有综合。"[1]

毛泽东在《关于农村调查》中说："当我们观察一件事物时，第一步的观察只能看到这件事物的大体轮廓，形成一般概念。好比一个初来延安的人，开始他对延安的认识只是一般的、笼统的，可是当他参观了抗大、女大以及延安的各机关学校之后，他采取了第二个步骤，用分析方法把延安的各部分有秩序地加以细细的研究和分析。然后，第三步再用综合法把对各部分的分析加以综合，得出整体的延安。这时认识的延安就与初来时认识的延安不同……现在他对延安就有了科学的认识和具体的了解。"

观察事物，第一步是观察到事物的大体轮廓，第二步是用分析法对事物的各部分进行分析，第三步是用综合法把事物各部分的分析加以综合。这样，就对事物有了"科学的认识和具体的了解"。

列宁说："分析和综合的结合——各个部分的分解和所有这些部分的总合、总计。"[2]

列宁非常重视分析法和综合法在认识过程中的作用，把它们看作辩证法的要素。

分析法和综合法是相互联系、相互补充的，分析是综合的基础，综合

[1] 马克思恩格斯选集：第 3 卷 . 北京：人民出版社，1972 ：81.

[2] 列宁选集：第 2 卷 . 北京：人民出版社，1972 年：607.

又是分析的前提与归宿，二者是不可分割的。分析和综合是“必然相互联系着的”，恩格斯指出：“不应当牺牲一个而把另一个捧到天上去，应当把每一个都用到该用的地方，而要做到这一点，就只有注意它们的相互联系、它们的相互补充。”[1] 黑格尔也曾说：“哲学的方法既是分析的又是综合的。”[2]

在“分析和综合的结合”中去认识事物，通过循环往复地分析与综合，达到对事物的本质与整体的深刻认识。

毛泽东在《关于农村调查》中说：“马克思的《资本论》就是用这种方法来写成的，先分析资本主义社会的各部分，然后加以综合，得出资本主义运动的规律来。”

分类法是通过对事物进行分析与综合析理事物类别的逻辑方法，以分析法和综合法为基础。

恩格斯说：“当归纳法的结果——分类法——到处出问题时，当每天都有新的事实发现，不断推翻全部旧有的归纳分类法时……由于进化论的成就，有机界的全部分类都脱离了归纳法而回到‘演绎法’。”[3]

分类法先以归纳法为基础，由于进化论的成就，分类法脱离了归纳法回到演绎法。但是，演绎法不是分类法的基础，分类法的基础是分析法和综合法。

认识客观事物的构成、全貌与类别，是借助于分析法、综合法和分类法三个逻辑方法完成的。在认识客观世界过程中，分析法、综合法和分类法都起着非常重要的作用。

---

[1]　马克思恩格斯选集．第 3 卷，北京：人民出版社，1972：584

[2]　黑格尔．小逻辑．北京：商务印书馆，1980：424.

[3]　恩格斯．自然辩证法．北京：人民出版社，1971：205.

一、分析法

分析法是把事物分解为各个部分或方面、各种特性或因素去认识的逻辑方法。

辩证唯物主义认为，客观事物由很多方面构成，是多种不同性质组成的统一体。要了解事物的构造成分，就要把构成事物的各个部分或方面、各种特性或因素分解认识。这个认识过程是用分析法完成的。应用分析法，可以使人们对事物的构成因素有清晰的了解，通过进行分析认识，能够更深刻地认识事物的本质。

恩格斯说："我们用世界上的一切归纳法都永远不能把归纳过程弄清楚。只有对这个过程的分析才能做到这一点。……有一个令人信服的例子，可以说明归纳法没有权利要求成为科学发现的唯一的或占统治地位的形式：蒸汽机已经最令人信服地证明，我们可以投入热而获得机械运动。……萨迪·卡诺是第一个认真研究这个问题的人。但是他没有用归纳法。他研究了蒸汽机，分析了它……"[1] 恩格斯在批评"归纳万能论者"的同时，指出了分析法在科学探索中的重要作用。

马克思说："如果我从人口入手，那末这就是一个浑沌的关于整体的表象，经过更切近的规定之后，我就会在分析中达到越来越简单的概念；从表象中的具体达到越来越稀薄的抽象，直到我达到一些最简单的规定。……完整的表象蒸发为抽象的规定。"[2] 研究人口，开始看到的是"浑沌的关于整体的表象"，通过分析，可以"从表象中的具体达到越来越稀薄的抽象"的规定，由对事物具体的认识上升为抽象的认识。也就是说，分析法是认识"从具体上升到抽象"的逻辑方法。

[1] 马克思恩格斯选集：第 3 卷 . 北京：人民出版社，1972：548—549.

[2] 马克思恩格斯选集：第 2 卷 . 北京：人民出版社，1972：103.

分析法的公式如下：

S

/　　\

A　　B

/　\　　/　\

a_1　a_2　b_1　b_2

在公式中，S 表示一个被分析的一般事物，A 和 B 表示构成事物的两个部分，a_1 和 a_2 表示 A 部分包括的两种情况，b_1 和 b_2 表示 B 部分包括的两种情况。这个公式只表示分析法的道理，并不表示事物的共同结构，因为事物并非都由两部分构成，每个部分也并非只包括两种情况。

根据分析法的道理，对事物进行分析分为两个步骤：第一步先分析出事物由几个部分构成，第二步再分析出每个部分各包括几种情况。通过一个完整系统的分析过程，对事物的构成就有了清晰系统的认识。

毛泽东在《关于农村调查》中说："特别注意的是分析。应该是分析而又综合，就是说在第二步骤的分析中，也有小的综合。"进行第二步分析，需要综合考察被分析的一般事物所包括的各种具体情况。这一步分析叫作综合的分析，即"分析而又综合"，分析中的"小的综合"。由此可知，分析法的公式表明了分析与综合之间既对立又统一的辩证关系。

如何对事物进行分析认识呢？学习形式逻辑要研究思维形式，直言判断是一种思维形式，我们以它为例进行分析。

例如："金属能导电"、"有些战士不是青年"和"天狼星可能是会发光的恒星"，就是三个直言判断。

直言判断由判断主项、判断联项和判断宾项三部分构成。在上面三个判断中，"金属""有些战士""天狼星"即判断主项，"能""不是""可能是"即判断联项，"导电""青年""会发光的恒星"即判断宾项。

判断主项分为单称主项、全称主项和特称主项三种情况。表示一个事物的为单称主项，“天狼星”即单称主项；表示一类事物的为全称主项，“金属”即全称主项；表示一些事物的为特称主项，“有些战士”即特称主项。

判断联项分为肯定联项、否定联项和不定联项三种情况。肯定判断内容的为肯定联项，“能”即肯定联项；否定判断内容的为否定联项，“不是”即否定联项；既不肯定也不否定判断内容的为不定联项，“可能是”即不定联项。

判断宾项分为属性宾项、类别宾项和定义宾项三种情况。表示事物性质的为属性宾项，“导电”即属性宾项；表示事物种类的为类别宾项，“青年”即类别宾项；表示事物性质与种类的为定义宾项，“会发光的恒星”即定义宾项。

现在知道，直言判断由三部分构成，每部分都分为三种情况。通过这个分析，对直言判断的形式结构就有了清晰系统的认识。

由此可以看到，进行系统分析是离不开综合的。当分析出直言判断由三部分构成后，如果对其没有综合的认识，便不能分析出三部分各包括的三种情况。这些情况是综合考察各个具体判断之后得出来的。由此，进一步明白，分析与综合是相互联系、相互补充的。

讲哲学要讲到宇宙观，宇宙观就是对宇宙的观点或见解。如何对宇宙观进行分析认识呢？

对宇宙的见解可分为对宇宙发展的见解和对宇宙本质的见解两个方面，对宇宙发展的见解又可分为辩证法和形而上学两种情况，对宇宙本质的见解可分为唯物主义和唯心主义两种情况。这就是对宇宙观所做的系统分析。通过这个分析，对宇宙观的构成就有了清晰系统的认识。

在社会实践中，由于研究的目的不同，对事物的分析情况也就不同。有时候需要做第一步分析，有时候需要做第二步分析，有时候则需要做全面的系统分析。对事物做什么样的分析，要根据研究目的而定。

在分析结果中有两种关系，一种叫作对立关系，一种叫作统一关系。明确了这两种关系，便于正确地进行分析、综合与分类。

1. 对立关系

在分析结果中，被分析事物同一方面所包括的情况之间叫作对立关系。分析法公式中的 a_1 和 a_2 以及 b_1 和 b_2 之间即对立关系。

例如，在对宇宙观的分析结果中，辩证法和形而上学以及唯物主义和唯心主义之间等，都是对立关系。

2. 统一关系

在分析结果中，被分析事物不同方面所包括的情况之间叫作统一关系。分析法公式中的 a_1 和 b_1、b_2 以及 a_2 和 b_1、b_2 之间即统一关系。

例如，在对宇宙观的分析结果中，辩证法和唯物主义、唯心主义以及形而上学和唯物主义、唯心主义之间等，都是统一关系。

应用分析法要遵守两个规则：一是必须把事物所有方面的所有情况都综合地分析出来，二是分析事物某一方面的情况只能根据同一标准。

*第一个规则：应用分析法，必须把事物所有方面的所有情况都综合地分析出来。*否则，就不能对事物的构成有一个清晰系统的认识，也就难以对事物做出正确的综合与分类。

例如，我们分析直言判断时，既分析出它由三部分构成，又分析出这三部分各包括的三种情况，从而把直言判断所有方面的所有情况都综合地分析了出来。这样，就对直言判断的形式结构有了清晰系统的认识，便于对它进行综合与分类。

在一般形式逻辑教科书中，只分析了直言判断的判断主项和判断联项，漏掉了判断宾项；在分析判断联项时，只分析了肯定联项和否定联项，漏掉了不定联项（康德除外）。由于一般形式逻辑教科书对直言判断的分析比较混乱，导致了对直言判断分类的混乱。

在很多学科中，由于对所研究的事物没有做出正确的系统分析，就不能对事物的构成有一个清晰的了解，也就难以对事物做出正确分类。

第二个规则：应用分析法，分析事物某一方面的情况只能根据同一标准。否则，如果以多个标准作为依据，得出的分析结果必然混乱不清。

例如，我们把人分为幼年、童年、少年、青年、壮年和老年，是以人的年龄为同一标准进行分析。由于遵守了分析法的规则，分析结果是正确的。

如果把人分为青年、老年、女性等，就不是以同一标准分析了。青年和老年是以人的年龄作为标准，女性则是以人的性别作为标准。以多个标准作为依据，违反了分析法的规则，因而所得出的分析结果混乱不清。

我们知道，在分析结果中有两种关系，即对立关系和统一关系。分析事物某一方面的情况，分析结果必然是对立关系，出现统一关系的分析结果是错误的。

应用分析法，遵守以上两个规则，就能对事物做出正确的系统分析。

探索一个问题，如果对所认识的对象的面貌还不清晰，可以借助于分析法去析理。

例如，1960 年，美国肯塔基州大学的一位血液学家，在深山里发现了一个奇异的蓝种人部落。这个部落的人的血液都是蓝色，皮肤呈浅蓝色。科学家对蓝种人的血液进行分析，发现血液中缺少一种酶。这种酶能够消除血液中叫作“超高血型蛋白”的蓝褐色物质，缺少这种酶，蓝褐色的“超高血型蛋白”就会大量积聚，使血液呈蓝色，皮肤随之成为浅蓝色。科学家通过分析蓝种人的血液成分，发现血液中缺少一种酶，就找到了他们的血液及皮肤为什么呈蓝色的原因。科学家的探索运用了分析法。

毛泽东说：“所谓分析，就是分析事物的矛盾。不熟悉生活，对于所论的矛盾不真正了解，就不可能有中肯的分析。”[1] 熟悉生活，才能真正了解所分析的事物，否则，就不会有“中肯的分析”。

进行分析，是在思维中把事物分解为各个部分或方面、各种特性或因素去认识，而不是用工具或仪器对事物进行实际的解剖分割，被分析事物的形态并不会发生任何变化。如马克思所说：“虽然把空气分析成为几种元素，但空气形态，当作一个物理的物体形态，依然是和以前一样。”[2] 所谓“解剖麻雀”“层层剥笋”等，是技术性的解剖，而不是逻辑性的分析。进行解剖虽然要以对事物逻辑性的分析为指导，进行逻辑性的分析也要以对事物解剖、拆卸的结果为依据，但二者的本质不同，必须区分清楚。

《庄子·天下篇》中说：“一尺之棰，日取其半，万世不竭。”其意指：一尺长的木棒，每天取其一半，永远也取不尽。这段话阐明了事物无限可分的道理。

我们曾经分析出物质由分子构成，分子由原子构成。后来，又分析出原子由原子核和电子构成，原子核由质子和中子构成，质子由质子和反质子构成，中子由中子和反中子构成。再后，又分析出基本粒子。现代的科研成果证明，基本粒子也是可以再分的。由于客观事物是无限可分的，因此，对事物分析的认识是没有止境的。通过对事物步步深入地不断分析，就会达到对事物本质更深刻、更系统、更详细的清晰认识。

在社会实践中，分析法的应用范围非常广泛。例如，农民认识一种棉花品种，要把它分为根、茎、枝、叶、花等部分研究；动物学家认识一种动物，要把它分为头、颈、躯干、尾巴、四肢等部分研究；生物学家研究细胞，要把它分为细胞核、细胞质、细胞膜、细胞壁等部分研究；生理学家认识人体，要把人体分为运动系统、循环系统、呼吸系统、消化系统、

[1]　毛泽东选集：第 5 卷 . 北京：人民出版社，1977 ：413—414.

[2]　资本论：第 1 卷 . 北京：人民出版社，1958 ：56—57.

排泄系统、分泌系统、生殖系统、神经系统等部分研究；音韵学家研究语音，要把它分为声母、介母、韵母等部分研究；哲学家认识事物的矛盾，一般要把矛盾分为主要矛盾、非主要矛盾和矛盾的主要方面、非主要方面等部分研究；等等，都是用了分析法。总之，认识客观世界，时时都要用分析法去认识客观事物。

毛泽东说过："分析的方法就是辩证的方法。"[1]

毛泽东还说过："要去掉我们党内浓厚的盲目性，必须提倡思索，学会分析事物的方法，养成分析的习惯。"[2]

分析法是辩证的方法，通过对事物进行分析认识，了解事物的构成因素，达到对事物本质深刻、系统的认识。

二、综合法

综合法是把事物的有关方面、特性或因素联结成统一整体来认识的逻辑方法。

辩证唯物主义认为，客观事物由很多方面构成，是多种不同性质组成的统一体。要了解事物的全貌，就要把构成事物的有关方面、特性或因素联结成为统一的整体来认识。这个认识过程是用综合法完成的。应用综合法，可以对事物有全面具体的了解，认识事物的全貌。

列宁说："要真正地认识事物，就必须把握、研究它的一切方面、一切联系和'中介'。我们决不会完全地做到这一点，但是，全面性的要求可以使我们防止错误和僵化。"[3] 要真正地认识事物必须全面地研究它，这

[1] 毛泽东选集：第 5 卷 . 北京：人民出版社，1977：413.

[2] 毛泽东选集：第 3 卷 . 北京：人民出版社，1968：902.

[3] 列宁全集：第 4 卷 . 北京：人民出版社，1959：453.

个全面地看问题的方法就是综合法。

毛泽东说："所谓片面性，就是不知道全面地看问题。……一句话，不了解矛盾各方的特点。这就叫做片面地看问题。"[1]

毛泽东说："片面性就是思想上的绝对化，就是形而上学地看问题。……所谓片面性，就是违反辩证法。"[2]

综合法和违反辩证法的片面性相反，它要求全面地看问题，因而是符合辩证法的。

马克思说："具体之所以具体，因为它是许多规定的综合，因而是多样性的统一。因此它在思维中表现为综合的过程，表现为结果……抽象的规定在思维行程中导致具体的再现。从抽象上升到具体的方法，只是思维用来掌握具体并把它当作一个精神上的具体再现出来的方式。"[3]

具体是许多规定的综合，是多样性的统一，是"在思维中表现为综合的过程"。综合在思维中使抽象的规定导致具体的再现，由对事物抽象的认识上升为具体的认识。也就是说，综合法是认识"从抽象上升到具体"的逻辑方法。

毛泽东在《关于农村调查》中说："第三步再用综合法把对各部分的分析加以综合，得出整体的延安。这时认识的延安就与初来时认识的延安不同，他开始看的是整个的延安，现在看见的也是整个的延安，但与开始的了解不同了，现在他对延安就有了科学的认识和具体的了解。"

对事物进行综合的认识，开始只是感性的综合认识。通过对事物做出系统分析，然后再以这个系统分析结果为指导去综合，就可以达到对事物理性的综合认识，对事物的本质有全面具体的了解。

[1]　毛泽东选集：第 1 卷 . 北京：人民出版社，1968：289.

[2]　毛泽东选集：第 5 卷 . 北京：人民出版社，1977：412—413.

[3]　马克思恩格斯选集：第 2 卷 . 北京：人民出版社，1972：103.

综合法的公式如下:

$$
\begin{array}{ccc}
A & & B \\
| & & | \\
a_1 & & b_1 \\
& \diagdown \quad \diagup & \\
& S_1 &
\end{array}
$$

在公式中，S_1 表示被综合认识的具体事物，A 和 B 表示构成事物的两个部分，a_1 表示 A 部分的一种具体情况，b_1 表示 B 部分的一种具体情况。这个公式只表示综合法的道理，并不表示事物的共同结构，因为事物并非都只由两部分构成。

恩格斯说:“没有分析就没有综合。”[1]“综合”不是感性认识的综合，是指以对事物的系统分析为指导，对具体事物所进行的理性认识的综合。综合法的公式所体现的就是恩格斯所说的“综合”。

在公式中，S_1 分为 A 和 B 两个部分，是分析事物结构时得出的结论；A 和 B 各包括的 a_1 和 b_1 两种具体情况，是分析事物各部分的情况时得出的结论。综合法的公式表明了分析与综合之间既对立又统一的辩证关系。以对事物的系统分析为指导，就可以达到对具体事物理性的综合认识。

怎么样对事物进行综合认识呢？黑格尔说:“用分析的方法来研究对象就好像剥葱一样，将葱皮一层一层地剥掉，但原葱已不在了。”[2]

通过分析，所研究的事物在思维中已经不存在了。要认识所研究事物的原貌，需要对它进行综合认识。对一个事物进行综合认识，就是依据对事物的分析结果，把构成事物所有方面的情况联结起来考察，对所考察的事物就有了比较全面系统的具体认识。

---

[1] 马克思恩格斯选集：第 3 卷 . 北京：人民出版社，1972：81.

[2] 黑格尔 . 小逻辑 . 北京：商务印书馆，1980：412—413.

我们分析过直言判断，怎么样对一个具体的直言判断进行综合认识呢？

例如，“金属能导电”这个判断。根据综合法的道理，我们考察出“金属能导电”的判断主项是全称主项，判断联项是肯定联项，判断宾项是属性宾项，知道它是一个全称的、肯定的、属性的直言判断，就对它的构成有了具体全面的认识。这就是对事物进行综合认识。

在形式逻辑教科书中，“金属能导电”叫作“全称肯定判断”，但只考察了它的判断主项和判断联项，漏掉了判断宾项，因而综合的结果是不全面的。根据综合法的道理，它应该叫作“全称肯定属性判断”，这个综合结果才是全面完整的。

我们对宇宙观也进行过分析，如何对一个人的宇宙观进行综合认识呢？

例如，宇宙观分为对宇宙发展的见解和对宇宙本质的见解两个方面，对宇宙发展的见解分为辩证法和形而上学两种情况，对宇宙本质的见解分为唯物主义和唯心主义两种情况。

根据综合法的道理，我们考察出黑格尔对宇宙发展的见解是辩证法的，对宇宙本质的见解是唯心主义的，就对他的宇宙观有了全面具体的认识。通过综合，我们知道黑格尔的宇宙观是辩证唯心主义的。

应用综合法要遵守两个规则：一是必须把事物所有方面的情况都综合进去，二是不能把同一方面的不同情况综合在一起。

第一个规则：应用综合法，必须把事物所有方面的情况都综合进去，不能有所遗漏。否则，综合结果就不会全面，认识不到事物的全貌，也就不能很好地解决问题。

毛泽东说：“世界上的事情是复杂的，是由各方面的因素决定的。看问题要从各方面去看，不能只从单方面去看。”[1]

苏轼是宋代著名诗人，他游览庐山之后，在庐山西林寺的墙壁上题

---

[1]　毛泽东选集：第 4 卷 . 北京：人民出版社，1968：1055.

了一首脍炙人口的七言绝句《题西林壁》:“横看成岭侧成峰，远近高低各不同。不识庐山真面目，只缘身在此山中。”千姿百态的庐山，从正面看是逶迤起伏的峻岭，从侧面看又成了危耸陡峭的奇峰，从远处、近处、高处、低处不同的位置来看，庐山呈现的景象各不相同。认不清庐山的真面目，只因为身在这座奇山之中。庐山的景象千姿百态，站在不同位置可以看到它的不同姿态。身处庐山之中，只能看到它的部分景象，不能认清它的全貌。只有站到各个不同方位去观察，对庐山的各种姿态有了综合的认识，才能认清它的真面目，恰好阐明要用综合法全面看问题的哲理。

《涅槃经》中有个盲人摸象的故事：国王命大臣牵来一头大象，让几个盲人去摸。摸完以后，国王问盲人们大象是什么样子的。摸到大象牙齿的盲人说:“大象好像一根很长的萝卜。”摸到大象耳朵的盲人说像一个大簸箕。摸到大象头部的盲人说像一块大石头。摸到大象鼻子的盲人说像一头粗一头细的杵。摸到大象腿脚的盲人说像一杆又粗又圆的舂米的石臼。摸到大象脊背的盲人说像一张平坦的床。摸到大象腹部的盲人说像一只很大的瓮。摸到大象尾巴的盲人说像一根绳子。

盲人们各自只摸到了大象的某一部分，没把大象各部分的情况综合起来看，得出的结论都是片面的。这种片面的认识是违反辩证法的。由于违反了综合法“必须把事物所有方面的情况都综合进去”的规则，盲人们都没认识到大象的全貌。

还有个《小蝌蚪找妈妈》的童话故事：池塘里有一群小蝌蚪，大大的脑袋，长长的尾巴。小蝌蚪看到两只小鸡和鸡妈妈在池塘边玩，很羡慕，就想去找自己的妈妈。小蝌蚪问虾公公:“我们的妈妈在哪里，您有没有见过她？”虾公公说:“见过，她的眼睛大大的，快到那边找她吧！”小蝌蚪游啊游，过了几天长出两条后腿。小蝌蚪见金鱼的眼睛大大的，就游上前认妈妈。金鱼说:“白肚皮的才是你们的妈妈。”小蝌蚪游啊游，过了几天长出两条前腿。小蝌蚪见螃蟹的肚皮白又白，又游上前认妈妈。螃蟹说：“你们认错了，四条腿的才是你们的妈妈。”小蝌蚪游啊游，过了几天尾巴变短了。小蝌蚪见乌龟是四条腿，急忙游上前认妈妈。可是，小蝌蚪又认错了。正在这时，青蛙妈妈游过来了，她说：“好孩子，我才是你们的妈妈。”小蝌蚪看看她，大眼睛、白肚皮、四条腿，这正是他们要找的妈妈。

小蝌蚪开始时没有进行综合认识，错把金鱼、螃蟹和乌龟认作妈妈；后来，它们综合起来，大眼睛、白肚皮、四条腿，于是找到了自己的妈妈。这个童话故事也阐明了看问题必须全面的哲理。

第二个规则：应用综合法，只能把每个方面的一种情况综合进去，不能把同一方面的不同情况综合在一起。否则，综合结果必然混乱不清。

例如：“张先生是位年轻的老年人。”由于“年轻”和“老年人”都是指年龄方面，这就把同一方面的不同情况综合在一起了。张先生或者是年轻人，或者是老年人，绝不会同时既是年轻人又是老年人。因此，这个综合结果是错误的。

我们知道，在分析结果中存在两种关系，即对立关系和统一关系。进行综合，只能把每个方面的一种情况综合进去。因此，一个正确的综合结果必然是统一关系，不会是对立关系，出现对立关系的综合结果必然是错误的。

应用综合法遵守以上两个规则，就能对事物做出全面的正确综合。

恩格斯说：“思维，如果它不做蠢事的话，只能把这样一种意识的要素综合为一个统一体，在这种意识的要素或它们的现实原型中，这个统一体以前就已经存在了。如果我把鞋刷子综合在哺乳动物的统一体中，那它决不会因此就长出乳腺来。”[1]

---

[1]　马克思恩格斯选集：第 3 卷 . 北京：人民出版社，1972：81.

应用综合法是根据事物的客观存在，把构成事物的各个部分联结成统一的整体来认识，绝不能把在客观上毫无关联的东西凭空地综合在同一个统一体中。

进行综合，是在思维中把构成事物的各个部分联结成一个统一体来认识，而不是用工具或仪器对事物进行实际合成或组装。如人造卫星的组装、胰岛素的合成，是技术性的组合，而不是逻辑性的综合。进行合成或组装，虽然要以对事物综合性的认识为指导，但技术性的组合与逻辑性的综合不同，二者必须区分清楚。

毛泽东说："常常问题是提出了，但还不能解决，就是因为还没有暴露事物的内部联系，就是因为还没有经过这种系统的周密的分析过程，因而问题的面貌还不明晰，还不能做综合工作，也就不能好好地解决问题。"[1]

如果不进行分析，便不会明晰问题的面貌，就不能做综合工作，也就不能把问题解决好。也就是说，综合的前提是分析，综合的目的是为了更好地解决问题。

在社会实践中，综合法的应用范围非常广泛。例如，农民认识一种稻谷品种，要了解它的根、茎、叶、花的特点，果实的形状大小、质量、产量，抗旱、耐寒性能，等等；天文学家认识一颗恒星，要了解它的体积大小，质量多少，发光亮度，运行速度，空间位置，等等；我们认识一个国家，要了解它的政治、经济、军事、文化等方面的情况，都是用了综合法。总之，认识客观世界，时时都需要运用综合法。

客观世界是非常复杂的，因此，对某些事物进行综合认识的过程往往也是一个非常复杂的过程。但是，只要正确地应用综合法，就能弄清问题的全貌，把事情处理好。

---

[1] 毛泽东选集：第 3 卷 . 北京：人民出版社，1968：796.

综合法是要求全面地看问题的逻辑方法，通过对事物进行综合的认识，了解事物的全貌，达到对事物全面系统的具体认识。

三、分类法

分类法是通过对事物进行系统的分析与全面的综合，析理各种事物类别的逻辑方法。

辩证唯物主义认为，客观世界是个物质的世界，客观世界的各种事物都是物质的存在形式。客观事物种类浩繁，形形色色。应用分类法可以把客观事物繁多的类别析理得种属分明，便于分门别类地研究客观事物，逐步地达到认识整个客观世界的目的。

恩格斯说："黑格尔——他对自然科学的概括和合理的分类，是比一切唯物主义的胡说八道合在一起还更伟大的成就。"[1] 恩格斯高度评价了黑格尔的思想，阐明对事物进行正确分类的重要意义。

怎么样对事物进行正确分类呢？

毛泽东在《反对党八股》中曾指出"甲乙丙丁，开中药铺"的问题，"不是说甲乙丙丁等字不能用，而是说那种对待问题的方法不对。现在许多同志津津有味于这个开中药铺的方法，实在是一种最低级、最幼稚、最庸俗的方法。这种方法就是形式主义的方法，是按照事物的外部标志来分类，不是按照事物的内部联系来分类的"。

恩格斯说："每一门科学都是分析某一个别的运动形式或一系列互相关联和互相转化的运动形式的，因此，科学分类就是这些运动形式本身依据其内部所固有的次序的分类和排列，而它的重要性也正是在这里。"[2]

---

[1] 马克思恩格斯选集：第 3 卷 . 北京：人民出版社，1972：532.

[2] 恩格斯 . 自然辩证法 . 北京：人民出版社，1971：277.

科学分类是在分析的基础上，对事物“依据其内部所固有的次序的分类和排列”，“按照事物的内部联系来分类”。

正确分类，首先对被分类的事物进行分析。根据分析结果，先把基本特征相同而结构繁简不同的事物分为不同的种类，再把具有共同特征又有相同结构的事物分为不同的属类，这样就对事物的类别有了清晰系统的认识。

分类有两种情况：一是种类的分类，二是属类的分类。

1. 种类的分类

根据对事物的分析结果，把基本特征相同而结构繁简不同的事物，构造由简单到复杂的顺序排列，把事物分成不同种类。

例如，对植物分类，首先是对植物进行分析。通过分析得知，藻类植物由单细胞或多细胞构成，没有根、茎、叶；大多菌类植物由多细胞构成，也没有根、茎、叶；苔藓植物由多细胞构成，有茎、叶和假根；蕨类植物由根、茎、叶构成，有输导组织和机械组织；种子植物由根、茎、叶构成，有种子，是植物中构造最复杂的种类。

根据分析结果，把植物构造由简单到复杂的顺序排列起来，分为藻类植物、菌类植物、苔藓植物、蕨类植物和种子植物五大种类。

数学家把几何图形分成点、线、面、体，天文学家把星体分成彗星、流星、卫星、行星、恒星等多种天体，动物学家把无脊椎动物分成原生动物、腔肠动物、扁形动物、线形动物、环节动物、软体动物、节肢动物和棘皮动物等，都是种类的分类。

被分类的事物如果类别繁多，可以连续进行多次种类的分类，把它们分为不同层次的种类。每次分类，都要以其共同特征为依据。

例如，对物质分类，根据分析结果，物质分为无机物和有机物，有机物又分为生物和非生物，生物再分为微生物、植物和动物等，这就是进行连续的种类的分类。

分类结果，无机物和有机物以物质的共同特征分类；生物和非生物以有机物的共同特征分类；微生物、植物和动物以生物的共同特征分类。每次分类，都按被分类事物的共同特征为依据进行，这样就正确地分出物质包括的不同层次的种类。

2. 属类的分类

根据对事物的分析结果，把具有共同特征和相同结构的事物，将其各个方面的各种情况辗转综合后排列起来，就分出了事物所包括的属类。属类是分类的最终结果，一个正确的属类的分类结果是不能再继续分类的。

我们分析过，直言判断由判断主项、判断联项和判断宾项构成，判断主项分为单称主项、全称主项和特称主项，判断联项分为肯定联项、否定联项和不定联项，判断宾项分为属性宾项、类别宾项和定义宾项。

根据属类的分类，把直言判断三个方面各包括的三种情况一一辗转综合后排列起来，就分出了所有属类。

直言判断有如下 27 个属类：

1）单称肯定属性判断。例如，太阳能发光。

2）单称肯定类别判断。例如，牛郎星是恒星。

3）单称肯定定义判断。例如，鲁迅是著名文学家。

4）单称否定属性判断。例如，月亮不会发光。

5）单称否定类别判断。例如，火星不是恒星。

6）单称否定定义判断。例如，谷神星不是有生命存在的行星。

7）单称不定属性判断。例如，比邻星可能会发光。

8）单称不定类别判断。例如，天狼星可能是行星。

9）单称不定定义判断。例如，爱普西仑星可能是一颗会发光的恒星。

10）全称肯定属性判断。例如，荔枝是甜的。

11）全称肯定类别判断。例如，蛇类是爬行动物。

12）全称肯定定义判断。例如，鸭嘴兽是会产卵的哺乳动物。

13）全称否定属性判断。例如，石榴花不是蓝的。

14）全称否定类别判断。例如，鲸鱼不是鱼类。

15）全称否定定义判断。例如，行星不是能发光的星球。

16）全称不定属性判断。例如，鸵鸟大概不会飞。

17）全称不定类别判断。例如，南美肺鱼可能是两栖类。

18）全称不定定义判断。例如，曼陀罗可能是一种能使人麻醉的草药。

19）特称肯定属性判断。例如，有些元素有放射性。

20）特称肯定类别判断。例如，有些妇女是科学家。

21）特称肯定定义判断。例如，有些科学家是为捍卫真理而献身的英雄。

22）特称否定属性判断。例如，有些天鹅不是白的。

23）特称否定类别判断。例如，有些导体不是金属。

24）特称否定定义判断。例如，有些瓢虫不是吃棉蚜的益虫。

25）特称不定属性判断。例如，有些植物可能不开花。

26）特称不定类别判断。例如，有些蚌可能是珍珠蚌。

27）特称不定定义判断。例如，有些蛇可能是珍贵的药材。

这个分类结果包括了直言判断的所有属类，任何一个直言判断都能从中找到自己确切的类别归属。例如，“珊瑚不是植物”这个判断，属于“全称否定类别判断”；“樱桃是甜的”这个判断，属于“全称肯定属性判断”；“黄鹂是候鸟”这个判断，属于“全称肯定类别判断”。由于系统地分出了直言判断的所有属类，因此，任何一个直言判断都能找到自己的确切位置。

这个分类结果是否过于烦琐呢？是否可以把对直言判断的分析结果作为分类结果呢？也就是说，可否把直言判断分为单称判断、全称判断、特称判断、肯定判断、否定判断、不定判断、属性判断、类别判断、定义判断9种呢？

回答是否定的。如果把分析结果作为分类结果，那么任何一个直言判断都不能找到确切的类别归属。例如，“玫瑰花不是骆驼”这个判断，从判断主项看它属于“全称判断”，从判断联项看它又属于“否定判断”，从判断宾项看它又属于“类别判断”。那么，它到底应该属于哪一种判断呢？把分析结果作为分类结果，这个判断便找不到自己的确切位置，无法进行归类。根据上面的分类结果才能找到它的最终类别归属，“玫瑰花不是骆驼”这个判断属于“全称否定类别判断”。很多人习惯于把分析结果作为分类结果，从分类的意义上说，这是错误的。

分类，是为了对事物的类别有清晰的认识，分类结果，应该使每个被分类的事物都有一个固定位置，都能找到自己确切的类别归属。因此，一个正确的属类分类结果，每个被分类事物的类别只能归入其中一个属类，不能同时归入两个属类。如果既能归入这个属类又能归入那个属类，就说明分类结果是错误的。从这个意义上说，分析结果不能作为分类结果。

我们分析过，宇宙观分为对宇宙发展的见解和对宇宙本质的见解两个方面，对宇宙发展的见解分为辩证法和形而上学两种情况，对宇宙本质的见解分为唯物主义和唯心主义两种情况。

根据属类分类，把宇宙观两个方面各包括的两种情况一一辗转综合后排列起来，就分出了宇宙观的四个属类：

1）辩证唯物主义的宇宙观。例如，马克思的宇宙观。

2）辩证唯心主义的宇宙观。例如，黑格尔的宇宙观。

3）形而上学唯物主义的宇宙观。例如，费尔巴哈的宇宙观。

4）形而上学唯心主义的宇宙观。例如，阿 Q 的宇宙观。

进行属类的分类，由于被分类的事物结构不同，分类的结果也就不同，构造越复杂的事物所包括的属类越多。必须把被分类事物所有方面的所有情况一一辗转综合起来，不能有所遗漏。如果漏掉了某一方面或某一方面的某种情况，分类的结果就不会完全。

我们知道，在分析结果中存在两种关系，即对立关系和统一关系。进行属类的分类，只能把统一关系的情况综合为一个属类，不能把对立关系的情况综合在一起。这个要求并非只是人为的规定，它是由事物本身的客观规律所制约的。只能把统一关系的情况综合为一个属类，不能把对立关系的情况综合在一起。这意味着，分析中的对立关系体现着一定的客观规律。掌握了这两种分类的道理，就可以对事物进行分类了。

进行分类，首先要分出事物的种类，然后再分出事物的属类，然后对事物的类别有了清晰系统的认识。这是一个完整系统的分类过程，研究任何一门科学都要经过分类过程，否则，便不会产生任何完善的理论体系。

在分类结果中存在两种关系，一种叫作从属关系，一种叫作并列关系。

1. 从属关系

在分类结果中，一个类别和它所包括的种类或属类之间叫作从属关系。从属关系分为直接从属关系和间接从属关系。

直接从属关系：一个类别和直接归属于它的种类或属类之间叫作直接从属关系。例如，星球和恒星之间，恒星和太阳之间等，就是直接从属关系。

间接从属关系：一个类别和间接归属于它的种类或属类之间叫作间接从属关系。例如，星球和太阳之间，物质和动物之间等，就是间接从属关系。

2. 并列关系

在分类结果中，一个类别所包括的种类或属类之间叫作并列关系。并列关系分为种类并列关系和属类并列关系。

种类并列关系：一个类别所包括的种类之间叫作种类并列关系。例如，藻类植物和菌类植物之间就是种类并列关系。

属类并列关系：一个类别所包括的属类之间叫作属类并列关系。例如，辩证唯物主义的宇宙观和辩证唯心主义的宇宙观之间就是属类并列关系。

明确了事物类别之间的上述关系，便于正确地进行归纳、演绎和类比。

由于被分类的事物构造不同，进行分类的情况也就不同，有的只需要进行种类分类，有的只需要进行属类分类，有的则需要进行种类与属类的系统分类。进行什么样的分类，要根据被分类事物的构造而定。

分类法是非常重要的逻辑方法，人类社会的各门学科及各种理论体系，都是所研究的事物有了系统分类之后才建立起来的。

因此，掌握分类法至关重要。

第三部分 • 比较法、递比法与排除法

我们认识客观世界，经常要鉴别事物属性的同似优劣，从诸多可能因素中探寻正确结论，这就需要借助于比较法、递比法和排除法完成。

认识客观事物，不但要了解它们具有哪些属性，还要鉴别事物属性的同似优劣。一般是先用比较法进行鉴别，然后以比较出的结论为依据，应用递比法进行传递比较的鉴别。也就是说，鉴别事物属性的同似优劣，是借助于比较法和递比法完成的。

探索一个复杂问题，如果所寻求的对象有多种可能存在，可以通过逐一淘汰无关因素去寻找，经过一番淘汰，最后剩下的就是要寻求的正确结论。这个认识过程是借助于排除法完成的。

在认识客观世界的过程中，比较法、递比法和排除法起着重要作用，很多科学发现与发明，就是借助于这三个逻辑方法完成的。

一、比较法

比较法是对不同事物的相同属性之同似优劣进行对比认识的逻辑方法。我们认识客观世界，经常要对事物的属性加以对比，对比其属性的同似优劣。这个认识过程是用比较法完成的。

俗话说："不怕不识货，就怕货比货。"通过对比，能识别出事物属性的同似优劣。常言道"货比三家"，也说的是对事物的属性进行比较的认识。弄清了事物属性的同似优劣，才能做出正确决定，把问题处理好。

毛泽东说："有比较才能鉴别。"[1]

亚里士多德说："同一个东西与某物比较可以是小的，与另一物比较则是大的。从而同一个东西能够在同一个时候既大又小。"一个东西的大与小不是绝对的，而是相比较而言，这就是用比较法认识的结果。

[1] 毛泽东选集：第5卷. 北京：人民出版社，1977：416.

我们知道某一事物具有某种属性，又知道另一事物也具有这种属性，通过对比，可以识别出二者属性的同似优劣。比较结果有三种情况：一是此事物与彼事物之属性相似，二是此事物与彼事物之属性相等，三是此事物与彼事物之属性相超。

1. 此事物与彼事物之属性相似

我们知道甲与乙具有相同属性，通过对比，知道它们的属性程度近似，就可以得出甲的某种属性似于乙的某种属性的结论。

此事物与彼事物之属性相似的比较公式如下：

S有A（B、C）

M有A（B、C）

S之A（B、C）似于M之A（B、C）

在公式中，S、M表示两个事物，A（B、C）表示事物的若干属性。“S有A（B、C），M有A（B、C）”是对比过程，“S之A（B、C）似于M之A（B、C）”是比较出的结论。

例如，英国物理学家卢瑟福曾经把原子结构与太阳系结构做过比较：原子是一种空旷的结构，原子中心有个体积极小、质量极大并且带正电的原子核，核外质量极小的电子层层围绕原子核旋转；太阳系也是一种空旷的结构，太阳系中心有个质量占太阳系99.86%的太阳，太阳周围有八大行星（及围绕行星转动的卫星），还有彗星、流星以及数以万计的小行星层层围绕太阳旋转。通过比较，卢瑟福认为原子结构与太阳系结构很相似，从而制出了原子模型。后来，人们把卢瑟福的原子模型称为“行星模型”或“小太阳系”。

卢瑟福的比较过程如下：“原子中有电子围绕原子核旋转，太阳系有行星等围绕太阳旋转，原子结构似于太阳系结构。”

我们知道张飞性情暴躁，又知道李逵性情暴躁，通过对比，就可以比较出“李逵的性情似于张飞的性情”的结论。

我们知道大鲵的鸣声像婴儿啼哭，又知道小鲵的鸣声像婴儿啼哭，通过对比，就可以比较出“小鲵的鸣声似于大鲵的鸣声”的结论。

2. 此事物与彼事物之属性相等

我们知道甲与乙具有相同属性，通过对比，知道它们的属性之程度等同，就可以得出甲的某种属性等于乙的某种属性的结论。

此事物与彼事物之属性相等的比较公式如下：

S有A（B、C）

M有A（B、C）

S之A（B、C）等于M之A（B、C）

在公式中，S、M表示两个事物，A（B、C）表示事物的若干属性。“S有A（B、C），M有A（B、C）”是对比过程，“S之A（B、C）等于M之A（B、C）”是比较出的结论。

例如，俄国科学家罗蒙诺索夫对燃烧现象进行了研究。当时，关于燃烧的理论有斯塔尔的“燃素”说和波义耳的“火质”说。

罗蒙诺索夫把一块称好分量的金属放入曲颈甑内，然后封死曲颈甑口并加热，直至金属变成熔渣。熔渣冷却后，他称重时发现，熔渣比加热前的金属变重了一点。他想，根据“燃素”说，金属燃烧后“燃素”逸出，重量只能减少，怎么会增加呢？后来罗蒙诺索夫找到了原因，金属增加的重量是他打开盖子时钻入曲颈甑内的空气的重量。

于是，罗蒙诺索夫又做了一个实验：他把铅块放进曲颈甑里一起称重，然后加热直至铅块变成熔渣。他又连曲颈甑一起称重，发现重量没有改变。罗蒙诺索夫经过实验证实，根本不存在所谓的“燃素”和“火质”。实验还证实，他曾经提出的“物质不灭定律”正确。

罗蒙诺索夫的比较过程如下：铅块加热前重量是X，铅块冷却后重量还是 X；铅块加热前的重量等于铅块冷却后的重量。

再如，18 世纪中叶，美国物理学家富兰克林探索雷电现象，通过实验发现，地面上的电火花与天空中的闪电有 12 点相同之处。例如，二者都能产生蓝色亮光、发出声响、杀伤动物、含有硫黄气味等。富兰克林写了一篇《论天空闪电与地下电火相同》的论文，但得到的是一片嘲笑。

于是，富兰克林决心再次通过实验证实自己的观点，他做了一个用风筝吸引雷电的实验。在一个阴雨天，风筝被放飞后，雨渐渐大起来，云层中的电流通过被雨水浸湿的牵引风筝的麻绳传了下来。富兰克林的风筝实验震惊了全世界，打破了“雷电是上帝之火”的千古神话。

富兰克林的比较过程如下：“地电”能产生蓝色亮光、发出声响、杀伤动物、含有硫黄气味等，“天电”也能产生蓝色亮光、发出声响、杀伤动物、含有硫黄气味等；“天电”的特征等同于“地电”的特征。

再如，我们知道石墨的成分是碳，又知道钻石的成分是碳，通过对比，可以比较出“钻石的成分等于石墨的成分”的结论。

3. 此事物与彼事物之属性相超

我们知道甲与乙具有相同属性，通过对比，知道它们的属性是甲强于乙，就可以得出甲的某种属性超于乙的某种属性的结论。

此事物与彼事物之属性相超的比较公式如下：

S 有 A（B、C）

M 有 A（B、C）
____

S 之 A（B、C）超于 M 之 A（B、C）

在公式中，S、M 表示两个事物，A（B、C）表示事物的若干属性。“S 有 A（B、C），M 有 A（B、C）”是对比过程，“S 之 A（B、C）超于 M 之 A（B、C）”是比较出的结论。

例如，法国物理学家居里夫妇，为了弄清一批沥青铀矿石样品中是否含有值得提炼的铀，测试其中的含铀量。他们发现，沥青铀矿石的放射性非常强，远远超过了它所含的铀可能释放出的能量。

居里夫妇断定，矿石中一定含有一种未被人们所知的放射性极强的未知元素。经过一番努力，居里夫妇从矿石中分离出了非常微量的黑色粉末，他们将其中所含的未知元素命名为“钋”。但是，只有钋也不能说明黑色粉末的强大放射能量。又经过一番试验与努力，居里夫妇又从中分离出一种比钋放射性更强的物质，他们将这种未知元素命名为“镭”。1903年，因为这个发现，居里夫妇和贝克勒尔共同荣获了诺贝尔物理学奖。

居里夫妇知道铀的射线强度，又知道了未知元素的射线强度，通过比较，得出了“未知元素的射线强度大于铀的射线强度”的结论。根据比较结果，他们断定沥青铀矿石中一定含有未知元素，从而发现了钋元素和镭元素。

再如，约里奥 - 居里夫妇（居里夫妇的女儿女婿）用钋所产生的 α（阿尔法）射线轰击铍、锂、硼等元素，发现铍产生了一种穿透力极强的射线。这种射线呈中性，不带电。他们认为这是 γ（伽马）射线，因为 γ 射线呈中性、不带电。但他们觉察到这种射线的穿透力似乎比 γ 射线强。

英国物理学家查德威克读到了约里奥 - 居里夫妇的论文，认为这种射线不是 γ 射线，而是中子。原来，查德威克是著名物理学家卢瑟福的学生，卢瑟福早在十多年前就预言了中子的存在，查德威克是很清楚的。他重复了约里奥 - 居里夫妇的实验，发现这种射线的穿透力确实比 γ 射线强，能轰击原子核，将质子打出来。于是，他断定这种射线是中子。这个发现，使查德威克获得了 1935 年的诺贝尔物理学奖。

查德威克知道 γ 射线的强度，又知道了未知射线的强度，通过比较，得出了“未知射线的强度大于 γ 射线的强度”的结论。根据比较结果，他断定这种射线是中子。

据说，孔子终年 73 岁，孟子终年 84 岁，通过对比，可以比较出“孟子的寿数大于孔子的寿数”的结论。

蚂蚁有六条腿，河蟹有八条腿，通过对比，可以比较出“河蟹的腿数多于蚂蚁的腿数”的结论。

综上所述，我们知道了两个事物具有相同属性，通过对比，就可以比较出此事物的属性似于、等于或超于彼事物的属性的结论。

综上，介绍了进行比较所出现的三种情况，知道了这三种情况，便于对事物进行比较的认识。

毛泽东说：“中国有很多事情和十月革命以前的俄国相同，或者近似。封建主义的压迫，这是相同的。经济和文化落后，这是近似的。两个国家都落后，中国则更落后。先进的人们，为了使国家复兴，不惜艰苦奋斗，寻找革命真理，这是相同的。”[1]

毛泽东对中国和十月革命以前的俄国的许多事情进行比较：“经济和文化落后，这是近似的”，这是事物之属性相似的情况；“封建主义的压迫，这是相同的”“先进的人们，为了使国家复兴，不惜艰苦奋斗，寻找革命真理，这是相同的”，这是事物之属性相等的情况；“两个国家都落后，中国则更落后”，这是事物之属性相超的情况。这是借助于比较法得出的结论。

应用比较法探索，简单的问题容易比较出结论，对于复杂的问题，需要反复权衡甚至精密计算后才能知道。如果对比的事物较多，就要一对一对地去比较，比较完这一对再比较那一对；如果对比事物的属性较多，要一个一个地去比较，比较完这一个属性再比较那一个属性。比较的目的，是为了识别事物属性的同似优劣，把问题处理好。

[1]　毛泽东选集：第 4 卷 . 北京：人民出版社，1968：1358.

黑格尔说："假如一个人能看出当前即显而易见的差别，譬如，能区别一支笔与一头骆驼，我们不会说这人有了不起的聪明。同样，另一方面，一个人能比较两个近似的东西，如橡树与槐树，或寺院与教堂，而知其相似，我们也不能说他有很高的比较能力。我们所要求的，是要能看出异中之同和同中之异。"[1]

能看出"异中之同"或"同中之异"需要较高的比较能力。"一个人能比较两个近似的东西，如橡树与槐树，或寺院与教堂，而知其相似"，介绍的即是"事物之属性相似"的情况。

应用比较法，对两个事物的相同属性进行对比认识，即是对事物"异中之同"的比较；对比两个事物相同属性的同似优劣，即是对事物"同中之异"的比较。认识事物的"异中之同"或"同中之异"，是用比较法完成的。

比较法的应用范围非常广泛，它的作用也非常重要，只有弄清了事物属性的同似优劣，才能把问题处理好，很多科研成果是借助于比较法取得的。

二、递比法

递比法是通过中介对不同事物的相同属性进行传递比较认识的逻辑方法。

我们用比较法鉴别出了甲与乙相同属性的同似优劣，还鉴别出了乙与丙相同属性的同似优劣，通过中介乙可以比较出甲与丙相同属性的同似优劣。这个认识过程是用递比法完成的。应用递比法，通过中介进行传递比较，可以识别两个事物相同属性的同似优劣。

进行递比，对具有相同属性的若干事物进行传递比较的认识。当我们

[1] 黑格尔．小逻辑．北京：商务印书馆，1981：253.

比较出甲的某种属性似于、等于或超于乙的某种属性，还比较出乙的某种属性似于、等于或超于丙的某种属性，通过中介乙递比出甲的某种属性似于、等于或超于丙的某种属性的结论。

递比有三种情况：一是事物属性相似之递比，二是事物属性相等之递比，三是事物属性相超之递比。

1. 事物属性相似之递比

当我们比较出甲的某种属性似于乙的某种属性，还比较出乙的某种属性似于丙的某种属性，通过中介乙，递比出甲的某种属性似于丙的某种属性的结论。

事物属性相似之递比的公式如下：

S之A似于N之A

N之A似于M之A

S之A似于M之A

在公式中，S、N、M表示三个事物，A表示事物的一种属性。“S之A似于N之A，N之A似于M之A”是递比过程，“S之A似于M之A”是递比出的结论。

例如，我们比较出白鲢鱼的形状似于鲫鱼的形状，还比较出鲫鱼的形状似于鲤鱼的形状，通过中介鲫鱼，可以递比出“白鲢鱼的形状似于鲤鱼的形状”的结论。

再如，我们比较出桃花的形状似于杏花的形状，还比较出杏花的形状似于梅花的形状，通过中介杏花，可以递比出“桃花的形状似于梅花的形状”的结论。

2. 事物属性相等之递比

当我们比较出甲的某种属性等于乙的某种属性，还比较出乙的某种属性等于丙的某种属性，通过中介乙，递比出甲的某种属性等于丙的某种属性的结论。

事物属性相等之递比的公式如下：

S之A等于N之A

<u>N之A等于M之A</u>

S之A等于M之A

在公式中，S、N、M表示三个事物，A表示事物的一种属性。“S之A等于N之A，N之A等于M之A”是递比过程，“S之A等于M之A”是递比出的结论。

例如，我们比较出一斤鲜姜的价格等于一斤香蕉的价格，还比较出一斤香蕉的价格等于一斤鲤鱼的价格，通过中介香蕉，可以递比出“一斤鲜姜的价格等于一斤鲤鱼的价格”的结论。

再如，我们比较出老赵的年龄等于老钱的年龄，还比较出老钱的年龄等于老孙的年龄，通过中介老钱，可以递比出“老赵的年龄等于老孙的年龄”的结论。

3. 事物属性相超之递比

当我们比较出甲的某种属性超于乙的某种属性，还比较出乙的某种属性超于丙的某种属性，通过中介乙，递比出甲的某种属性超于丙的某种属性的结论。

事物属性相超之递比的公式如下：

S之A超于N之A

<u>N之A超于M之A</u>

S之A超于M之A

在公式中，S、N、M表示三个事物，A表示事物的一种属性。“S之A超于N之A，N之A超于M之A”是递比过程，“S之A超于M之A”是递比出的结论。

《吕氏春秋·应言》中有个故事：

战国时期，秦王立帝，宜阳令许绾骗魏王，魏王要去秦朝拜。

大臣魏敬问魏王："魏国黄河以北的土地和国都大梁相比，哪一个重要？"魏王说："大梁重要。"

魏敬又问："大梁和您自身相比，哪一个重要？"魏王说："自身重要。"

魏敬又问："假如秦国索取黄河以北的土地，您会给他吗？"魏王说："不会给他。"

最后，魏敬说："魏王自身比魏都大梁重要，魏都大梁比黄河以北的土地重要，因而魏王自身要比黄河以北的土地重要。秦国索取三者之中最下等的您不答应，索取最上等的您却答应了。对此，我是不赞成的。"魏王听后点点头说："有道理。"于是，便打消了朝拜秦国的念头。

魏敬用递比法说服了魏王。

《庄子·杂篇·让王》中有个故事：

韩国和魏国为争夺土地而交战，韩国的子华子拜见君主昭僖侯，见昭僖侯面有忧色。

子华子说："假如现在上天在您面前下达文书契约，上面书写：'左手攫取则右手废，右手攫取则左手废，然而攫取的人必拥有天下。'您会取吗？"

昭僖侯说："寡人不会取。"

子华子说："很好！由此可见，双臂比天下重要，身体比双臂重要。韩国远没有天下重要，而现在争夺的土地又远没有韩国重要。您又何苦为争夺不下的土地而担忧、伤害身体呢，太不值得了。"

昭僖侯说："说得很好。这些天劝说我的人很多，却不曾听到过如此高明的言论。"

子华子用递比法说服了昭僖侯，可以说是真正懂得价值的孰重孰轻的。

再如，我们比较出液态空气寒于冰，还比较出冰寒于水，通过中介冰，可以递比出“液态空气寒于水”的结论。

再如，我们比较出长江长于黄河，还比较出黄河长于松花江，通过中介黄河，可以递比出“长江长于松花江”的结论。

综上所述，我们比较出了甲与乙相同属性的同似优劣，还比较出了乙与丙相同属性的同似优劣，通过中介乙，就可以递比出甲与丙相同属性的同似优劣。

综上，知道了进行递比的三种情况，更便于对事物进行传递比较的认识了。

应用递比法要遵守两个规则：一是进行递比必须要有中介，二是比较的必须是事物的同一属性。

*第一个规则：应用递比法，进行递比必须要有中介。*没有中介则无法进行递比，作为中介的事物最少要有一个，多则不限。

例如，我们比较出青海湖的面积大于洞庭湖，又比较出洞庭湖的面积大于太湖，通过中介洞庭湖，可以递比出“青海湖的面积大于太湖”的结论。由于有中介洞庭湖，就递比出了确切的结论。

再如，我们比较出华山高于恒山，恒山高于泰山，泰山高于嵩山，嵩山高于衡山，通过中介恒山、泰山、嵩山，就可以递比出“华山高于衡山”的结论。这个递比推导，作为中介的事物共有三个。

再如，A 大于 B，B 大于 C，C 大于 D，D 大于 E，E 大于 F，所以 A 大于 F。这个递比推导，作为中介的事物共有四个。

*第二个规则：应用递比法，比较的必须是事物的同一属性。*不是同一属性则无法进行传递比较，比较也不会得出正确的结论。

例如，我们比较出甲鱼的形体似于乌龟，又比较出乌龟的形体似于玳瑁，通过中介乌龟，递比出“甲鱼的形体似于玳瑁”的结论。由于比较的是同一属性“形体”，就递比出了确切结论。

再如，我们比较出喜马拉雅山的气温比泰山的气温低，又比较出泰山的高度比衡山高，由于比较的是“气温”与“高度”两个属性，不是同一属性，则无法进行传递比较，得不出正确的结论。

应用递比法，遵守了以上两个规则，递比出的结论才能比较可靠。

应用递比法，是在对事物属性做出比较认识的基础之上进行的，通过应用比较法对比出事物属性同似优劣的若干结论之后，即以这些结论为根据进行递比认识，去比较不同事物相同属性的同似优劣。

由于客观世界非常复杂，在某些情况下，进行递比的过程往往是一个十分复杂的过程，需要经过多次反复递比后，才能探寻出问题的正确结论。

在社会实践中，递比法的应用范围非常广泛，尤其在数学计算中，大量的计算内容是关于似于、等于或超于的递比推导。进行递比，是为了将事物属性的同似优劣做出正确比较，把问题处理好。

三、排除法

排除法是通过淘汰诸多可能因素中的无关因素探寻结论的逻辑方法。

探索一个复杂问题，如果所寻求的对象有多种可能存在，难以确定哪个为真，就要借助于排除法去认识，淘汰其中的无关因素，最后剩的就是所寻求的对象。应用排除法，通过逐一淘汰无关因素一步步缩小寻找范围，最终探寻出问题的正确结论。

黑格尔说：“甲或是乙、或丙、或丁，但甲不是丙，也不是丁，所以它是乙。”[1]

[1]　黑格尔．小逻辑．北京：商务印书馆，1981：385.

排除法的公式如下：

S 可能是 A，可能是 B，可能是 C

S 不是 A，也不是 B

S 一定是 C

在公式中，S 表示所探寻的对象，A、B、C 表示若干可能因素。“S 可能是 A，可能是 B，可能是 C”是已知前提；“S 不是 A，也不是 B”是排除过程，“S 一定是 C”是排除后的结论。

例如，19 世纪末，英国物理学家瑞利发现，从空气中提取的氮气每升重 1.2572 克，从氨气中提取的氮气每升重 1.2508 克。同样是氮气，为什么有轻有重呢？

为了解释这个问题，瑞利做出五种假设：一是从氨气中提取的可能混有氢气，二是从氨气中提取的可能因部分分散而密度减小，三是从空气中提取的可能混有氧气，四是从空气中提取的可能含有密度较大的氮分子 N_3，五是从空气中提取的可能含有较重的未知气体。

瑞利经过多次实验，一一排除了前四种可能，最后断定从空气中提取的氮气中一定含有一种较重的未知气体。后来，经过分析研究，瑞利果然发现了这种新的未知气体，它就是惰性气体氩（即氩元素）。借助于排除法，瑞利发现了氩元素。

再如，1975 年 8 月 30 日 19 点 35 分，我国江西省宁都县的段元星观察到，在天鹅星座的天津四星东北方多了一颗明亮的星。这是什么星呢？可能是颗变星，也可能是颗人造卫星，还可能是颗新星。

段元星知道那个空间位置没有变星，排除了变星的可能；段元星观察了一分多钟，这颗星没有移动位置，又排除了人造卫星的可能。排除到这里，段元星立即明白，那是颗新星。段元星用自制的天文望远镜观测那颗星，查对了位置，测定了亮度，经过一番分析，证实那确实是一颗新星。

据有关资料介绍，段元星发现的新星是4000年前相当于我国大禹治水的年代，一颗银河新星发生爆发，爆发时产生的光芒于1975年8月末抵达了地球。

再如，有一则智力题：小杨、小袁、小林、小夏四位同学同住一间宿舍。按规定，每晚最迟返回宿舍的同学负责关掉室外的灯。有一天晚上，最迟返回宿舍的同学忘记了关灯。第二天，宿舍管理员来查询："是谁最迟返回宿舍的？"

小杨说："我回来的时候，小林还没有睡。"

小袁说："我回来的时候，见小夏已经睡了，我也就睡了。"

小林说："我进门的时候，小袁正好上床睡觉。"

小夏说："我上床就睡着了，什么也不知道。"

宿舍管理员相信他们讲的都是事实，于是迅速地判断出谁最迟返回宿舍。

根据小杨说的"我回来的时候，小林还没有睡"，排除了小林的可能；根据小袁说的"我回来的时候，见小夏已经睡了"，又排除了小夏的可能；根据小林说的"我进门的时候，小袁正好上床睡觉"，又排除了小袁的可能。排除了小林、小夏和小袁，最迟返回宿舍的只能是小杨。

《福尔摩斯探案集》中的福尔摩斯侦破过无数个形形色色惊险离奇的案件，排除法是他最常用的推理方法之一。福尔摩斯虽然是小说中虚构的人物，但他对排除法的论述与应用是很科学的。

在《皮肤变白的军人》里，福尔摩斯说："我的方法建立在一种假设上面：当你把一切不可能的结论都排除后，剩下的不管多么离奇，必然是事实。也有可能剩下的是几种解释，如果这样，就要一而再、再而三地加以证实，直到最后只剩下一种具有足够依据来支持的解释。"福尔摩斯所论述的推理方法，即这里介绍的排除法。

应用排除法要遵守两个规则：一是必须分析出所有可能因素，二是必须有确凿证据，才能排除。

第一个规则：应用排除法，必须分析出所有可能因素。否则，如果恰巧漏掉了所寻找的真正对象，排除到最后就会落空，探寻不出问题的正确结论。

例如，青年工人小赵用手提砂轮机打磨工件，打磨完一个后准备去打磨另一个。由于离另一个略远，他拉了拉砂轮机上连通电源的引线，靠近后，便扳动砂轮机开关准备工作。不料，砂轮机没有转动。刚才还正常工作，为什么不转了？于是，小赵找来电工小孙帮助修理。

小孙认为，砂轮机不转动有三种可能：一是电源断电，二是开关失灵，三是机身损坏。小孙检测了电源，验电笔亮了，说明有电，排除了第一种可能；他检查了砂轮机开关，没发现问题，又排除了第二种可能；最后他打开砂轮机外壳，检查了所有部件，也都没毛病，又排除了第三种可能。小孙没找到原因，无法修理，就去请老电工李师傅帮忙。

李师傅问明情况后，他把砂轮机的引线插头插入电源插座，然后用验电笔去检验砂轮机开关上的引线接头，验电笔没亮。这说明砂轮机引线内的导线断了。原来，引线内的导线已经快断了，当小赵拉动引线靠近第二个工件时，引线内的导线被完全拉断了，尽管外表皮还连着。李师傅取下旧引线，换上新引线，砂轮机又飞快地转动起来。

在检修过程中，由于小孙没分析出所有可能因素，漏掉了真正的原因，排除到最后就落空了，没弄清砂轮机为什么不转动。李师傅又做出第四种假设，最终找出原因，使砂轮机又转动起来。

第二个规则：应用排除法，必须有确凿证据才能排除。否则，如果不慎排除掉了所寻找的真正对象，排除到最后也会落空，探寻不出问题的正确结论。

例如，晋朝时，晋元帝司马睿的叔父东安王司马繇被成都王司马颖杀害。司马睿害怕这场灾祸殃及自己，便秘密出逃。

司马颖通知关口和渡口不准贵人通过，司马睿到了河阳被把守渡口的官员拦住了。司马睿的随从宗典从后面赶上来，挥动马鞭指着司马睿说："你这个舍长，现在朝廷下令禁止贵人通行，难道你也在被禁之列吗？"说完，哈哈大笑。渡口官员以为司马睿真是干活的粗人，便放他过去了。

司马颖通知关口和渡口不准贵人通过，是想拦截司马睿。司马睿的随从宗典挥动马鞭指着司马睿，说他是"舍长"。渡口官员相信了，便放司马睿过去了。由于没有确凿证据证实，渡口官员把这位真正的"贵人"放走了，司马颖肯定抓不到司马睿这个"皇帝"了。

应用排除法，遵守了以上两个规则，最后得出的结论就会可靠。

运用排除法探索，一是要"大胆假设"，必须把所有可能因素都分析出来；二是要"小心求证"，必须有确凿证据才能排除。这样，无论多么错综复杂的难题，最终也会云开雾散，水落石出。

在福尔摩斯探案集《四个签名》中，福尔摩斯曾说："当你考虑到一切可能的因素，并且把绝对不可能的因素都排除以后，不管剩下的是什么，不管是多么难以相信的事，那不就是实情吗？"

福尔摩斯所说的"考虑到一切可能的因素"和"把绝对不可能的因素都排除"，即关于排除法的两个规则。只要做到了这两点，剩下的"不管是多么难以相信的事"，那就是我们要探寻的正确结论。

排除法的应用范围非常广泛，探索一个问题，如果要寻求的对象有多种可能性存在，可以借助于排除法解决。

有一则测试题：

假日里，小黄、小朱和小蓝三个姑娘一起到山里去玩。采了不一会儿，姑娘们就各采了一束鲜花，一个采的是金黄色的野菊花，一个采的是朱红色的百合花，一个采的是淡蓝色的马兰花。

在回家的路上，拿着百合花的姑娘忽然说："嘿！真有趣，我们仨采的花的颜色都跟自己姓氏代表的颜色不同。"小黄听了开心地说："哟，真的是这样呀！"

请回答：姑娘们各采的什么花。

根据题意，小黄、小朱和小蓝，各有采马兰花、野菊花或百合花三种可能。

我们分析一下，先看小黄采的什么花。根据拿百合花的姑娘说的"我们仨采的花的颜色都跟自己姓氏代表的颜色不同"，排除了她采黄色的野菊花的可能；根据"拿着百合花的姑娘忽然说……小黄听了开心地说……"，排除了小黄采朱红色的百合花的可能。排除了野菊花、百合花的可能，小黄采的是马兰花。

我们再看小朱采的什么花。根据拿百合花的姑娘说的"我们仨采的花的颜色都跟自己姓氏代表的颜色不同"，排除了她采朱红色的百合花的可能；根据已知结论"小黄采的是马兰花"，排除了她采马兰花的可能。排除了百合花、马兰花的可能，小朱采的是野菊花。

最后，我们看小蓝采的什么花。根据上面得出的结论，排除了马兰花、野菊花的可能，小蓝采的是百合花。

这则智力题的答案是：小黄采的是马兰花，小朱采的是野菊花，小蓝采的是百合花。

排除法的道理虽然简单，但客观世界非常复杂，在某些情况下，进行排除的过程往往是非常复杂的过程。如果所寻求的对象有多个，并且每个对象都有多种可能存在，问题错综复杂，头绪繁多，就需要从多个方面与不同角度做出多种假设，然后再根据已知条件，逐一去排除诸多可能因素中的无关因素。如果在推导过程中发现此路不通，则要改道而行，另辟蹊径。经过多番一而再再而三地反复假设与排除，最终才能探寻出问题的正确结论。

再如一则测试题：

桌子上放着三只匣子，一只金匣子、一只银匣子和一只铜匣子。三只匣子中各放两个球，一只放两个红球，一只放两个绿球，一只放一红一绿两个球。每只匣子外面都贴着一张标签，金匣子上贴着“内有两个红球”，银匣子上贴着“内有两个绿球”，铜匣子上贴着“内有一红一绿两个球”。但是，每张标签都贴错了，与匣子中的球颜色不相符。

从金匣子中随便摸出一个球一看，是个红球。请回答：每只匣子中各放的什么球。

根据题意已知，三只匣子中的球都各有“红红”“绿绿”“红绿”三种可能。

我们先看金匣子中放的什么球。根据金匣子上贴着“内有两个红球”和“标签都贴错了，与匣子中的球颜色不相符”，排除了金匣子中放两个红球的可能；根据“从金匣子中随便摸出一个球一看，是个红球”，排除了金匣子中放两个绿球的可能。排除结果为，金匣子中放的是一红一绿两个球。

我们再看银匣子中放的什么球。根据银匣子上贴着“内有两个绿球”和“标签都贴错了，与匣子中的球颜色不相符”，排除了银匣子中放两个绿球的可能；根据已知结论“金匣子中装的是一红一绿两个球”，排除了银匣子中放一红一绿两个球的可能。排除结果为，银匣子中放的是两个红球。

我们再看铜匣子中放的什么球。根据上面得出的结论，排除了铜匣子中放两个红球和一红一绿两个球的可能，铜匣子中放的是两个绿球。

这则测试题的答案是：金匣子中放的是一红一绿两个球，银匣子中放的是两个红球，铜匣子中放的是两个绿球。

最先提出排除法的弗兰西斯·培根说："在拒绝和排斥的工作适当完成之后，一切轻浮的意见便烟消云散，而最后余留下来的便是一个肯定的、坚固的、真实的和定义明确的形式。"[1]

排除法是通过逐一淘汰无关因素去探寻正确结论的逻辑方法，它的应用范围非常广泛。如果所研究的问题有多种可能因素存在，必须借助排除法解决，其他逻辑方法是无法代替的。

[1] 北京大学哲学系外国哲学史教研室．十六——十八世纪西欧各国哲学．北京：商务印书馆，1975：55.

第四部分 • 联缘法、溯因法与度果法

认识客观世界，要探寻事物的因果关系，并根据事物的因果关系预测事物变化的结果，追溯事物变化的原因，需要借助于联缘法、溯因法和度果法完成。

恩格斯说："我们在观察运动着的物质时，首先遇到的就是单个物体的单个运动的相互联系，它们的相互制约。……由于人的活动，就建立了因果观念的基础，这个观念是：一个运动是另一个运动的原因。"[1] 运动着的物质之间的相互联系，也就是它们之间的因果关系。

事物的因果关系是客观世界的一种普遍联系，广泛地存在于自然界和人类社会。因果关系是事物间的一种必然联系，具备其原因必定会产生其结果，产生了其结果必定是因为具备了其原因。世界上不会有无因之果，也不会有无果之因。

事物的因果关系很复杂，最常见的主要有三种：一是多因一果关系，二是合因一果关系，三是一因一果关系。

1. 多因一果关系

几个原因都能产生某一结果，这一结果能由其中任何一个原因产生，这种因果关系即多因一果关系。这种因果关系中的原因叫作"多因之因"，其特征是：有之必然，无之未必不然。

例如，"摩擦""燃烧""电流通过"等和"发热"之间即是多因一果关系。"摩擦""燃烧""电流通过"等原因都能产生"发热"这一结果，"发热"这一结果能由其中的任何一个原因产生。

2. 合因一果关系

几个原因合在一起才能产生某一结果，这一结果需要几个原因合在一起才能产生，这种因果关系即合因一果关系。这种因果关系中的原因叫作"合因之因"，其特征是：有之不必然，无之必不然。

---

[1] 马克思恩格斯选集：第 3 卷 . 北京：人民出版社，1972：550.

《墨辩·经说上》中说：“小故，有之不必然，无之必不然。”这里说的“小故”即“合因之因”。

例如，“燃料”“氧气”“燃点温度”等和“燃烧”之间即是合因一果关系。“燃料”“氧气”“燃点温度”等原因合在一起才能产生“燃烧”这一结果，“燃烧”这一结果，必须由这些原因合在一起才能产生，只有其中的部分原因不能产生结果。

3. 一因一果关系

某一原因只能产生某一结果，这一结果只能由这一原因产生，这种因果关系即一因一果关系。这种因果关系中的原因叫作“一因之因”，其特征是：有之必然，无之必不然。

《墨辩·经说上》中说：“大故，有之必然，无之必不然。”这里说的“大故”，即“一因之因”。

例如，“种瓜”和“得瓜”之间即是一因一果关系。“种瓜”这一原因只能产生“得瓜”这一结果，“得瓜”这一结果只能由“种瓜”这一原因产生。

以上简略介绍了最常见的三种因果关系。明确了事物因果关系的种类及其特征，便于应用联缘法、溯因法和度果法进行探索。

毛泽东说：“唯物辩证法认为外因是变化的条件，内因是变化的根据，外因通过内因而起作用。”[1]

事物变化的原因分为内因和外因，内因是变化的根据，外因是变化的条件。从这个意义上说，通常所说的“条件”也是原因，即事物变化的外因。

探寻事物之间的因果关系，以及追溯事物变化的原因与预测事物变化的结果，是借助于联缘法、溯因法和度果法三个逻辑方法完成的。在认识客观世界过程中，联缘法、溯因法和度果法都起着非常重要的作用。

---

[1]　毛泽东选集：第 1 卷 . 北京：人民出版社，1968：277.

一、联缘法

联缘法是把变化了的事物和其他相关因素联系起来认识事物因果关系的逻辑方法。

我们观察到，某事物发生变化之前，另一相关因素存在、介入或变化过，把事情联系起来，即可初步断定它们之间存在因果关系：另一相关因素的存在、介入或变化为原因，某事物的变化为结果。这个认识过程是用联缘法完成的。应用联缘法，可以探寻出事物间的因果关系。

毛泽东说："唯物辩证法的宇宙观主张从事物的内部、从一事物对他事物的关系去研究事物的发展，即把事物的发展看作是事物内部的必然的自己的运动，而每一事物的运动都和它的周围其他事物互相联系着和互相影响着。"[1]

联缘法即"从一事物对他事物的关系去研究事物的发展"的逻辑方法，是建立在"每一事物的运动都和它的周围其他事物互相联系着和互相影响着"的思想基础之上。因此，联缘法符合唯物辩证法的宇宙观。

恩格斯说："为了了解单个的现象，我们就必须把它们从普遍的联系中抽出来，孤立地考察它们，而且在这里不断更替的运动就显现出来，一个为原因，另一个为结果。"[2] 这个认识过程是借助于联缘法完成的。

恩格斯还说："蔑视辩证法是不能不受惩罚的。无论对一切理论思维多么轻视，可是没有理论思维，就会连两件自然的事实也联系不起来，或者连二者之间所存在的联系都无法了解。"[3] 如果蔑视辩证法，连两件自然的事实也联系不起来，是无法了解事物间所存在的因果关系。

---

[1] 毛泽东选集：第 1 卷 . 北京：人民出版社，1968：279.

[2] 自然辩证法 . 北京：人民出版社，1971：201.

[3] 马克思恩格斯选集：第 3 卷 . 北京：人民出版社，1972：482.

联缘有三种情况：一是某事物与某存在之因素相联缘，二是某事物与某介入之因素相联缘，三是某事物与某变化之因素相联缘。

1. 某事物与某存在之因素相联缘

我们观察到，某事物发生变化之前，另一相关因素存在过，把事情联系起来，即可初步断定它们之间存在因果关系：另一相关因素的存在为原因，某事物的变化为结果。

某事物与某存在之因素相联缘的公式如下：

A 存在

S 则 P

S 有 A 存在则 P

在公式中，S 表示一个一般事物，A 表示一个条件或原因，P 表示一个结果。“A 存在，S 则 P”是联系过程，“S 有 A 存在则 P”是联系出的结论。

例如，丹麦物理学家奥斯特曾在哥本哈根讲座上当众展示磁场实验。他扳动电源开关时，放在导线附近的一枚指南针里的小磁针晃动了一下，然后停止在与导线垂直的方向上。他又动手调整，让电流向相反的方向通过，只见磁针也向相反的方向偏转。实验表明，电流能够产生磁场。后来，他再度进行深入的实验研究，做了几十次实验，终于弄清电与磁的关系，揭示出了“电流的磁效应”，人们把它称为“电磁学第一定律”。之后，依据电磁感应原理制造了发电机。

奥斯特观察到，存在通电导线，指南针的磁针则发生偏转，把事情联系起来，就发现了二者之间的因果关系，得出了“磁针遇到通电导线则发生偏转”的结论。

再如，19 世纪的某年春天，在英国物理学家、化学家法拉第的实验室来了几位纽卡斯尔市的园艺家。原来，他们所在城市的紫罗兰近几年都由紫色变成了白色，请法拉第帮忙查找原因。

于是，法拉第随他们去探查究竟。刚到纽卡斯尔市，法拉第就闻到一股臭鸡蛋味儿。经过调查得知，原来附近有一家化工厂，燃烧含有黄铁矿的煤散出二氧化硫气体，这种气体发出臭鸡蛋味儿。是不是二氧化硫气体使紫罗兰由紫变白的呢?

法拉第做了个实验：他把硫黄放在一个小口容器里，不完全燃烧，借以产生二氧化硫气体，然后再把紫罗兰放进去。过了一会儿，紫罗兰果然变白了。于是，揭开了紫罗兰变白之谜。

法拉第通过调查得知，存在二氧化硫气体紫罗兰则变白，把事情联系起来，就找到了二者之间的因果关系，得出了“紫罗兰遇到二氧化硫气体则变白”的结论。

再如，英国的一位外科医生李斯特教授研究能杀灭细菌的药物。某天傍晚，他在爱丁堡郊外散步，来到一条污水沟边，发现沟里长着许多翠绿的水草，充满无限生机。第二天，李斯特开始调查，发现污水沟里有大量石碳酸。石碳酸具有强烈的杀菌作用，所以那里的水草生长旺盛。他把石碳酸溶液喷洒在空气中，还用它洗手、清洗医疗器械。

结果证明，石碳酸的消毒效果非常好。李斯特用石碳酸给自己的姐姐消毒后做了首例无菌手术，非常成功，被医学界称为“现代外科学的一次革命”。李斯特的消毒法，救活了那些因危险性大而被列为禁区手术病人的生命。

李斯特观察到，存在石碳酸，水草则生长旺盛，把事情联系起来，就发现了二者之间的因果关系。根据这个发现，他发明了“石碳酸”消毒法。

2. 某事物与某介入之因素相联缘

我们观察到，某事物发生变化之前，另一相关因素介入过，把事情联系起来，即可初步断定它们之间存在因果关系：另一相关因素的介入为原因，某事物的变化为结果。

某事物与某介入之因素相联缘的公式如下：

A 介入

<u>S 则 P　　　　　</u>

S 有 A 介入则 P

在公式中，S 表示一个一般事物，A 表示一个条件或原因，P 表示一个结果。“A 介入，S 则 P”是联系过程，“S 有 A 介入则 P”是联系出的结论。

据考证，我国东汉时期的华佗是世界上第一个发明麻醉剂和使用全身麻醉的人。华佗是怎样发明麻醉剂的呢？

相传，一天几个人抬来一个昏迷不醒的汉子，这个人腿断了，求华佗医治。华佗让人按住伤者，然后开始动手术。华佗观察到，在整个手术过程中那人不仅没有挣扎，甚至连一声呻吟都没有，但是他闻到了一股酒气。原来伤者喝得酩酊大醉，手术时还在梦中酣睡，没有呻吟也没有任何痛苦的表情。华佗想，如果有一种药，让病人服下后能像喝醉酒一样睡着，病人就不会觉得痛苦了。经过无数次配方试验，华佗用酒配制出了麻醉药，发明了中药麻醉剂——“麻沸散”。后来，华佗为一个患“肠痈”（即阑尾炎）的船夫做手术。他将“麻沸散”放到酒里让船夫喝下，之后进行手术。船夫没有感觉到痛苦，一个多月后就痊愈了。

华佗观察到，病人喝了酒再动手术就不觉痛苦，把事情联系起来，就发现了二者之间的因果关系，从而发明了中药麻醉剂——“麻沸散”。

再如，英国微生物学家弗莱明教授发现了青霉素，被誉为第二次世界大战时期的三大发明之一。弗莱明是怎样发现青霉素的呢？

在弗莱明的实验室里，摆放着很多培养葡萄球菌的玻璃罐，他用各种药剂进行实验，从中寻找杀灭葡萄球菌的理想药物。一天，弗莱明看见一只玻璃罐的培养基上进入一小团青绿色的霉花。他拿起这只玻璃罐仔细观察，发现青绿色的霉花周围没有葡萄球菌:“奇怪，霉花的周围怎么没有葡萄球菌呢？难道它能阻止细菌的生长和繁殖？”弗莱明把这只玻璃罐放到显微镜下观察，发现青绿色的霉花附近的葡萄球菌全部死掉了。

经过一番艰苦的研究和试验，弗莱明证实这种青绿色的霉菌是能抑制并杀死葡萄球菌的有效物质，他把这种物质叫作“青霉素”。因为青霉素的发现，人们又从死神手里夺回了无数生命。

弗莱明观察到，有绿色霉菌，葡萄球菌则死亡，把事情联系起来，就找到了二者之间的因果关系，得出了“葡萄球菌遇到绿色霉菌则死亡”的结论。

再如，英国医学家詹纳曾是一位乡村医生，立志要根治严重危害人类身体健康的疾病——“天花”。当时，还没有征服天花的好办法。

詹纳在奶牛场调查发现，牛生病时身上长出脓疱——牛痘。挤奶的人接触牛痘后，手指上也会生出牛痘。在整个奶牛场，凡是生过一次牛痘的人，就不再得天花了。这说明，牛痘具有抵抗天花的神奇作用。詹纳经过多次临床试验证实，牛痘确实具有预防天花的作用。于是，这一发现被推广到了全世界，人们通过“种牛痘”预防天花。从此，天花肆虐的时代一去不返。

詹纳通过调查得知，生过牛痘，人则不得天花，把事情联系起来，就找到了二者之间的因果关系，得出了“人生过牛痘则不得天花”的结论。

3. 某事物与某变化之因素相联缘

我们观察到，某事物发生变化之前，另一相关因素变化过，把事情联系起来，即可初步断定它们之间存在因果关系：另一相关因素的变化为原因，某事物的变化为结果。

某事物与某变化之因素相联缘的公式如下：

A 变化

S 则 P

S 有 A 变化则 P

在公式中，S 表示一个一般事物，A 表示一个条件或原因，P 表示一个结果。“A 变化，S 则 P”是联系过程，“S 有 A 变化则 P”是联系出的结论。

例如，北宋时期杰出的科学家沈括在《梦溪笔谈》中写道：“月正午而生者为潮，则正子而生者为汐，正子而生者为潮，则正午而生者为汐。”每当月球运行到月正午（月球运行到天顶正中为月正午）或月正子（月球运行到天底正中为月正子）的时候，海水则出现潮汐现象。他反复观察多次，都没有出现过误差。因此，沈括认为潮汐变化是由月球所引起。如今，天文学家已经计算出，月球引潮力约为太阳引潮力的 2.2 倍，说明沈括的结论是正确的。

沈括观察到，月球运行到天正中，海水则出现潮汐，把事情联系起来，就发现了二者之间的因果关系，得出了“海水遇月球运行到天正中则出现潮汐”的结论。

再如，《内经・针刺》记载这样一个故事：一个患头痛病的樵夫在山上砍柴，不小心碰伤脚趾出了一点儿血，但头却不痛了。后来头疼复发，又偶然碰破脚趾，头疼又好了。以后，樵夫凡遇头痛时就有意刺伤这个脚趾，每次都能消除头痛。樵夫刺伤的地方，即现在所说的“大敦穴”。

樵夫发现，刺伤脚趾，头痛则消失，把事情联系起来，得出了“刺伤脚趾则头痛消失”的结论。

以上介绍了联缘的三种情况，了解这三种情况便于对事物的因果关系进行联系认识。

应用联缘法要遵守两个规则：一是尽量经过多次观察去联系，二是尽量观察变化全过程去联系。

第一个规则：应用联缘法，尽量经过多次观察去联系。只以一次观察为根据，如果是事物变化的假象，得出的结论就不可靠。

例如，英国物理学家波义耳做了一个实验，他想验证磁铁在真空中是否吸铁。波义耳把一块吸着铁块的磁铁放入密封的玻璃罩里，然后用手摇真空泵抽去玻璃罩里的空气。随着手摇真空泵的抽气，玻璃罩里的空气越来越少，铁块突然从磁铁上掉了下来。于是，波义耳得出结论："磁铁在真空中失去了吸铁的属性。"但后来波义耳发现他的结论是错的。原来，波义耳抽气时越抽越用力，摇动真空泵手柄时工作台颤动加剧，铁块是从磁铁上震落下来的。

波义耳摇动真空泵，铁块从磁铁上掉下来，把事情联系起来，得出结论："磁铁在真空中失去了吸铁的属性。"但是波义耳只以一次观察为根据，又恰巧事情变化的偶发性，因此得出的结论是不可靠的。

还有个小故事：珍妮和玛丽坐火车时，有人送给她俩每人一只香蕉。她俩有生以来第一次见到香蕉，珍妮好奇地咬了一口。恰巧这时火车驶进了隧道，珍妮觉得眼前一黑，不由大吃一惊叫了起来："玛丽！你吃香蕉了吗？"玛丽答道："还没有吃！"珍妮说："噢，不要吃！吃了香蕉什么都看不见了！"

珍妮吃了香蕉，恰巧火车驶进隧道导致眼前一黑，把二者联系起来，便认为"吃了香蕉什么都看不见了"。由于她只以一次观察为根据，看到的恰巧又是事情变化的假象，因此得出的结论是不可靠的。

第二个规则：应用联缘法，尽量观察变化全过程去联系。如果只观察了变化过程的一部分，有时会把前兆误认为是原因，得出的结论就不可靠。

我们知道，事物的变化是由量变逐渐发展到质变的。事物由量变到质变有一个时间过程，在这个过程中，有时会引起其他事物的变化或反应。由于这种变化或反应出现在事物发生质变之前，人们称之为事物发生质变的前兆、预兆或先兆。虽然事物发生质变的前兆出现在前，事物的质变发生于后，但前兆并非事物发生质变的原因，而是事物发生量变所引起的结果。

例如，地震的发生是由量变逐渐发展到质变的。开始是地壳发生微小变动，引起感知灵敏的小动物的异常反应。发展到地层出现断裂、塌陷，于是地震发生了。虽然动物的反常现象出现在前，地震现象发生于后，但动物的反常现象并非发生地震的原因，而是地壳发生微小变动所引发的结果，是发生地震的前兆。

前兆虽然不是事物发生质变的原因，但和事物的变化存在因果关系，它是事物发生量变所引发的结果。认识客观世界，要探寻事物变化的前兆，借以预知事物变化的结果。

应用联缘法，遵守了以上两个规则，联系出的结论就会比较可靠。

联缘法的应用范围非常广泛，如果发现某一事物发生了变化，即可用联缘法探寻和这个事物的变化相关的事物之间的因果关系。

探寻事物的因果关系，并非都能直接观察到事物变化的全过程，往往是一个结果出现之前，并没留心观察其他事物。如果是这样，就需要通过调查或回忆去探寻。

例如，《宋史·武行德传》中记载了一个典故：

武行德在洛京（现洛阳）任留守时，正在实施盐法，规定凡能捉获贩卖私盐一斤以上者给予重赏，有些不逞之徒常常用私盐陷害人。

有个村童背着蔬菜进城，路上遇到一个从河阳来的尼姑和他同行。快进城时，尼姑抢先进了城。守门的吏卒在村童的菜筐中搜出数斤私盐，就把村童绑起来押到府中。

武行德拿起私盐包查看，见白绢手帕裹着，而且龙麝香味扑鼻，惊异地说："我看村童衣衫褴褛，哪里会有熏香手帕？定是有奸人在陷害他。"武行德问村童："你离家后，和谁同路？"村童如实回答。武行德听了高兴地说："我知道了，应是天女寺的尼姑和守门合谋，以此来求赏钱。"他问清尼姑的相貌，当天就将她捕获。经过审问，果然是尼姑和守门吏卒合谋，村童获得释放。

从此，官吏们都不敢欺骗武行德，整个洛京秩序安定。

武行德见村童衣衫褴褛，又闻到包裹私盐的白绢手帕散发出扑鼻的龙麝香味，从中看出破绽，断定私盐不会是村童的；通过询问村童了解到尼姑同行，村童的菜筐中有了私盐，把事情联系起来，断定私盐是尼姑放到菜筐中去的。武行德通过调查询问，村童通过回忆，最后弄清了这起案件的真相。

"宁可找到一个因果的解释，不愿获得一个波斯王位。"这是古希腊哲学家德谟克利特的名言。这句话也阐明探寻事物因果关系的重要意义。

联缘法是探寻事物因果关系的逻辑方法，很多科研成果是借助于联缘法取得的，我们应该好好掌握这个方法。

二、溯因法

溯因法是根据事物产生的结果溯求事物变化原因的逻辑方法。

我们知道了事物的因果关系，又知道产生了其结果，即可断定作为原因的事物必然存在、介入或变化过。这个认识过程是用溯因法完成的。应用溯因法，可以根据事物的变化结果探寻出促成事物变化结果的原因。

《吕氏春秋・察今》记述："故审堂下之阴，而知日月之行，阴阳之变；见瓶水之冰，而知天下之寒，鱼鳖之藏也。""审堂下之阴，而知日月之行”“见瓶水之冰，而知天下之寒”，这种推导方法即是溯因法。

例如，养狗的人都知道，一般情况下，家中来了陌生人狗就会叫，当主人听到狗叫，不出屋即可断定来了陌生人；气温降至零摄氏度以下，河水就会结冰，当看到河水结冰，即可断定气温必然降至零摄氏度以下。

由上可知，知道了事物的因果关系，又知道产生的结果，即可断定作为原因的事物必然存在、介入或变化过。

溯因有三种情况：一是一因一果之溯因，二是合因一果之溯因，三是多因一果之溯因。

1. 一因一果之溯因

知道了所考察的事物是一因一果关系，又知道产生了其结果，即可断定必然具备其原因。

一因一果之溯因的公式如下：

S 有 A 则 P

S 已 P
———

必然有 A

在公式中，S 表示一个一般事物，A 表示一个条件或原因，P 表示一个结果。“S 有 A 则 P”是已知前提，“S 已 P”是已知结果，“必然有 A”是溯求出的结论。

例如，1895 年，德国物理学家伦琴教授发现了一种人眼看不见的新光线。伦琴是怎样发现的呢？伦琴在实验室内研究阴极射线管放电现象时，发现用黑纸包着的照相底片感光了。用黑纸包着的阴极射线管通电后，在一块涂有铂氰化钡的纸屏上发出绿色冷光，关闭电源，冷光消失。根据上述现象，伦琴推测实验室里一定存在一种看不见的强光。经过反复实验，伦琴发现一种新射线，并发现这种射线具有一定特性，为此，他把这种未知射线命名为 X 射线，后人也称伦琴射线。

伦琴的推导过程如下："铂氰化钡纸遇到强光则放出冷光，铂氰化钡纸已经放出冷光，说明必然存在强光。"

再如，英国地质学家伍德沃德在非洲赞比亚卡伦瓜地区考察时发现，开着紫红色花朵的和氏罗勒小草长得非常茁壮。他在其他地方也见过和氏罗勒，但长得很细弱，花朵也缺乏紫色。回国后，伍德沃德把开不同颜色花朵的和氏罗勒品种连同土壤进行分析。他发现，开着紫红色花朵的和氏罗勒生长茁壮，其土壤中铜元素含量丰富，和氏罗勒生长细弱的土壤中则铜元素贫乏。原来和氏罗勒是一种喜欢铜元素的植物，换句话说，它是一种铜元素的指示剂。

伍德沃德又一次来到赞比亚卡伦瓜地区，他发现大片开着紫红色花朵的和氏罗勒长得十分茂盛。伍德沃德断定，此地下很可能蕴藏着丰富的铜矿。经过地质勘探，果然在地下发现了储量为 9 亿吨的罕见铜矿。

伍德沃德的推导过程如下：有丰富铜元素的土壤和氏罗勒开紫红色花朵，和氏罗勒开紫红色花朵土壤中必然存在丰富的铜元素。

应用溯因法，知道所考察的事物是一因一果关系，又知道产生了其结果，即可断定必然具备产生这一结果的原因。

2. 合因一果之溯因

知道所考察的事物是合因一果关系，又知道产生了其结果，即可断定必然具备合因中的所有原因。

合因一果之溯因的公式如下：

S 有 A、B 和 C 则 P

<u>S 已 P</u>

必然有 A、B 和 C

在公式中，S 表示一个一般事物，A、B、C 表示若干条件或原因，P 表示一个结果。"S 有 A、B 和 C 则 P" 是已知前提，"S 已 P" 是已知结果，“必然有 A、B 和 C”是溯求出的结论。

例如，《阅微草堂笔记》中曾记述一个故事：伊犁城中没有水井，人们都去河边打水。一个将领说：“戈壁滩上都是黄沙，没有水源，所以草木不能生长。现在城中有很多老树，如果树下没有水源，树怎么能活呢？”于是，人们挖走一棵老树，在根下凿井，果然得到了泉水。

这个将领知道，草木生长和土壤、水源等条件之间是合因一果关系。当他看到伊犁城中有老树生长，即断定城中必然具备老树生长的条件，准确地判断出老树下有水源。

应用溯因法，知道所考察的事物是合因一果关系，又知道产生了其结果，即可断定必然具备产生这一结果的所有原因。

3. 多因一果之溯因

知道所考察的事物是多因一果关系，又知道产生了其结果，即可断定必然具备其原因。但是，这一结果是由多个原因中的哪一个引起，需要对各个原因一一考察后才能确定。

多因一果之溯因的公式如下：

S 有 A 或 B 或 C 则 P

S 已 P

———————————

必然有 A（或 B 或 C）

在公式中，S 表示一个一般事物，A、B、C 表示若干条件或原因，P 表示一个结果。“S 有 A 或 B 或 C 则 P”是已知前提，“S 已 P”是已知结果，“必然有 A（或 B 或 C）”是溯求出的结论。

例如，农民见田里的稻秧发黄，就往田里施肥，他知道稻秧缺肥就会发黄。可是，水稻并没有因为多施肥而增产，却由于严重倒伏而减产。原来，稻秧发黄是因为田水太满，并不是缺肥。没找到真正的原因，所以农民没解决稻秧发黄的问题。

引起稻秧发黄的原因很多，缺肥、田水太满、氨水气味强烈刺激等因素都能使稻秧发黄，它们之间是多因一果的关系。这个农民没有对引起稻秧发黄的多个原因一一进行考察，轻率地判断，得出的结论就错了。

应用溯因法，知道所考察的事物是多因一果关系，又知道产生了其结果，并不能立即断定引起这一结果的是其中哪个原因。这一结果究竟由哪个原因引起，需要对各个原因一一分析考察后才能确定。

以上介绍了溯因法的三种情况，知道了这三种情况，便于探寻事物变化的原因。

溯因法的应用范围非常广泛，如果发现某一事物产生了某一结果，即可用溯因法探寻促成这一事物之所以变化的原因。

应用溯因法，首先必须弄清所考察的事物属于哪一种因果关系，这是至关重要的。由于事物的因果关系不同，溯求事物变化原因的情况也就不同。

溯因法是根据事物产生的结果溯求事物变化原因的逻辑方法，在认识过程中起着非常重要的作用，很多科研成果是借助于溯因法取得的。

三、度果法

度果法是根据事物变化的原因推测事物变化结果的逻辑方法。

我们知道了事物的因果关系，又知道具备其原因，即可断定必然产生了其结果。这个认识过程是用度果法完成的。应用度果法，可以根据事物变化的原因探寻出事物变化的结果。

例如，我们知道太阳表面出现黑子，地球上的无线电通信就会受到干扰或中断，当观察到出现了太阳黑子，即可断定无线电通信必然受到干扰或中断；如果气温变热，温度计水银柱就会升高，当感到天气酷热时，即可断定温度计水银柱必然升高。

由上可知，知道事物的因果关系，又知道作为原因的事物存在、介入或变化过，即可断定必然产生其结果。

度果有三种情况：一是一因一果之度果，二是合因一果之度果，三是多因一果之度果。

1. 一因一果之度果

我们知道所考察的事物是一因一果关系，又知道具备其原因，即可断定必然会产生其结果。

一因一果之度果的公式如下：

S 有 A 则 P

<u>已知 S 有 A</u>

必然 P

在公式中，S 表示一个一般事物，A 表示一个条件或原因，P 表示一个结果。“S 有 A 则 P”是已知前提，“已知 S 有 A”是已知原因，“必然 P”是推测出的结论。

常言道：种瓜得瓜。种瓜与得瓜之间是一因一果关系。应用度果法，知道所考察的事物是一因一果关系，又知道具备其原因，即可断定必然会产生其结果。

2. 合因一果之度果

我们知道所考察的事物是合因一果关系，又知道具备合因中的所有原因，即可断定必然会产生其结果。

合因一果之度果的公式如下：

S 有 A、B 和 C 则 P

<u>已知 S 有 A 、B 和 C</u>

必然 P

在公式中，S 表示一个一般事物，A、B、C 表示若干条件或原因，P 表示一个结果。“S 有 A、B 和 C 则 P”是已知前提，“已知 S 有 A、B 和 C”是已知原因，“必然 P”是推测出的结论。

例如，公元前 6 世纪，在爱琴海东岸，米底和吕底亚两大部落发生战争，双方积怨很深，老百姓更是灾难深重。当时，古希腊天文学家泰勒斯痛恨这种无谓的战争，决心利用难得的日全食消弭这场战祸。泰勒斯熟悉天文知识，推算出 5 月 28 日（公元前 585 年）当地将发生日全食。于是，他宣称：“上天对这场战争十分厌恶，将吞食太阳向大家示警。如若双方再不肯休战，到时将大难临头。”等到 5 月 28 日，日全食果然发生了。这种奇异的天象给交战双方留下了深刻的印象，双方握手言和，结束了这场旷日持久的战争。

泰勒斯知道，“月球运行到太阳与地球之间，三者连成一条直线”和“日食现象”之间是合因一果关系，具备合因中的所有原因必定会产生其结果。推算出 5 月 28 日月球将运行到太阳与地球之间，并且三者会联成一条直线。因此，他断定这天日食现象必然会发生。

再如，柴草具备氧气、燃点温度两个条件就会燃烧。当我们知道柴草具备了氧气和燃点温度，即可断定柴草必然燃烧。

科学家曾经对火星上是否存在生物进行过探索，做出了火星可能存在生物的假设。我们知道，生物存在需要土壤、水分、空气、适当温度等多个条件，它们之间是合因一果关系。对于合因一果关系，只有知道了具备合因中的所有原因，才能断定必然会产生其结果。如果只知道具备合因中的某些原因，是不能断定是否会产生其结果的。当时的科学家没有弄清是否具备生物存在所需要的全部条件，因而无法确定火星上有没有生物。

应用度果法，知道所考察的事物是合因一果关系，又知道具备合因中的所有原因，即可断定必然会产生其结果。如果只知道具备其中某些原因，是无法断定能否产生其结果的，缺少其中任何一个原因都不行。

3. 多因一果之度果

我们知道所考察的事物是多因一果关系，只要知道具备其中的一个原因，即可断定必然会产生其结果。

多因一果之度果的公式如下：

S有A或B或C则P

<u>已知S有A（或B或C）</u>

必然P

在公式中，S表示一个一般事物，A、B、C表示若干条件或原因，P表示一个结果。“S有A或B或C则P”是已知前提，“已知S有A（或B或C）”是已知原因，“必然P”是推测出的结论。

例如，我们知道，温度升高或压力降低都会促使液体快速蒸发。只要知道温度升高，即可断定液体蒸发必然加快了。

应用度果法，知道所考察的事物是多因一果关系，只要再知道具备多因中的任何一个原因，即可断定必然会产生其结果。

以上介绍了度果法的三种情况，知道了这三种情况，便于探寻事物变化的结果。

应用度果法，首先必须弄清所考察的事物属于哪一种因果关系，这是至关重要的。由于事物的因果关系不同，推测事物变化结果的情况也就不同。

推测事物变化的结果，除了根据原因，还需根据事物变化的前兆去认识。常言道：“月晕而风，础润而雨。”知道事物变化前会出现什么征兆，当观察到这种征兆出现时，即可断定必将产生事物变化的结果。古人云：“山雨欲来风满楼。”当观察到“风满楼”时，即可断定山雨即将到来。

例如，清朝年间，大将赵良栋带兵攻打密树关时，已经安营扎寨，他忽然传令马上转移。因天色已晚，众将领都不赞同。赵良栋传令“违者立斩”，众将领无奈遵令而行。刚刚移营完毕便下起瓢泼大雨，之前扎营的地方迅疾被雨水淹没。将领们深感惊异，对赵良栋的神机妙算非常钦佩。赵良栋哈哈大笑：“我只不过见到蚂蚁搬家，知道地面湿度加大，所以料定天将降大雨。”

赵良栋的推导过程如下：蚂蚁在大雨来临前搬家，蚂蚁搬家天必降大雨。此即根据事物变化的前兆预测事物变化结果的情况。

再如，意大利人乔·加都钦在埃特纳火山脚下查理镇上居住多年。每当火山爆发之前，他的脚趾就有痛感。人们称他为万无一失的火山爆发预报员。一天半夜，脚趾阵阵钻心的疼痛使乔从睡梦中惊醒，他预感到不幸的事情即将发生，忍痛通知镇长，镇长连忙向全镇示警，全镇居民全部撤离。果然不久，埃特纳火山涌出了大量熔岩，查理镇瞬间被熔岩摧毁。由于提前发出准确的预报，全镇没有一人遇难。

乔·加都钦的推导过程如下：脚趾在火山爆发前酸痛，脚趾酸痛，火山必将爆发。这也是根据事物变化的前兆去预测事物变化结果的情况。

度果法是根据事物变化的原因推测事物变化结果的逻辑方法，在认识过程中起着非常重要的作用，很多科研成果是借助度果法取得的。

第五部分 • 觅差法、对照法与察变法

认识客观世界，经常要探寻事物发生的原因，推导事物的演化规律，需要借助于觅差法、对照法和察变法完成。

探寻事物发生的原因，一般先用觅差法初步寻找出事物产生的条件，然后再用对照法通过实验进行验证，这样就可以探寻出可靠结论。也就是说，觅差法和对照法是探寻事物发生原因的逻辑方法。

认识客观事物，要推导各种事物的演化规律。在一定条件下，若干事物变成另外的事物，需要经过一番认真观察和仔细思索，才能推导出客观事物的演化规律。这个认识过程是借助察变法完成的。

在认识客观事物的过程中，觅差法、对照法和察变法起着非常重要的作用，很多科学发现与发明是借助这三个逻辑方法完成的。

一、觅差法

觅差法是通过考察两个场合中的唯一不同条件探寻事物发生原因的逻辑方法。

如果在某一场合产生了某一结果，在另一场合却没有产生，而两个场合中只有一个条件不同，那么，即可初步确定这个条件就是产生某一结果的原因。这个认识过程是用觅差法完成的。应用觅差法，关键是通过观察和调查，考察产生不同结果的两个场合中是否存在不同条件，发现其中所存在的唯一不同条件，就初步找到了事情发生的原因。

觅差有两种情况：一是有因有果与无因无果两个场合，二是无因有果与有因无果两个场合。

1. 有因有果与无因无果之觅差

我们考察到，产生某一结果，其中存在某一条件；没产生这一结果，其中不存在某一条件；如果两个场合中只有这一个条件不同，那么，即可初步确定这个条件就是产生某一结果的原因。

有因有果与无因无果之觅差的公式如下：

S 有 A 则有 P

S 无 A 则无 P

A 是 S 所以 P 的原因

在公式中，S 表示觅差之事物，A 表示一个条件或原因，P 表示一个结果。“S 有 A 则有 P，S 无 A 则无 P”是觅差过程，“A 是 S 所以 P 的原因”是探寻出的结论。

例如，19 世纪初，法国生物学家法布尔把一只孔雀蛾的蛹带到了实验室，这只蛹孵化成了一只雌蛾。当天晚上，雌蛾引来了一大群雄蛾。法布尔想，这些雄蛾生活在十几公里外的森林里，它们是怎样找到这里的？

法布尔把雌蛾关在纸做的罩子里，雄蛾虽然看不到雌蛾，但还是准确地找到了雌蛾，不断地飞到关着雌蛾的地方；法布尔又把雌蛾密封在一只玻璃罩里，雄蛾虽然可以透过玻璃罩看到雌蛾，但它们却不再围在雌蛾周围，而是盲目地乱飞。当法布尔把玻璃罩稍稍露出一点缝，雄蛾便马上飞到雌蛾所在的玻璃罩边。

法布尔观察到，雄蛾嗅到雌蛾的气味就能找到雌蛾，雄蛾嗅不到雌蛾的气味就找不到雌蛾。很显然，两个场合中的唯一不同条件是有没有雌蛾的气味，由此发现雄蛾是依靠雌蛾的气味找到雌蛾的。于是，法布尔揭开了昆虫求偶的秘密。

再如，19 世纪中叶，法国微生物学家路易 · 巴斯德住在里尔。一天，酿酒商毕戈找到巴斯德说，他的甜菜浆变酸酿不成酒了，请他帮助查找原因。巴斯德到酒厂取回样品研究。在显微镜下，巴斯德发现能酿成酒的甜菜浆中有许多酵母菌，而在变酸的不能酿成酒的甜菜浆中没发现酵母菌，却发现了一种杆状小生命，这种杆状小生命就是乳酸杆菌，导致甜菜浆变酸。

巴斯德观察到，甜菜浆里存在乳酸杆菌则变酸，甜菜浆里没有乳酸杆菌则不会变酸。很显然，两个场合中的唯一不同条件是有没有乳酸杆菌，找到了甜菜浆变酸的原因。

2. 无因有果与有因无果之觅差

我们考察到，产生了某一结果，其中不存在某一条件；没产生这一结果，其中存在某一条件；如果两个场合中只有这一个条件不同，那么，即可初步确定这个条件就是产生某一结果的原因。

无因有果与有因无果之觅差的公式如下：

S 无 A 则有 P

S 有 A 则无 P
———————————
A 是 S 所以 P 的原因

在公式中，S 表示觅差之事物，A 表示一个条件或原因，P 表示一个结果。“S 无 A 则有 P，S 有 A 则无 P ”是觅差过程，“A 是 S 所以 P 的原因”是探寻出的结论。

应用觅差法要遵守两个规则：一是所考察的事物必须是同一事物或同类事物，二是所考察的两个场合中只能有一个条件不同。

第一个规则：应用觅差法，所考察的事物必须是同一事物或同类事物，不能是非同类事物。

例如，有个小姑娘非常喜欢小鸟，自从养了一只黄莺，她的哮喘病经常发作。一天，黄莺死了，小姑娘很伤心，但她的哮喘病却逐渐好了。小姑娘过生日那天，父母又把一只黄莺作为生日礼物送给她。结果小姑娘的哮喘病又发作起来。于是，父母带她去医院检查，证实她对黄莺羽毛高度过敏。

小姑娘哮喘病发作是因为养了黄莺，哮喘病好是由于黄莺死了。很显然，两个场合中唯一的不同条件是养没养黄莺，由此找到养黄莺是导致哮喘病发作的原因。

由于所考察的“小姑娘”是同一事物，得出的结论是可靠的。

据说，在大航海时代，一艘远洋帆船载着5个中国人和很多外国人由中国开往欧洲。途中，除了5个中国人外，其他外国人全都生病了。经过诊断，外国人都患了坏血病（维生素C缺乏症）。同样是人，一样风餐露宿，漂洋过海，为什么中国人没患坏血病呢？原来，中国人和外国人有一点差别，他们都有喝茶的嗜好，茶叶里含有丰富的维生素C，具有对抗坏血病的功效，所以中国人没患坏血病。

外国人不饮茶则患坏血病，中国人饮茶则没有患坏血病。两个场合中的唯一不同条件是是否饮茶，由此找到了不饮茶是外国人患坏血病的原因。

因此，所考察的“中国人”和“外国人”是同类事物，得出的结论是可靠的。

我们知道，在同一条件下，不同类别的事物所产生的结果也不同。应用觅差法，所考察的不能是非同类事物，否则，便得不出有意义的结论。

例如，埋在沙堆里的圆圆的乌龟蛋能孵出小乌龟，同样埋在沙堆里的圆圆的鹅卵石却孵不出小乌龟。由于所考察的“乌龟蛋”与“鹅卵石”不是同类事物，无法得出有意义的结论。

第二个规则：应用觅差法，所考察的两个场合中只能有一个条件不同，不能有多个条件不同。否则，难以断定事物变化的原因。

例如，某村村北的村民流行一种斑釉病，患有这种病的村民骨骼变形，牙齿表面有黄褐色斑块。村南的村民则没有患这种病。医生经过调查发现：村北村民与村南村民常用的水井不同，用村北的井水煮的土豆呈绿色，用村南的井水煮的土豆则无此现象。经过化验得知，村南的井水正常，村北井水的含氟量竟然超过标准的数十倍。于是医生断定，饮用含氟量过高的井水是斑釉病的发病原因。

所考察的两个场合中只有一个条件不同，即喝没喝含氟量过高的井水，由此断定饮用含氟量过高的井水是村北村民患斑釉病的原因。

又如，农民甲引进一个西瓜新品种，农民乙也引进了这个西瓜品种。到了收获的季节，甲种的西瓜又大又甜，乙种的西瓜则一般。乙很纳闷，是因为瓜地土质不好，还是因为浇水、施肥少，或是管理不善呢？乙想来想去，也找不到其中的原因。

由于乙考察的两个场合中有多个条件不同，难以确定哪个条件是西瓜长得一般的原因。

应用觅差法，遵守了以上两个规则，考察出的结论才会可靠。

觅差法是探寻事物变化原因的逻辑方法，应用范围非常广泛。事物在两个场合中所产生的结果不同，通过考察找到唯一的不同条件，就探寻出了事情发生的原因。在科学史上，很多科研成果是借助于觅差法取得的。

二、对照法

对照法是通过观察实验结果验证所得到的事物之因果关系是否正确的逻辑方法。

初步找到促成事物变化的条件，可以通过实验观察事物产生的结果去验证：如果有这个条件便有某一结果，没有这个条件便没有这一结果，说明这个条件是促成事物变化的原因；如果有这个条件便有某一结果，没有这个条件也有这一结果，说明这个条件不是促成事物变化的原因。这个认识过程是用对照法完成的。应用对照法，通过实验观察事物产生的结果，可以证实某个条件是否为促成事物变化的原因。

对照有两种情况：一是有因有果与无因有果之对照，二是有因有果与无因无果之对照。

1. 有因有果与无因有果之对照

初步找到了促成事物变化的条件，可以通过实验观察事物产生的结果去验证：如果有这个条件便有某一结果，没有这个条件也有这一结果，说明这个条件不是促成事物变化的原因。

有因有果与无因有果之对照的公式如下：

S 有 A 则 P

S 无 A 亦 P

A 非 S 所以 P 的原因

在公式中，S 表示对照之事物，A 表示一个条件或原因，P 表示一个结果。“S 有 A 则 P，S 无 A 亦 P”是对照过程，“A 非 S 所以 P 的原因”是对照出的结论。

例如，蝙蝠在黑暗中能够自由飞翔。它是怎样辨别方向和环境的呢？科学家对此进行了探索。

有些科学家认为，蝙蝠依靠眼睛辨别方向和环境，并通过实验进行了检验。他们把蝙蝠分为两组，一组蒙上眼睛，一组没有蒙眼睛，同时在挂满障碍物的房间放飞。实验结果，没有蒙眼睛的蝙蝠能够顺利飞行，蒙上眼睛的蝙蝠也能顺利飞行，说明蝙蝠不是依靠眼睛辨别方向和环境的。

科学家的对照过程如下：“蝙蝠没有蒙眼睛（有眼睛）能够顺利飞行，蒙上眼睛（没有眼睛）也能顺利飞行，蝙蝠顺利飞行不是靠视力。”

再如，1895 年，德国物理学家伦琴教授发现了一种人眼看不见的新光线，命名为 X 射线，也称伦琴射线。伦琴射线是怎样产生的呢？法国物理学家贝克勒尔用铀盐（硫酸双氧铀钾）进行了实验，这种物质在阳光照射下会发出磷光。贝克勒尔把底片包在一张黑纸里，黑纸上放了一块剪出花纹的金属片，金属片上铺了一张薄纸，薄纸上撒了一层铀盐，然后放到阳光下晒。晒后对底片进行显影处理，发现底片上出现了白色金属片花纹的印迹。

贝克勒尔认为，铀盐被阳光照射后产生了磷光，磷光发出的伦琴射线使底片感光，底片被金属遮住的地方，由于伦琴射线穿不透金属而没有感光。之后，贝克勒尔又把几粒铀盐放在盒子里，把盒子和用黑纸包好的底片一起放到箱子里，然后把盖得很严的箱子放进一间漆黑无光的暗房里。如此铀盐不会产生磷光。可是，15 天后放在铀盐旁边的底片还是有感光。

贝克勒尔经过多次实验证明，看不见的射线是铀盐产生的，和磷光现象毫无关系。

贝克勒尔的对照过程如下："铀盐放出磷光则产生伦琴射线，铀盐不放出磷光也产生伦琴射线，磷光不是产生伦琴射线的原因。"

再如，巴斯德发现能酿成酒的甜菜浆中有许多酵母菌，而在变酸的不能酿成酒的甜菜浆中没发现酵母菌，却发现了一种杆状小生命，这种杆状小生命是乳酸杆菌，导致甜菜浆变酸。

德国化学家李比希反对巴斯德的结论，他认为使甜菜浆酿成酒的不是酵母菌，而是蛋白。巴斯德为验证李比希的观点再做实验：他在甜菜浆中加入酵母菌与蛋白，酿成了酒；又在甜菜浆中加入酵母菌而不加入蛋白，也酿成了酒。实验证明，酿酒的条件是酵母菌而不是蛋白。

巴斯德的对照过程如下："甜菜浆有酵母菌、蛋白能酿成酒，甜菜浆有酵母菌没有蛋白也能酿成酒，蛋白不是甜菜浆酿成酒的条件。"

2. 有因有果与无因无果之对照

初步找到了促成事物变化的条件，可以通过实验观察事物产生的结果验证：如果有这个条件便有某一结果，没有这个条件便没有这一结果，说明这个条件是促成事物变化的原因。

有因有果与无因无果之对照的公式如下：

S 有 A 则 P

S 无 A 则无 P

A 是 S 所以 P 的原因

在公式中，S 表示对照之事物，A 表示一个条件或原因，P 表示一个结果。“S 有 A 则 P，S 无 A 则无 P”是对照过程，“A 是 S 所以 P 的原因”是对照出的结论。

例如，对于蝙蝠在黑暗中能够自由飞翔，它是怎样辨别方向和环境的呢？科学家对此再次进行探索。

有些科学家认为，蝙蝠依靠耳朵辨别方向和环境，通过实验进行检验。把蝙蝠分为两组，一组塞上耳朵，一组没有塞耳朵，同时在挂满障碍物的房间放飞。实验结果，没有塞耳朵的蝙蝠能够顺利飞行，塞上耳朵的蝙蝠则不时撞上障碍物，说明蝙蝠是依靠耳朵回声定位辨别方向和环境的。

科学家的对照过程如下：“蝙蝠没有塞耳朵（有耳朵）能够顺利飞行，塞上耳朵（没有耳朵）则不能顺利飞行，依靠耳朵回声定位是蝙蝠顺利飞行的条件。”

再如，19 世纪中叶，德国化学家李比希发现，农作物中含有一定数量的钾盐和磷酸盐成分。他认为，农作物是从土壤中吸收这些无机盐的。为了验证结论是否正确，李比希在一些土壤中加入一定比例的钾盐和磷酸盐，另一些土壤中则什么也没加，然后观察农作物在这两片土壤中的生长效果。

实验结果，加入适量钾盐、磷酸盐的土壤中的农作物长势良好，没加的土壤中的农作物长势较差。李比希的实验证明，钾盐、磷酸盐是农作物长势良好的条件，进而发明了化肥。

李比希的对照过程如下：“农作物施了钾盐、磷酸盐则长势良好，农作物不施钾盐、磷酸盐则长势较差，钾盐、磷酸盐是农作物长势良好的条件。”

初步知道了促成事物变化的条件，可以对照实验去检验，通过观察实验结果，就能确定得出的结论是否正确。在实验中，把具有某条件的叫作实验组，把不具有某条件的叫作对照组或参照组。

应用对照法要遵守两个规则：一是对照事物必须是同一事物或同类事物，二是对照条件只能有一个不同。

第一个规则：应用对照法，对照事物必须是同一事物或同类事物，不能是非同类事物。

例如，17 世纪的德国物理学家葛利克认为声音传播和空气有关。他在玻璃罩里放了一只小座钟，罩里有空气的时候，钟摆的嘀嗒声听得非常清楚；当罩里的空气被抽出后，钟摆的嘀嗒声就听不到了。于是，得出空气是钟表声传播条件的结论。

葛利克的实验，对照事物“小座钟”是同一事物，可以确定“空气是钟表声传播的条件”，从而揭开了声音传播之谜。

再如，19 世纪末，荷兰医学家克里斯蒂安·艾克曼认为，脚气病不是由细菌传染，而是和摄取的食物有关。他经过多次实验，最后把一群小鸡分为两组，一组喂精白米饭，一组喂糙米、米糠混合成的鸡饲料。之后，喂精白米饭的小鸡出现了类似脚气病的多发性神经炎，喂鸡饲料的小鸡安然无恙。艾克曼发现米糠中可能含有一种人体必需的重要营养物质，人体缺少后就会得脚气病，这种营养物质就是我们现在的维生素 B1。这个发现使他在 1929 年荣获诺贝尔生理学或医学奖。

艾克曼的实验，由于对照事物“小鸡”是同类事物，可以确定患脚气病是由于缺少维生素B1。

由于事物的类别不同，促成事物变化结果所需要的条件也就不同。因此，不同类别的事物无法进行对照比较，即使对照也得不出有意义的结论。

例如，如果对“老虎吃肉则能生存”和“蜜蜂不吃肉也能生存”进行对照，由于对照事物“老虎”与“蜜蜂”不是同类事物，也就无法得出有意义的结论。

第二个规则：应用对照法，对照条件只能有一个不同，不能有多个不同（但可以有多个相同）。否则，便难以对照出正确结论。

例如，19世纪末的欧洲，肺结核病十分猖獗，人们认为这是一种遗传疾病，没有办法防治。德国细菌学家罗伯特·科赫认为，肺结核是一种传染病。他从死于结核病的人与动物的尸体中找到了结核杆菌，用两组健康豚鼠进行实验：一组接种结核杆菌，一组没有接种。一个月后，接种结核杆菌的豚鼠都患肺结核死了，没接种的豚鼠则健康地活着。实验证明，结核杆菌是引发结核病的罪魁祸首，科赫因此荣获1905年诺贝尔生理学或医学奖。

科赫的实验表明，是否接种结核杆菌这个对照条件不同，即确定结核病是由结核杆菌引起的。

再如，探索水稻增产规律，对水稻进行施肥、合理密植和不施肥、不合理密植的实验。实验结果表明，施肥、合理密植的水稻增产，不施肥、不合理密植的水稻没有增产。由于对照条件有两个不同，难以确定水稻增产是因为施肥还是因为合理密植，或是二者兼之，从而无法得出确切结论。

应用对照法，遵守了以上两个规则，对照出的结论就会可靠。

事物变化有其假象或偶然性，因此，应用对照法，为了保障对照出的结论可靠，对照事物的数量应该尽量多一些。

例如，19 世纪中后期，法国微生物学家路易·巴斯德在研究牲口炭疽病时，进行了科学实验。他把 48 只羊分为两群，一群羊注射毒性已经削弱的病原菌，另一群没有注射。过了 12 天，他重复实验。再过 12 天，他给两群羊全部注射毒性较强的病原菌。两天过后，再次受到病原菌感染的 24 只羊全都活着，而另外 24 只羊都死了。实验证实，巴斯德的免疫理论是科学的。

巴斯德为了保障实验成功，用 48 只羊进行对照实验，这样得出的结论就比较可靠。

对照法是探寻事物变化原因的逻辑方法，应用范围很广泛，尤其在科学实验中，动物学家、植物学家、医学家、化学家、物理学家等自然科学工作者，经常要通过对照实验对探寻出的事物变化条件进行验证。

三、察变法

察变法是通过考察若干事物变成另外的事物来探寻事物演化规律的逻辑方法。

认识客观世界，探寻事物的演化规律是非常重要的课题。在一定条件下，若干事物变化成另外的事物，经过一番认真观察和仔细思索，初步探寻出事物的演化规律。这个认识过程是用察变法完成的。应用察变法，通过考察事物的变化过程，揭示出客观世界各种事物的演化规律，达到对事物变化本质的规律性认识。掌握了事物的演化规律，便于更好地变革客观世界。

察变有四种情况：一是化一为一之演化，二是化一为多之演化，三是化多为一之演化，四是化多为多之演化。

1. 化一为一之演化

在一定条件下，某一事物变化成另外一个事物，就初步探寻出事物“化一为一”的演化规律。

化一为一的演化公式如下：

有 A（B、C）

M 则形成 N

M 有 A（B、C）则形成 N

在公式中，A（B、C）表示一定的条件，M 表示一个事物，N 表示所形成的事物。“有 A（B、C），M 则形成 N”是考察过程，“M 有 A（B、C）则形成 N”是考察出的结论。

例如，1937 年，美国物理学家劳伦斯根据设想做了一个实验，使用回旋加速器加速含有一个质子的氘原子核去“轰击”42 号元素钼，制得了 43 号新元素，命名为“锝”。劳伦斯揭开了一种元素可以变成另一种元素的秘密。

劳伦斯的实验证明，受到含有一个质子的氘原子核“轰击”，元素钼则变成元素锝，发现了“元素钼受到含有质子的氘原子核‘轰击’，则变成元素锝”的演化规律。

再如，瑞典化学家贝采利乌斯在实验里做实验，忘记当天是他的生日，匆忙赶回家时，亲朋好友们纷纷举杯祝贺他生日快乐。贝采利乌斯没来得及洗手，便接过酒杯饮酒，杯中香醇的红葡萄酒却变成了酸酸的“醋”。他看到双手的十个手指都沾有黑色细粉，这是在实验室研磨白金（铂）时沾上的铂黑。

贝采利乌斯发现，有了白金粉末，甜酒则变成酸酒，推测白金粉末有催化作用。

经过研究得知，是白金粉末把红葡萄酒变成了酸酒，它加快了乙醇

（酒精）和空气中的氧气发生化学反应，生成了醋酸。这个发现启发人们发明了催化剂。

贝采利乌斯观察到，有了白金粉末，甜酒则变成酸酒，探寻出“甜酒有了白金粉末则变成酸酒”的演化规律，从而发现了白金粉末有催化作用。

毛泽东说：“唯物辩证法认为外因是变化的条件，内因是变化的根据，外因通过内因而起作用。鸡蛋因得适当的温度而变化为鸡子，但温度不能使石头变为鸡子，因为二者的根据是不同的。”[1]

“鸡蛋因得适当的温度而变化为鸡子”，也是“化一为一”的演化情况。

2. 化一为多之演化

在一定条件下，一个事物变化成了另外几个事物，初步探寻出事物“化一为多”的演化规律。

化一为多的演化公式如下：

有A（B、C）

S则形成M与N等
____

S有A（B、C）则形成M与N等

在公式中，A（B、C）表示一定的条件，S表示一个事物，M与N等表示若干所形成的事物。“有A（B、C），S则形成M与N等”是考察过程，“S有A（B、C）则形成M与N等”是考察出的结论。

例如，化学家观察到，通过加热，碳酸铜粉末会逐渐分解变化，变成氧化铜、水和二氧化碳。于是，探寻出“碳酸铜加热能变化成氧化铜、水和二氧化碳”的演化规律。

科学家观察到，在1000摄氏度以上，水分子开始分解变化，变成氢气和氧气。于是，探寻出“水在1000摄氏度以上则变成氢气和氧气”的

[1] 毛泽东选集：第1卷. 北京：人民出版社，1968：277—278.

演化规律。

老子云：“道生一，一生二，二生三，三生万物。”此句讲的也是化一为多的演化道理。

3. 化多为一之演化

在一定条件下，几个事物变化成了另外一个事物，初步探寻出事物“化多为一”的演化规律。

化多为一的演化公式如下：

有A（B、C）

M与N等则形成S

M与N等有A（B、C）则形成S

在公式中，A（B、C）表示一定的条件，M、N等表示若干事物，S表示一个所形成的事物。“有A（B、C），M与N等则形成S”是考察过程，“M与N等有A（B、C）则形成S”是考察出的结论。

例如，早在4000多年前的夏朝时期，人们就掌握了制造青铜器的技术。古代匠人发现，在洪炉中冶炼，铜和锡会炼成铜锡合金——青铜。青铜比铜和锡坚硬，抗腐蚀性强，不易生锈。青铜器的发明，对科学文化事业和生产力的发展起到了巨大推动作用。

在洪炉中冶炼，铜和锡则炼成青铜，探寻发现“铜和锡在洪炉中冶炼则变成青铜”的演化规律。

再如，18世纪末，英国科学家卡文迪许把氢气和氧气混合后，装进干燥、洁净的容器中，当用电火花点火时，发出震耳的爆鸣声，容器内壁上出现了水滴。这些小水滴是纯净的水。那么，水滴是从哪里来的呢？卡文迪许经过反复实验和研究终于弄清，原来，水滴是氢气和氧气在爆炸的极短时间内化合成的。

卡文迪许通过实验知道，爆炸后氢气和氧气化合成了水滴，便发现了

“氢气和氧气在爆炸中化合成水滴”的演化规律。卡文迪许的实验揭开了物质化合的奥秘，为化学研究开辟了一个新纪元。

再如，意大利物理学教授伏特发明了历史上最早的电池，电池的诞生是现代文明生活的开始，开启了人类社会的电气时代。

伏特通过实验证明：把浸过盐水的麻布放置在铜片与锌片中间，并用金属线把铜片与锌片连接起来，就会有电流通过。前面的铜片带正电，后面的锌片带负电。这就是最原始的电池。当铜片、锌片之间的湿布逐渐干燥时，电流也渐趋微弱。于是，他改用一大串杯子贮以盐水或稀酸，浸入铜片、锌片，并把每个杯中的铜片与另一杯中的锌片用金属线连接起来，这样就得到了更经久的电池。

把浸过盐水的麻布放置在铜片与锌片中间，铜片和锌片则形成电池，便探寻出“铜片和锌片用浸过盐水的麻布隔开则形成电池”的演化规律。

诸如，三和三相加得六，三和三相乘得九，铁和硫加热形成硫化铁，正电子和负电子相遇形成光子（称为γ光子）等结论，都是用察变法得出的。

恩格斯说：“我们知道：氯和氢在一定的压力和温度之下受到光的作用就会爆炸而化合成氯化氢；而且只要我们知道这一点，我们也就知道，只要具备上述条件，这件事情随时随地都可以发生。”[1]

知道了事物“化多为一”的演化规律，再创造出事物变化所需要的条件，这多个事物就会按照各自演化规律变为一个事物。

4. 化多为多之演化

在一定条件下，几个事物变化成另外几个事物，初步探寻出事物“化多为多”的演化规律。

---

[1] 马克思恩格斯选集：第3卷. 北京：人民出版社，1972：554.

化多为多的演化公式如下：

有 A（B、C）

M 与 N 等则形成 S 与 K 等

M 与 N 等有 A（B、C）则形成 S 与 K 等

在公式中，A（B、C）表示一定的条件，M、N 等表示若干事物，S、K 等表示若干所形成的事物。“有 A（B、C），M 与 N 等则形成 S 与 K 等”是考察过程，“M 与 N 等有 A（B、C）则形成 S 与 K 等”是考察出的结论。

例如，1953 年，美国学者米勒做了一个生命起源的模拟实验。在一个密闭的玻璃器皿中，注入了碳、氢、氧、氮、水、甲烷等物质，模拟出原始大气的条件，经受电火花放电，8 个昼夜过后，米勒发现玻璃器皿中已经形成甘氨酸、丙氨酸等可以构成蛋白质的氨基酸。实验证实，在闪电作用下，原始大气能形成各种氨基酸。

关于地球的生命起源问题，一直是科学家们研究的不解之谜，因为生命起源的原始状态已经成为历史，无法再去考证。米勒的模拟实验，打开了生命起源之谜的大门，为揭开生命形成的奥秘迈进了一大步，成了 20 世纪重大科学发现之一。

米勒的察变过程如下：在闪电作用下，碳、氢、氧、氮、水、甲烷等能形成甘氨酸、丙氨酸等氨基酸。

以上介绍了察变法的四种情况，知道事物演化规律的四种情况，便于探寻各种事物的演化规律。

应用察变法，首先要考察清楚事物变化所需要的条件，然后再考察清楚发生变化的事物的情况，最后要考察清楚所变成的事物的情况，如此才能正确地探寻出事物的演化规律。

恩格斯说：“只要我们造成某个运动在自然界中发生的条件，我

们就能引起这个运动；甚至我们还能引起自然界中根本不发生的运动（工业）。”[1]

只要造成了事物变化的条件，“就能引起这个运动”，促成事物变化的结果。探求事物的演化规律，是为了变革事物，有目的地去改造事物变化的条件，促成事物变化的结果。掌握了事物的演化规律，以对事物变化规律性的认识为指导，就会增强主动性，去掉盲目性，更好地变革客观事物。

察变法是探寻事物演化规律的逻辑方法，应用范围非常广泛，尤其在自然科学中，很多科研成果是借助于察变法完成的。

[1] 马克思恩格斯选集：第 3 卷 . 北京：人民出版社，1972：550.

第六部分 • 归纳法、演绎法与类比法

认识客观世界，先由认识个别事物开始，逐步地扩大到认识一般事物，达到对事物一般规律的认识。这个认识过程是用归纳法完成的。

有了对事物一般规律的认识为指导，再去探寻那些尚未研究过的或者尚未深入地研究过的各类具体事物，找出其特殊本质，使对事物一般规律的认识得到补充。这个认识过程是用演绎法完成的。

毛泽东指出："两个认识的过程：一个是由特殊到一般，一个是由一般到特殊。人类的认识总是这样循环往复地进行的，而每一次的循环（只要是严格地按照科学的方法）都可以使人类的认识提高一步，使人类的认识不断地深化。"[1]

认识客观世界，由归纳而演绎，由演绎而归纳，总是循环往复地进行，而每一次循环，都可以使认识得到提高与深化。

毛泽东说："人类认识的两个过程的互相联结——由特殊到一般，又由一般到特殊。"[2]

人类认识的两个过程是互相联结的，相应的归纳法和演绎法也是互相联结的。在认识客观世界的过程中，是循环往复地运用归纳法和演绎法进行探索的。

逻辑史上曾经形成阵线分明的两个派别——归纳派和演绎派。他们把归纳和演绎割裂开来，片面地进行。尤其是归纳派，片面地认为归纳法万能，演绎法无用。

恩格斯曾尖锐地指出："按照归纳派的意见，归纳法是不会出错误的方法，但事实上它是很不中用的，甚至它的似乎是最可靠的结果，每天都被新的发现所推翻。"[3]

---

[1]　毛泽东选集：第 1 卷 . 北京：人民出版社，1968 ：285.

[2]　毛泽东选集：第 1 卷 . 北京：人民出版社，1968 ：285.

[3]　马克思恩格斯选集：第 3 卷 . 北京：人民出版社，1972 ：548—549.

恩格斯说："归纳和演绎，正如分析和综合一样，是必然相互联系着的。不应当牺牲一个而把另一个捧到天上去，应当把每一个都用到该用的地方，而要做到这一点，就只有注意它们的相互联系、它们的相互补充。"[1]

归纳法和演绎法，既有各自的特征和用途，又是相互联系、相互补充的，将它们割裂开或对立起来都是错误的，应该用到该用的地方，充分发挥出它们所应起的作用。

类比法是通过某一个别事物的特殊本质去认识另一同类个别事物的特殊本质的逻辑方法。

认识客观事物的特殊本质与共同本质，是借助于归纳法、演绎法和类比法这三个逻辑方法完成的。我们在认识客观世界的过程中，归纳法、演绎法和类比法都起着非常重要的作用。

一、归纳法

归纳法是通过若干个别事物的特殊本质去认识一般事物的共同本质的逻辑方法。

认识客观世界，首先认识许多个别事物的特殊本质，然后才能进行概括，去认识诸种事物的共同本质。这个认识过程是用归纳法完成的。应用归纳法，通过个别事物的特殊本质认识一般事物的共同本质，可以逐步加深对事物一般规律的认识程度。

毛泽东说："人们总是首先认识了许多不同事物的特殊的本质，然后才有可能更进一步地进行概括工作，认识诸种事物的共同的本质。"[2]

亚里士多德说："归纳法是从个别到一般的推理。……归纳法是有说服

[1]　马克思恩格斯选集：第3卷.北京：人民出版社，1972：548—549.

[2]　毛泽东选集：第1卷，北京：人民出版社，1968：284—285.

力和简单明了的，从感性认识的观点看来也是比较方便和简单易行的。”[1]

归纳有五种情况：一是事物类别之归纳，二是事物属性之归纳，三是事物属性比较之归纳，四是事物因果关系之归纳，五是事物演化规律之归纳。

1. 事物类别之归纳

当我们知道某些个别事物归属于某一类别，又概括出这些个别事物所从属的一般事物，就可以归纳出这个一般事物归属于某一类别的结论。

事物类别之归纳的公式如下：

S_1 系 M

S_2 系 M

………

S_n 系 M

S_1、S_2 ……S_n 都属于 S

S 系 M

在公式中，S 表示一般事物，S_1、S_2、S_n 等表示若干从属于 S 的个别事物，M 表示事物的一个类别。“S_1 系 M，S_2 系 M……S_n 系 M”是已知前提，“S_1、S_2 ……S_n 都属于 S”是概括过程，“S 系 M”是归纳出的结论。

例如，通过长期的斗争实践，毛泽东通过列举俄国沙皇、德国希特勒、意大利墨索里尼和日本帝国主义的例子，提出“一切反动派都是纸老虎”的著名论断。

2. 事物属性之归纳

当我们知道某些个别事物都具有某种属性，又概括出这些个别事物所从属的一般事物，就可以归纳出这个一般事物具有某种属性的结论。

事物属性之归纳的公式如下：

[1] [匈牙利] 贝拉·弗格拉希，刘丕坤．逻辑学．北京：三联书店，1979：283—284.

S_1 有 A

S_2 有 A

………

S_n 有 A

<u>S_1、S_2……S_n 都属于 S</u>

S 有 A

在公式中，S 表示一个一般事物，S_1、S_2、S_n 等表示若干从属于 S 的个别事物，A 表示事物的一种属性。"S_1 有 A，S_2 有 A……S_n 有 A"是已知前提，"S_1、S_2……S_n 都属于 S"是概括过程，"S 有 A"是归纳出的结论。

例如，1895 年，德国物理学家伦琴发现伦琴射线。法国物理学家贝克勒尔通过实验发现，铀盐（硫酸双氧铀钾）能释放出伦琴射线。之后，贝克勒尔又进行一系列实验，对当时所知的含铀物质一一试验，例如金属铀、铀酸、铀的氧化物等，都能释放射出伦琴射线，便得出结论："含铀物质都能放射伦琴射线。"科学家把这种能放射出肉眼看不见的射线元素叫作"放射性元素"。贝克勒尔的重大发现获得了 1903 年诺贝尔物理学奖。

贝克勒尔通过实验得知，铀盐、金属铀、铀酸、铀的氧化物等都能放射伦琴射线，又概括出它们都属于含铀物质，就归纳出"含铀物质都能放射伦琴射线"的结论。

再如，18 世纪，俄国科学家罗蒙诺索夫的论文《关于热和冷的原因之探索》中，有这样一个推论："我们摩擦冻僵了的双手，手便暖和起来；我们敲击冰冷的石块，石块能发出火光；我们用锤子不断地锤打铁块，铁块可以热到发红。由此可知：运动能够产生热。"

实践证实，罗蒙诺索夫推导出来的"运动能够产生热"的科学论断是正确的。

摩擦双手能够产生热，敲击石块能够产生热，锤打铁块能够产生热，又概括出摩擦双手、敲击石块、锤打铁块都是运动，就归纳出“运动能够产生热”的结论。

再如，金能导电，银能导电，铜能导电，铁能导电，铝能导电，等等，又概括出金、银、铜、铁、铝等都属于金属，就归纳出“金属能导电”的结论。

再如，棉花能保温，积雪也能保持地面温度，又概括出棉花、积雪都属于疏松多孔的东西，就归纳出“疏松多孔的东西能保温”的结论。

3. 事物属性比较之归纳

事物属性比较之归纳有三种情况：一是事物属性相似之归纳，二是事物属性相等之归纳，三是事物属性相超之归纳。

1）事物属性相似之归纳

当我们知道某些个别事物的某种属性都似于某一事物，又概括出这些个别事物所从属的一般事物，就可以归纳出这个一般事物的某种属性都似于某一事物的结论。

事物属性相似之归纳的公式如下：

S_1之A似于M之A

S_2之A似于M之A

……………………

S_n之A似于M之A

$\underline{S_1、S_2\cdots\cdots S_n\text{都属于}S}$

S之A似于M之A

在公式中，S表示一个一般事物，S_1、S_2、S_n等表示若干从属于S的个别事物，A表示事物的一种属性，M表示一个与S有共同属性的事物。“S_1之A似于M之A，S_2之A似于M之A……S_n之A似于M之A”是已知前提，“S_1、S_2……S_n 都属于 S”是概括过程，“S 之 A 似于 M 之 A”是归纳出的结论。

例如，青蛙的形体似蟾蜍，雨蛙的形体似蟾蜍，树蛙的形体似蟾蜍，泽蛙的形体似蟾蜍，牛蛙的形体似蟾蜍，等等，又概括出青蛙、雨蛙、树蛙、泽蛙、牛蛙等都属于蛙类，就归纳出“蛙类的形体似蟾蜍”的结论。

2）事物属性相等之归纳

当我们知道某些个别事物的某种属性都等于某一事物，又概括出这些个别事物所从属的一般事物，就可以归纳出这个一般事物的某种属性都等于某一事物的结论。

事物属性相等之归纳的公式如下：

S_1 之 A 等于 M 之 A

S_2 之 A 等于 M 之 A

……………………

S_n 之 A 等于 M 之 A

<u>S_1、S_2……S_n 都属于 S</u>

S 之 A 等于 M 之 A

在公式中，S 表示一个一般事物，S_1、S_2、S_n 等表示若干从属于 S 的个别事物，A 表示事物的一种属性，M 表示一个与 S 有共同属性的事物。“S_1 之 A 等于 M 之 A，S_2 之 A 等于 M 之 A……S_n 之 A 等于 M 之 A”是已知前提，“S_1、S_2……S_n 都属于 S”是概括过程，“S 之 A 等于 M 之 A”是归纳出的结论。

例如，蓝钻的化学成分等于石墨的化学成分，黑钻的化学成分等于石墨的化学成分，金钻的化学成分等于石墨的化学成分，又概括出蓝钻、黑钻、金钻都属于钻石，就归纳出“钻石的化学成分等于石墨的化学成分”的结论。

3）事物属性相超之归纳

当我们知道某些个别事物的某种属性都超于某一事物，又概括出这些个别事物所从属的一般事物，就可以归纳出这个一般事物的某种属性都超于某一事物的结论。

事物属性相超之归纳的公式如下：

S_1 之 A 超于 M 之 A

S_2 之 A 超于 M 之 A

……………………

S_n 之 A 超于 M 之 A

<u>S_1、S_2……S_n 都属于 S</u>

S 之 A 超于 M 之 A

在公式中，S 表示一个一般事物，S_1、S_2、S_n 等表示若干从属于 S 的个别事物，A 表示事物的一种属性，M 表示一个与 S 有共同属性的事物。“S_1 之 A 超于 M 之 A，S_2 之 A 超于 M 之 A……S_n 之 A 超于 M 之 A”是已知前提，“S_1、S_2……S_n 都属于 S”是概括过程，“S 之 A 超于 M 之 A”是归纳出的结论。

例如，荔枝蜜甜于蔗糖，枣花蜜甜于蔗糖，槐花蜜甜于蔗糖，油菜蜜甜于蔗糖，紫云英蜜甜于蔗糖，等等，又概括出荔枝蜜、枣花蜜、槐花蜜、油菜蜜、紫云英蜜等都属于蜂蜜，就归纳出“蜂蜜甜于蔗糖”的结论。

4. 事物因果关系之归纳

当我们知道某些个别事物具有若干条件则会产生某一结果，又概括出这些个别事物所从属的一般事物，就可以归纳出这个一般事物具有若干条件则会产生某一结果的结论。

事物因果关系之归纳的公式如下：

S_1有A（B、C）则P

S_2有A（B、C）则P

……………………

S_n有A（B、C）则P

S_1、S_2……S_n都属于S

S有A（B、C）则P

在公式中，S表示一个一般事物，S_1、S_2、S_n等表示若干从属于S的个别事物，A（B、C）表示若干条件或原因，P表示一个结果。“S_1有A（B、C）则P，S_2有A（B、C）则P……S_n有A（B、C）则P”是已知前提，“S_1、S_2……S_n都属于S”是概括过程，“S有A（B、C）则P”是归纳出的结论。

例如，20世纪60年代，英国某农场主为节约开支，购进一批发霉花生喂养农场的10万只火鸡和鸭子，结果这批火鸡和鸭子大都得癌症死了。澳大利亚同样有人用发霉花生喂养大白鼠、鱼、雪貂等动物，结果被喂养的动物也大都患癌症死了。研究人员从收集到的资料中得出结论：被喂食霉花生的不同种类的动物都患癌症死了。

火鸡、鸭子、大白鼠、鱼、雪貂等吃了发霉的花生得癌症死去，又概括出火鸡、鸭子、大白鼠、鱼、雪貂等都属于动物，就归纳出“动物吃了发霉的花生会得癌症死去”的结论。

再如，植物学家观察到，杨树通过光合作用将二氧化碳和水转化为有机物并释放出氧气，槐树通过光合作用将二氧化碳和水转化为有机物并释放出氧气，榆树通过光合作用将二氧化碳和水转化为有机物并释放出氧气，松树通过光合作用将二氧化碳和水转化为有机物并释放出氧气，等等，又概括出杨树、槐树、榆树、松树等都属于绿色植物，就归纳出“绿色植物通过光合作用将二氧化碳和水转化为有机物并释放出氧气”的结论。

再如，金遇热则膨胀，银遇热则膨胀，铜遇热则膨胀，铝遇热则膨胀，锌遇热则膨胀，铁遇热则膨胀，等等，又概括出金、银、铜、铝、锌、铁等都属于金属，就归纳出“金属遇热则膨胀”的结论。

5. 事物演化规律之归纳

当我们知道某些个别事物具有某些条件则演化成另外的事物，又概括出这些个别事物所从属的一般事物，就可以归纳出这个一般事物具有某些条件则演化成另外的事物的结论。

事物演化规律之归纳的公式如下：

S_1有A（B、C）则形成M（与N等）

S_2有A（B、C）则形成M（与N等）

……………………………………

S_n有A（B、C）则形成M（与N等）

S_1、S_2……S_n都属于S

S有A（B、C）则形成M（与N等）

在公式中，S表示一个一般事物，S_1、S_2、S_n等表示若干从属于S的个别事物，A（B、C）表示一定的条件，M（与N等）表示所形成的事物。“S_1有A（B、C）则形成M（与N等），S_2有A（B、C）则形成M（与N等）……S_n有A（B、C）则形成M（与N等）”是已知前提，“S_1、S_2……S_n都属于S”是概括过程，“S有A（B、C）则形成M（与N等）”是归纳出的结论。

例如，油松籽有土壤、水分、阳光、空气等则演化成松树，黄花松籽有土壤、水分、阳光、空气等则演化成松树，白皮松籽有土壤、水分、阳光、空气等则演化成松树，马尾松籽有土壤、水分、阳光、空气等则演化成松树，罗汉松籽有土壤、水分、阳光、空气等则演化成松树，等等，又概括出油松籽、黄花松籽、白皮松籽、马尾松籽、罗汉松籽等都属于松籽，就归纳出“松籽有土壤、水分、阳光、空气等则演化成松树”的结论。

再如，海水在1000摄氏度以上则变成氢气和氧气，河水在1000摄氏度以上则变成氢气和氧气，湖水在1000摄氏度以上则变成氢气和氧气，潭水在1000摄氏度以上则变成氢气和氧气，溪水在1000摄氏度以上则变成氢气和氧气，泉水在1000摄氏度以上则变成氢气和氧气，井水在1000摄氏度以上则变成氢气和氧气，等等，又概括出海水、河水、湖水、潭水、溪水、泉水、井水等都属于水，就归纳出“水在1000摄氏度以上则变成氢气和氧气”的结论。

以上介绍了进行归纳的五种情况，了解这5种情况，就便于去对事物进行归纳认识。

在进行归纳的5个公式中，都有“S_1、S_2……S_n都属于S”的概括过程，这是进行归纳的关键与实质。进行概括，就是找出所考察的个别事物的共同类别归属，概括出它们所归属的一般事物，就归纳出对事物一般规律的认识。懂得如何概括，就懂得如何进行归纳推导。

应用归纳法要遵守两个规则：一是所考察的事物和概括出的事物之间是直接从属关系，二是要尽可能广泛地去考察所研究的个别事物。

*第一个规则：应用归纳法，所考察的事物和概括出的事物之间是直接从属关系。*不能是间接从属关系，否则，会犯“越级概括”的错误，归纳出的结论就会不可靠。

例如，太阳、牛郎星、织女星、天狼星、比邻星、老人星等都能发光，又概括出它们属于恒星，归纳出“恒星能发光”的结论。由于所考察的太阳、牛郎星、织女星等和“恒星”之间是直接从属关系，归纳出的结论是正确的。

如果概括出太阳、牛郎星、织女星等不是属于“恒星”，而是属于“星球”，就会归纳出“星球能发光”的错误结论。由于所考察的太阳、牛郎星、织女星等和“星球”之间是间接从属关系，这是“越级概括”，归纳出的结论就不正确了。例如，金星、木星、水星、火星、土星等都是“星球”，但它们自身却都不会发光。

进行归纳，是以对事物的系统分类为基础的，保证所考察的事物和概括出的事物之间是直接从属关系，归纳出的结论才会可靠。

第二个规则：应用归纳法，要尽可能广泛地去考察所研究的个别事物。不能只考察了几个事物便去概括，会犯“以偏概全”的错误，归纳出的结论就不会可靠。

例如，金、银、铜、铁、铝、锡、铅等能导电，又概括出它们属于金属，就归纳出“金属能导电”的结论。只有考察了所知道的金属的所有类别，才能说“金属能导电”。否则，即使有一种金属不能导电，也不能得出这个结论。

我们知道金、银、铜、铁、铝是固体，又概括出它们属于金属，就归纳出“金属是固体”的结论。但只考察了金属的 5 个类别，犯了“以偏概全”的错误，归纳出的结论就不可靠了。例如，汞是金属，但它在常温下是液体而不是固体。

应用归纳法，遵守以上两个规则，归纳出的结论就会可靠。

列宁说:“以最简单的归纳方法所得到的最简单的真理，总是不完全的，因为经验总是未完成的。”

由个别到一般的归纳过程，不是一次就能完成的，需要由部分到全体逐步地认识才能实现。这个归纳过程的实质，是一个由相对真理逐步向绝对真理发展的认识过程。因此，应用归纳法认识事物，既不能要求“完全归纳”（“因为经验总是未完成的”），又不能犯“以偏概全”的错误，只能要求“要尽可能广泛地去考察所研究的个别事物”，尽量把所知道的个别事物都概括进去。

归纳法是由个别事物认识一般事物的逻辑方法，在认识过程中起着很重要的作用，要掌握好这种认识方法。

二、演绎法

演绎法是通过一般事物的共同本质认识某一个别事物的特殊本质的逻辑方法。

毛泽东说：“当着人们已经认识了这种共同的本质以后，就以这种共同的认识为指导，继续地向着尚未研究过的或者尚未深入地研究过的各种具体的事物进行研究，找出其特殊的本质，这样才可以补充、丰富和发展这种共同的本质的认识，而使这种共同的本质的认识不致变成枯槁的和僵死的东西。”[1]

认识客观世界，如果有了对事物共同本质的认识，以这种认识为指导，探寻那些尚未研究过的或者尚未深入研究的各种具体事物，找出它们的特殊本质。这个认识过程是用演绎法完成的。应用演绎法，通过一般事物的共同本质认识个别事物的特殊本质，逐步地扩大对客观世界的认识范围。

演绎有五种情况：一是事物类别之演绎，二是事物属性之演绎，三是事物属性比较之演绎，四是事物因果关系之演绎，五是事物演化规律之演绎。

1. 事物类别之演绎

当我们知道某个一般事物归属某一类别，又考察出某一个别事物从属于这个一般事物，就可以演绎出这一个别事物归属某一类别的结论。

事物类别之演绎的公式如下：

[1]　毛泽东选集：第 1 卷 . 北京：人民出版社，1968：285.

S 系 M

S_1 属于 S

S_1 系 M

在公式中，S 表示一个一般事物，S_1 表示一个从属于 S 的个别事物，M 表示事物的一个类别。“S 系 M”是已知前提，“S_1 属于 S”是演绎过程，“S_1 系 M”是演绎出的结论。

例如，蛇类系爬行动物，银环蛇属于蛇类，就演绎出“银环蛇系爬行动物”的结论；鸟类系脊椎动物，鸵鸟属于鸟类，就演绎出“鸵鸟系脊椎动物”的结论；鲸类系哺乳动物，抹香鲸属于鲸类，就演绎出“抹香鲸系哺乳动物”的结论。

2. 事物属性之演绎

当我们知道某个一般事物具有某种属性，又考察出某一个别事物从属于这个一般事物，就可以演绎出这一个别事物具有某种属性的结论。

事物属性之演绎的公式如下：

S 有 A

S_1 属于 S

S_1 有 A

在公式中，S 表示一个一般事物，S_1 表示一个从属于 S 的个别事物，A 表示事物的一种属性。“S 有 A”是已知前提，“S_1 属于 S”是演绎过程，“S_1 有 A”是演绎出的结论。

例如，18 世纪，法国古生物学家居维叶提出“器官相关定律”，有很多科学家不赞同。有人在巴黎市郊发现一个动物化石，化石的头部虽然暴露出来，但整个身子还在岩层中，他们把居维叶请来辨认，居维叶从化石头部的牙齿推断它是有袋类的负鼠。后续的挖掘事实证明，此化石腹部有一块袋骨，居维叶的推测正确，这种负鼠也被命名为“居维叶负鼠”。

居维叶知道凡有袋类哺乳动物都有袋骨，推断出作为化石标本的负鼠属于有袋类哺乳动物，就演绎出负鼠必然有袋骨的结论。

再如，春秋时期，齐桓公率军攻打孤竹国，进入一个迷谷迷失了方向。相国管仲说："我听说老马识途，可派人选几匹老马，看它们往哪里走便跟随着，也许能找到出去的路。"齐桓公依计而行，让人挑了几匹老马在前面走，命军队跟随老马，拐来转去，果然走出了迷谷。

管仲知道"老马识途"，又知道军中有老马，便演绎出"军中老马也能识途"的结论。

再如，1922 年，列宁住在莫斯科附近的一座小山上，常常和附近的一个养蜂人谈心，以了解当地的民情。有一天，列宁想找养蜂人谈谈养蜂经验。可是往常派去找养蜂人的工作人员不在，其他人都不知道养蜂人的住处。于是，列宁决定亲自去寻访。列宁一边走一边仔细观察，走不多远就发现路边的花丛中有许多蜜蜂，越往前走，花丛中的蜜蜂越多。只见那些采了蜜的蜜蜂飞进附近的一个园子，园子旁边有所小房子。列宁走上前，敲了敲门，开门的果然就是养蜂人。

列宁知道蜜蜂认识自己的蜂巢，又知道花丛中的蜜蜂采完蜜要回家，演绎出"花丛中的蜜蜂认识自己的蜂巢"的结论。根据推测顺利地找到了放置蜂巢的园子，自然也就找到了养蜂人。

3．事物属性比较之演绎

事物属性比较之演绎有三种情况：一是事物属性相似之演绎，二是事物属性相等之演绎，三是事物属性相超之演绎。

1）事物属性相似之演绎

当我们知道某个一般事物的某种属性似于某一事物，又考察出某一个别事物从属于这个一般事物，就可以演绎出这一个别事物的某种属性似于某一事物的结论。

事物属性相似之演绎的公式如下：

S之A似于M之A

S_1属于S

S_1之A似于M之A

在公式中，S表示一个一般事物，S_1表示一个从属于S的个别事物，A表示事物的一种属性，M表示一个与S有共同属性的事物。“S之A似于M之A”是已知前提，“S_1属于S”是演绎过程，“S_1之A似于M之A”是演绎出的结论。

例如，我们知道龟类形体似于鳖，又知道绿毛龟属于龟类，就演绎出“绿毛龟形体似于鳖”的结论。

2）事物属性相等之演绎

当我们知道某个一般事物的某种属性等于某一事物，又考察出某一个别事物从属于这个一般事物，就可以演绎出这一个别事物的某种属性等于某一事物的结论。

事物属性相等之演绎的公式如下：

S之A等于M之A

S_1属于S

S_1之A等于M之A

在公式中，S表示一个一般事物，S_1表示一个从属于S的个别事物，A表示事物的一种属性，M表示一个与S有共同属性的事物。“S之A等于M之A”是已知前提，“S_1属于S”是演绎过程，“S_1之A等于M之A”是演绎出的结论。

例如，我们知道钻石的成分等于石墨的成分，又考察出常林钻石属于钻石，就演绎出“常林钻石的成分等于石墨的成分”的结论。

3）事物属性相超之演绎

当我们知道某个一般事物的某种属性超于某一事物，又考察出某一个别事物从属于这个一般事物，就可以演绎出这一个别事物的某种属性超于某一事物的结论。

事物属性相超之演绎的公式如下：

S 之 A 超于 M 之 A

S_1 属于 S

S_1 之 A 超于 M 之 A

在公式中，S 表示一个一般事物，S_1 表示一个从属于 S 的个别事物，A 表示事物的一种属性，M 表示一个与 S 有共同属性的事物。“S 之 A 超于 M 之 A”是已知前提，“S_1 属于 S”是演绎过程，“S_1 之 A 超于 M 之 A”是演绎出的结论。

例如，我们知道燕子的飞行速度快于天鹅，又知道金丝燕属于燕子的一种，就演绎出“金丝燕的飞行速度快于天鹅”的结论。

4．事物因果关系之演绎

当我们知道某个一般事物具有若干条件则会产生某一结果，又考察出某一个别事物从属于这个一般事物，就可以演绎出这一个别事物具有若干条件则会产生某一结果的结论。

事物因果关系之演绎的公式如下：

S 有 A(B、C) 则 P

S_1 属于 S

S_1 有 A(B、C) 则 P

在公式中，S 表示一个一般事物，S_1 表示一个从属于 S 的个别事物，A（B、C）表示若干条件或原因，P 表示一个结果。“S 有 A（B、C）则 P”是已知前提，“S_1 属于 S”是演绎过程，“S_1 有 A（B、C）则 P”是演绎出的结论。

例如，19世纪，法国微生物学家巴斯德研究狂犬病，制成了一种狂犬病疫苗，可以预防狂犬病。他用哺乳动物经过多次实验，都获得了成功。有一天，一个妇女带着被疯狗咬伤的儿子约瑟芬来找巴斯德，哀求他救救孩子。巴斯德没在人身上实验过，担心在人身上注射狂犬病疫苗会出危险，但转念又想：多次对哺乳动物的实验是成功的，况且孩子也属于哺乳动物。于是决定治疗这个孩子。巴斯德给孩子注射狂犬疫苗之后，一夜未眠。天亮后，他快速迈进病房，见孩子睡得很踏实。经过巴斯德认真调理，数月之后，孩子未出现狂犬病症状。

巴斯德通过实验证实，哺乳动物注入狂犬病疫苗则能预防狂犬病。人也属于哺乳动物，即演绎出"约瑟芬注入狂犬病疫苗也能预防狂犬病"的结论。

再如，我们知道植物有土壤、水分、阳光、空气等因素则能生长，又知道苔藓属于植物，就演绎出"苔藓有土壤、水分、阳光、空气等则能生长"的结论。

再如，我们知道金属遇热则膨胀，又知道铜是金属，就演绎出"铜遇热则膨胀"的结论。

5．事物演化规律之演绎

当我们知道某个一般事物具有某些条件则演化成另外的事物，又考察出某一个别事物从属于这个一般事物，就可以演绎出这一个别事物具有某些条件则演化成另外的事物的结论。

事物演化规律之演绎的公式如下：

S有A（B、C）则形成M（与N等）

<u>S_1属于S</u>

S_1有A（B、C）则形成M（与N等）

在公式中，S表示一个一般事物，S_1表示一个从属于S的个别事物，

A（B、C）表示一定的条件，M（与N等）表示所形成的事物。“S有A（B、C）则形成M（与N等）”是已知前提，“S_1属于S”是演绎过程，“S_1有A（B、C）则形成M（与N等）”是演绎出的结论。

倒如，我们知道，水在1000摄氏度以上则分解成氢气和氧气，又知道雪水属于水，就演绎出“雪水在1000摄氏度以上则分解成氢气和氧气”的结论。

以上介绍了进行演绎的五种情况，了解了这五种情况，便于对事物进行演绎的认识。

我们可以看到，在演绎法的五个公式中，都有“S_1属于S”这个归类过程，这是进行演绎的关键与实质。进行归类，就是考察某一事物是否是前提中的一般事物所包括的事物，如果是，即可演绎出对所考察的事物的特殊本质的认识。懂得了如何归类，就懂得如何进行演绎推导了。

应用演绎法要遵守两个规则：一是所考察的必须是前提中的一般事物所包括的事物，二是前提必须是关于一般事物共同本质的正确结论。

第一个规则：应用演绎法，所考察的必须是前提中的一般事物所包括的事物。否则，只能推导出错误或毫无意义的结论。

例如，我们知道恒星能发光，又知道比邻星属于恒星，就可以演绎出“比邻星能发光”的结论。由于“比邻星”是前提中“恒星”所包括的事物，遵守了演绎规则，演绎出的结论就是正确的。

有这样一个推导：“恒星能发光，地球不是恒星，所以地球不能发光。”这个推导所考察的“地球”不是前提中“恒星”所包括的事物，违反了演绎规则，是不能叫作演绎推导的。

这个推理表面看来似乎有些道理，实际上，这种推导只能得出错误或毫无意义的结论。例如：“恒星能发光，萤火虫不是恒星，所以萤火虫不能发光；恒星能发光，海棠花不是恒星，所以海棠花不能发光。”

进行演绎，是以对事物的系统分类为基础的，保持了所考察的事物和前提中的事物之间是从属关系（直接从属或间接从属均可），演绎出的结论才是正确的，有意义的。

第二个规则：应用演绎法，前提必须是关于一般事物共同本质的正确结论。否则，演绎出的结论就不正确。

例如，我们知道人是会死的，又知道秦始皇也是人，就可以演绎出“秦始皇是会死的”的结论。由于前提“人是会死的”是个“关于一般事物共同本质的正确结论”，遵守了演绎规则，因而演绎出的结论是正确的。

传说，孙叔敖小时候在路上看见一条两头蛇，他把蛇打死，挖个土坑埋了。孙叔敖回到家呜呜地哭起来。母亲问他为什么哭，他说：“听说看见两头蛇的人是活不久的！我今天出门就看见了一条两头蛇啊！”母亲接着问：“那条两头蛇在什么地方？”孙叔敖回答说：“我怕别人看见再害别人，已经把它打死埋在土里了。”母亲安慰他说：“你做得对！你做了这样的好事，谁都爱护你，不会让你死去的！”

孙叔敖听说“看见两头蛇的人是活不久的”，而他又看见了两头蛇，便演绎出“孙叔敖是活不久的”的结论。由于“看见两头蛇的人是活不久的”这个前提不正确，违反了演绎法“前提必须是关于一般事物共同本质的正确结论”的规则，因而推导出的结论就是错的。他并没因为看见了两头蛇而死去。虽然孙叔敖的精神可嘉，但他的演绎推导是错误的。

《伊索寓言》中有个故事：有只常吃鸡蛋的狗，看见一个圆圆的海螺，以为是鸡蛋，就张大嘴一口吞了下去。不久，它感到肚子疼，不好受，说道：“我真是活该，相信凡是圆的东西都是鸡蛋。”

在这则寓言中，这只狗认为“凡是圆的东西都是鸡蛋”，又看见一个圆圆的海螺，就演绎出“这个海螺是鸡蛋”的结论。由于“凡是圆的东西都是鸡蛋”的前提不正确，违反了“前提必须是关于一般事物共同本质的正确结论”的规则，推导出来的结论就完全错了。

进行演绎，要以被实践证实是正确的理论作为前提，这样，演绎出来的结论则更为可靠。

应用演绎法，遵守了以上两个规则，演绎出的结论就会真实可靠。

恩格斯说：“如果我们有正确的前提，并且把思维规律正确地运用于这些前提，那么结果必定与现实相符。”[1]

应用演绎法探索，一般来说，推导出来的结论是比较可靠的。但是，由于任何事物都有其特殊性，我们还应该考虑问题是否存在例外情况。正如列宁所说：“任何一般只是大致地包括一切个别事物。任何个别都不能完全地包括在一般之中。”

例如，鸟类大多数都会飞，但鸵鸟却不会飞；非金属大多数不导电，但石墨却能导电；哺乳动物大多数是胎生，但鸭嘴兽却是卵生。因此，我们不要认为演绎出来的结论会绝对可靠，得出的结论是否正确，仍然需要通过实践去检验。

演绎法是一个由一般事物去认识个别事物的逻辑方法，我们应该充分运用这个认识方法。

三、类比法

类比法是通过某一个别事物的特殊本质去认识另一同类的个别事物的特殊本质的逻辑方法。

认识客观世界，如果还没有归纳出事物的共同本质，则无法对个别事物进行演绎的推导，要想认识个别事物的特殊本质，只能借助于类比法去完成。应用类比法，可以通过某一个别事物的特殊本质去认识另一同类的

[1]　马克思恩格斯全集：20卷．北京：人民出版社，1971：661.

个别事物的特殊本质。

黑格尔说："我们由某类事物具有某种特质，而推论到同类的别的事物也会具有同样的特质。"[1] 由此揭示了类比法的实质。

类比法在科学探索中起着重要作用。发现行星定律的开普勒非常重视类比法，他说："我特别喜欢这些类比——我的最可靠的老师，因为它们给我揭开了自然界的各种秘密。"[2]

类比有五种情况：一是事物类别之类比，二是事物属性之类比，三是事物属性比较之类比，四是事物因果关系之类比，五是事物演化规律之类比。

1. 事物类别之类比

当我们知道某一个别事物归属某一类别，又考察出另一个别事物与这一个别事物从属于同一个一般事物，就可以类比出另一个别事物也归属某一类别的结论。

事物类别之类比的公式如下：

S_1 系 M

S_1 属于 S

<u>S_2 也属于 S</u>

S_2 系 M

在公式中，S 表示一个一般事物，S_1、S_2 表示两个从属于 S 的个别事物，M 表示事物的一个类别。"S_1 系 M"是已知前提，"S_1 属于 S，S_2 也属于 S"是类比过程，"S_2 系 M"是类比出的结论。

例如，我们知道海豚系哺乳动物，又考察出海豚属于鲸目，江豚也属于鲸目，就类比出"江豚系哺乳动物"的结论。

---

[1] 黑格尔，小逻辑．北京：三联书店，1954：368.

[2] [匈牙利]贝拉·弗格拉希，刘丕坤，逻辑学．北京：三联书店，1979：317.

再如，我们知道丹顶鹤系脊椎动物，又考察出丹顶鹤属于鸟类，孔雀也属于鸟类，就类比出“孔雀系脊椎动物”的结论。

2. 事物属性之类比

当我们知道某一个别事物具有某种属性，又考察出另一个别事物与这一个别事物从属于同一个一般事物，就可以类比出另一个别事物也具有某种属性的结论。

事物属性之类比的公式如下：

S_1 有 A

S_1 属于 S

<u>S_2 也属于 S</u>

S_2 有 A

在公式中，S 表示一个一般事物，S_1、S_2 表示两个从属于 S 的个别事物，A 表示事物的一种属性。“S_1 有 A”是已知前提，“S_1 属于 S，S_2 也属于 S”是类比过程，“S_2 有 A”是类比出的结论。

例如，著名地质学家李四光对我国的地质结构进行了长期深入的勘测研究。他发现，东北松辽平原及华北平原的地质结构与中亚细亚地区极为相似，都属于沉降带地质结构。既然中亚细亚蕴藏着大量石油，因而推断，松辽平原及华北平原地区很可能也蕴藏着大量石油。后来，大庆油田、胜利油田、大港油田、华北油田等大型油田被相继发现，证实李四光的推断正确。

根据李四光的科学论断，中国人开发出了自己的大型油田，甩掉了“贫油国”的帽子。李四光知道，中亚细亚地区地下蕴藏着大量石油。他通过调查研究发现，松辽平原及华北平原的地质结构与中亚细亚极为相似，都属于沉降带地质结构，就类比出“松辽平原及华北平原也蕴藏着大量石油”的结论。

再如，19 世纪，德国植物学家施莱登发现植物由细胞构成，德国生物学家施旺发现动物也由细胞构成。他们发现了有机细胞，创立了细胞学说。之后，施莱登又在植物细胞中发现了细胞核，他把这个新发现告诉了施旺。施旺想，植物细胞是细胞，动物细胞也是细胞，既然植物细胞有细胞核，那么，动物细胞也应有细胞核。施旺用显微镜反复进行观察，发现动物细胞中果然也存在细胞核。后来，很多生物学家也进行了观察，证实施旺的科学论断正确。

施旺听施莱登说植物细胞有细胞核，他想，植物细胞是细胞，动物细胞也是细胞，于是类比出“动物细胞也有细胞核”的结论。

3. 事物属性比较之类比

事物属性比较之类比有三种情况：一是事物属性相似之类比，二是事物属性相等之类比，三是事物属性相超之类比。

1）事物属性相似之类比

当我们知道某一个别事物的某种属性似于某一事物，又考察出另一个别事物与这一个别事物从属于同一个一般事物，就可以类比出另一个别事物的某种属性也似于某一事物的结论。

事物属性相似之类比的公式如下：

S_1之A似于M之A

S_1属于S

$\underline{S_2\text{也属于}S\qquad\qquad}$

S_2之A似于M之A

在公式中，S表示一个一般事物，S_1、S_2表示两个从属于S的个别事物，A表示事物的一种属性，M表示一个与S_1有共同属性的事物。“S_1之A似于M之A”是已知前提，“S_1属于S，S_2也属于S”是类比过程，“S_2之A似于M之A”是类比出的结论。

例如，我们知道大鲵的叫声似婴儿啼哭，又考察出大鲵属于鲵类，小鲵也属于鲵类，就类比出“小鲵的叫声似婴儿啼哭”的结论。

2）事物属性相等之类比

当我们知道某一个别事物的某种属性等于某一事物，又考察出另一个别事物与这一个别事物从属于同一个一般事物，就可以类比出另一个别事物的某种属性也等于某一事物的结论。

事物属性相等之类比的公式如下：

S_1 之 A 等于 M 之 A

S_1 属于 S

S_2 也属于 S

S_2 之 A 等于 M 之 A

在公式中，S 表示一个一般事物，S_1、S_2 表示两个从属于 S 的个别事物，A 表示事物的一种属性，M 表示一个与 S_1 有共同属性的事物。“S_1 之 A 等于 M 之 A”是已知前提，“S_1 属于 S，S_2 也属于 S”是类比过程，“S_2 之 A 等于 M 之 A”是类比出的结论。

例如，我们知道红蚂蚁的腿数等于蝼蛄的腿数，又考察出红蚂蚁属于蚁类，黑蚂蚁也属于蚁类，就类比出“黑蚂蚁的腿数等于蝼蛄的腿数”的结论。

3）事物属性相超之类比

当我们知道某一个别事物的某种属性超于某一事物，又考察出另一个别事物与这一个别事物从属于同一个一般事物，就可以类比出另一个别事物的某种属性也超于某一事物的结论。

事物属性相超之类比的公式如下：

S_1 之 A 超于 M 之 A

S_1 属于 S

S_2 也属于 S

S_2 之 A 超于 M 之 A

在公式中，S 表示一个一般事物，S_1、S_2 表示两个从属于 S 的个别事物，A 表示事物的一种属性，M 表示一个与 S_1 有共同属性的事物。“S_1 之 A 超于 M 之 A”是已知前提，“S_1 属于 S，S_2 也属于 S”是类比过程，“S_2 之 A 超于 M 之 A”是类比出的结论。

例如，我们知道东北虎大于金钱豹，又考察出东北虎属于虎类，华南虎也属于虎类，就类比出“华南虎大于金钱豹”的结论。

4. 事物因果关系之类比

当我们知道某一个别事物具有若干条件则会产生某一结果，又考察出另一个别事物与这一个别事物从属于同一个一般事物，就可以类比出另一个别事物具有若干条件则产生某一结果的结论。

事物因果关系之类比的公式如下：

S_1 有 A（B、C）则 P

S_1 属于 S

<u>S_2 也属于 S</u>

S_2 有 A（B、C）则 P

在公式中，S 表示一个一般事物，S_1、S_2 表示两个从属于 S 的个别事物，A（B、C）表示若干条件或原因，P 表示一个结果。“S_1 有 A（B、C）则 P”是已知前提，“S_1 属于 S，S_2 也属于 S”是类比过程，“S_2 有 A（B、C）则 P”是类比出的结论。

例如，20 世纪初，法国微生物学家卡默德和介兰成功培育出预防结核杆菌的人工疫苗——“卡介苗”。

他们是怎样培育出卡介苗的呢？卡默德和介兰用两只公羊做结核杆菌的人工疫苗实验，由于结核杆菌毒性强烈，一直没有成功。一天，卡默德和介兰到田野散步，见田里长着一片低矮、穗小的玉米。农场主告诉他俩：“这种玉米引种到这里已经十几代了，有些退化了。”卡默德和介兰听后，由玉米退化联想到：如果把毒性强烈的结核杆菌，一代一代地定向培育下去，它的毒性是否也会退化呢？是不是能既不伤害人体，又使人体产生免疫力了呢？

卡默德和介兰用了 13 年时间，最终成功培育出了 230 代结核杆菌作为人工疫苗——“卡介苗”。

卡默德和介兰听说“玉米年代久了会退化”，又联想到玉米是生物，结核杆菌也是生物，便类比出“结核杆菌年代久了也会退化”的结论，从而培育出了“卡介苗”。

再如，德国有机化学家凯库勒提出了苯分子的结构形式是环状的理论，解决了有机化学上的一个难题。凯库勒是怎样得出苯分子的结构形式是环状的理论的呢？

凯库勒说：“一天，我坐马车回家，由于过度劳累，在摇摇晃晃的马车上睡着了。我做了一个梦，梦见几个月来设想过的种种苯分子结构式在我的眼前跳舞。忽然，其中有一个分子结构式变成一条蛇，这条蛇首尾相衔，成了一个环。正在这时，马车夫大声地喊道：‘先生，克来宾路到了！’我从梦中惊醒。当天晚上，我在这个梦的启发下，终于画出了首尾相衔的环式分子结构。”

凯库勒梦见苯的分子结构式变成了一条蛇，这条蛇首尾相衔变成了一个环。他受梦的启发联想到：蛇首尾相衔则呈现环状，蛇是链条状，苯分子式也是链条状，便类比出“苯分子式首尾相衔则呈现环状”，得出苯分子是环状结构的理论。

再如，农民科学家吴吉昌科学种棉，培育出了“一株双秆”棉花新品种。吴吉昌是怎样培育出棉花新品种的呢？吴吉昌发现，瓜农在甜瓜苗刚长出两片真叶时，就把甜瓜苗的顶心打掉，这样，两片真叶的腋心会长出两根蔓来，并且坐瓜早，结瓜多，还不脱蕾，能使甜瓜增产。吴吉昌分析，棉花和甜瓜都是农作物，既然甜瓜打掉顶心能增产，棉花打掉顶心也能增产。于是，吴吉昌进行了棉花打顶心的实验，成功培育出“一株双秆”的棉花新品种，大大提高了棉花产量。

吴吉昌发现，甜瓜苗打掉顶心会增产，又想到棉花与甜瓜都是农作物，就类比出“棉花打掉顶心也会增产”的结论，从而培育出“一株双秆”棉花新品种。

5. 事物演化规律之类比

当我们知道某一个别事物具有某些条件则演化成另外的事物，又考察出另一个别事物与这一个别事物从属于同一个一般事物，就可以类比出另一个别事物具有某些条件则演化成另外的事物的结论。

事物演化规律之类比的公式如下：

S_1 有 A（B、C）则形成 M（与 N 等）

S_1 属于 S

S_2 也属于 S

————————————————

S_2 有 A (B、C）则形成 M（与 N 等）

在公式中，S 表示一个一般事物，S_1、S_2 表示两个从属于 S 的个别事物，A（B、C）表示一定的条件，M（与 N 等）表示所形成的事物。“S_1 有 A（B、C）则形成 M（与 N 等）”是已知前提，“S_1 属于 S，S_2 也属于 S”是类比过程，“S_2 有 A（B、C）则形成 M（与 N 等）”是类比出的结论。

例如，我们知道马尾松籽有土壤、水分、阳光、空气等则生长成松树，又考察出马尾松籽属于松籽，罗汉松籽也属于松籽，就类比出“罗汉松籽有土壤、水分、阳光、空气等则生长成松树”的结论。

再如，我们知道雪水在 1000 摄氏度以上分解成氢气和氧气，又考察出雪水属于水，雨水也属于水，就类比出“雨水在 1000 摄氏度以上则分解成氢气和氧气”的结论。

以上介绍了进行类比的五种情况，了解这五种情况，便于对事物进行类比的认识。

我们可以看到，在类比法的五个公式中，都有“S_1属于S，S_2也属于S”这个类比过程，这是进行类比的关键与实质。顾名思义，类比法的关键在于“类比”，考察出类比事物都从属于同一个一般事物，就类比出对所考察的个别事物的特殊本质的认识。

亚里士多德说：“类推所表示的不是部分对整体的关系，也不是整体对部分的关系，而是部分对部分的关系，如果它们都从属于同一个东西，而且其中之一是已知的话。”[1]

亚里士多德说的“类推”是指类比推理（即类比法），其中“部分”与“整体”亦指“个别”与“一般”，“其中之一是已知的”指类比法公式中“S_1系M”“S_1有A”“S_1之A似于、等于或超于M之A”“S_1有A（B、C）则P”“S_1有A（B、C）则形成M（与N等）”等已知前提，而“它们都从属于同一个东西”指类比法公式中“S_1属于S，S_2也属于S”的类比过程。

应用类比法要遵守两个规则：一是类比事物必须属于同类事物，二是类比内容必须具有事物共性。

第一个规则：应用类比法，类比事物必须属于同类事物。它们的类别关系越近，类比出的结论越可靠，类别关系越远则越不可靠。

例如，我们知道太阳会发光，又知道太阳属于恒星，天狼星也属于恒星，就类比出“天狼星也会发光”的结论。由于“太阳”与“天狼星”属于同类事物，它们的类别关系很近，类比出的结论则比较可靠。

《伊索寓言》中有个故事：有头驴驮着盐过河，滑了一下跌倒在河里，

[1]　[苏]阿·谢·阿赫曼诺夫，马兵.亚里士多德逻辑学说.上海：上海译文出版社，1982：289.

盐溶化了。当它站起来时觉得轻松多了，很高兴。后来，驴又驮着海绵过河，想再跌倒站起来一定也会轻松许多，就故意跌倒在河里。不料，海绵吸满了水，驴再也站不起来了。

在这则寓言中，驴认为驮的盐跌到河里变轻了，盐是货物，海绵也是货物，就类比出“驮的海绵掉到河里也能变轻”的结论。虽然“盐”与“海绵”都是货物，但从自然属性而论，它们不属于同类事物，违反了“类比事物必须属于同类事物”的规则，推导出的结论便不可靠。

我们知道斑马会跑，又知道斑马属于动物，海马也属于动物，就类比出“海马也会跑”的结论。但由于“斑马”与“海马”类别关系很远，类比出的结论就不正确了。

第二个规则：应用类比法，类比内容必须具有事物共性。其内容的概括性越强，类比出的结论越可靠，越具体则越不可靠。

例如，我们知道犀牛会动，又知道犀牛属于动物，蜗牛也属于动物，就类比出“蜗牛也会动”的结论。虽然“犀牛”与“蜗牛”的类别关系较远，但由于类比内容“会动”的概括性强，具有事物共性，类比出的结论就比较可靠。

古罗马医学家克劳迪亚斯·盖伦，通过解剖观察到狗有五叶肝。他想，狗有五叶肝，狗是哺乳动物，人也是哺乳动物，便得出“人有五叶肝”的结论。后来，通过解剖人体，发现人的肝不是五叶，而是两叶。实践证实，盖伦类比得出的“人有五叶肝”的结论是错误的。因为类比内容“五叶肝”过于具体，违反了类比法“类比内容必须具有事物共性”的规则，类比得出的结论就不正确了。

《庄子·天运》中有个东施效颦的故事：越国美女西施因胸口痛，常捂着胸口、皱着眉头在村里走。村里的一个丑女子（后人称她东施）觉得西施这样很美，就学西施故意捂着心口、皱着眉头在村里走。村里的富人见了她，紧紧地关上大门不出来；穷人见了她，拉着妻子、孩子赶紧跑开。

在这则寓言中，东施见西施捂着心口、皱着眉头的样子很美。她认为西施是女子，我也是女子，我捂着心口、皱着眉头也能很美。虽然西施与东施都是女子，类别关系很近，但由于类比内容“捂着心口、皱着眉头的样子很美”过于具体，不是女子的共性，违反了“类比内容必须具有事物共性”的规则，类比出的结论就不正确了。

我们知道母鸡会生蛋，又知道母鸡是鸡，公鸡也是鸡，就类比出“公鸡也会生蛋”的结论。“母鸡”与“公鸡”的类别关系虽然很近，由于类比内容“生蛋”的概括性不强，不是鸡的共性，类比出的结论就不正确了。

应用类比法，遵守了以上两个规则，类比出的结论就会比较可靠。

歌德说：“如果过于相信类比，那么一切都会显得是相同的；如果回避类比，那么一切就会无限地分散。在这两种情况下，研究都会停滞不前。”[1]

类比法是通过某一个别事物去认识另一同类个别事物的逻辑方法，很多科研成果是借助于类比法取得的。因此，我们不可忽视这个逻辑方法。

---

[1]　[匈牙利]贝拉·弗格拉希，刘丕坤，逻辑学.北京：三联书店，1979：328.

第七部分 • 认识事物的基本原则

认识事物的基本原则是同一原则，同一原则要求认识结果必须符合客观实际，和客观世界达到一致。遵守同一原则，保障认识结果符合客观实际。探索客观世界的规律和奥秘，必须遵守认识事物的基本原则。

同一原则的公式是：A = A（或 A 是 A）。

在公式中，前一个“A”表示认识结果，后一个“A”表示客观实际。同一原则要求主观意识的认识结果必须符合客观世界的实际情况。

恩格斯说：“我们的主观的思维和客观的世界服从于同样的规律，因而两者在自己的结果中不能互相矛盾，而必须彼此一致，这个事实绝对地统治着我们的整个理论思维。它是我们的理论思维的不自觉的和无条件的前提。”[1]

古希腊哲学家巴门尼德在《论自然》一书中说：“思维与存在是同一的。”[2]

怎样遵守同一原则呢？

毛泽东说：“真理只有一个，而究竟谁发现了真理，不依靠主观的夸张，而依靠客观的实践。”[3]

毛泽东说：“判定认识或理论之是否真理，不是依主观上觉得如何而定，而是依客观上社会实践的结果如何而定。真理的标准只能是社会的实践。”[4]

辩证唯物主义认为，任何认识都是客观现象在人的头脑中反映的结果。因此，正确认识必然符合客观实际，错误认识必然不符合客观实际。一个认识结果是否符合客观实际，必须通过实践检验，因为实践是检验真理的唯一标准。

---

[1] 马克思恩格斯选集：第 3 卷 . 北京：人民出版社，1972 ：564.

[2] 古希腊罗马哲学 . 北京：三联书店，1957 ：51.

[3] 毛泽东选集：第 2 卷 . 北京：人民出版社，1968 ：623.

[4] 毛泽东选集：第 1 卷 . 北京：人民出版社，1968 ：262.

遵守同一原则，就是通过实践对认识结果进行检验，凡符合客观实际的认识就是正确的，否则就是错误的。对于不符合客观实际的认识要予以修正，使之和客观世界达到一致。遵守同一原则的过程，是一个通过实践检验、修正认识结果的过程。遵守同一原则，是为了保证人们的认识如实地反映客观实际，达到正确地认识客观世界的目的。

毛泽东常常告诉我们："……停止的论点、悲观的论点、无所作为和骄傲自满的论点，都是错误的。其所以是错误，因为这些论点，不符合大约一百万年以来人类社会发展的历史事实，也不符合迄今为止我们所知道的自然界（例如天体史、地球史、生物史，其他各种自然科学史所反映的自然界）的历史事实。"[1]

停止的论点、悲观的论点、无所作为和骄傲自满的论点，都是错误的，因为它们不符合人类社会和自然界发展的历史事实。

我们通过观察、调查、实验等实践活动检验，凡符合客观实际的理性认识就是正确的，否则就是错误的。

例如，1 世纪，埃及天文学家克罗狄斯·托勒密提出了"地球中心说"。15 世纪，波兰天文学家哥白尼反对"地球中心说"，提出了"太阳中心说"。哥白尼的学说遭到罗马教会的强烈反对。1600 年，意大利哲学家布鲁诺宣传"太阳中心说"，遭到罗马教会强烈反对，被活活烧死在罗马鲜花广场。后来，经过天文学家们的实践检验，证实哥白尼的"太阳中心说"揭示了天体运行规律，是符合客观实际的真理。

古希腊哲学家亚里士多德认为，彗星只出现在月层下面，是一种地球范围内发生的天文现象。1577 年，天空出现了一颗彗星。丹麦天文学家第谷·布拉赫等人，经过认真观察与推算，探明这颗彗星是环绕太阳运行

[1]　1964 年国务院政府工作报告．国务院总理周恩来在第三届全国人民代表大会第一次会议上的政府工作报告．

的。实践证实，亚里士多德的见解不符合客观实际认识是错误的。

古罗马医学家盖伦的医学理论统治了医学界长达1000多年。16世纪，比利时医生、解剖学家安德烈·维萨里到坟地、刑场里找人的尸体进行解剖时，发现盖伦著作中的很多论述不符合客观实际。例如，人的大腿骨本来是直的，盖伦却认为是弯曲的。维萨里把尸体搬进课堂，拿着解剖后的大腿骨告诉学生们，人的大腿骨是直的，不是弯曲的。很显然，盖伦的观点是错误的。

无论何人的学说、言论或观点，经过社会实践检验后，凡符合客观实际的就是正确的，否则就是错误的。

有一种奇妙而有趣的悖论，也叫逆论或反论，从中能够推导出自相矛盾的结论。悖论的基本特点是：肯定悖论中的观点A，会推出与之相反的观点非A；肯定悖论中的观点非A，会推出与之相反的观点A。

相传，著名的“说谎者悖论”是古希腊哲学家伊匹门尼德提出来的。

伊匹门尼德生活在公元前6世纪，是个具有浓厚传奇色彩的人物。据说，伊匹门尼德出生在古希腊的克里特岛，有一次，他在山洞里睡着了，醒来后，伊匹门尼德发现自己成了一位精通哲学和医学的学者，并能预测未来之事。于是，岛上的人便誉他为“先知”。据说，他喜欢和人讨论疑难问题，借以显示自己智慧非凡。一天，伊匹门尼德在和别人讨论关于克里特岛人是否诚实时说：“所有克里特岛人都是说谎者。”这句话即逻辑史上著名的“说谎者悖论”。

其中的悖论因素如下：

如果说这是真话，那么，由于伊匹门尼德就是克里特岛人，因而这话就是谎话；如果说这是谎话，那么，因为伊匹门尼德说的是“所有克里特岛人都是说谎者”，反倒说明这话是真话。

也就是说，如果说伊匹门尼德说的是真话，反而推断出他说的是谎话的结论；如果说他说的是谎话，反而推断出他说的是真话的结论。

由于这句话中存在“这是真话”与“这是谎话”两个自相否定的观点，因而不能成立。

古希腊的诡辩学派讲过一则寓言故事：在尼罗河畔，一个孩子被鳄鱼抓住了，孩子妈妈请求放还孩子。鳄鱼说：“你猜我会不会还？如果猜对了，我就把孩子还你；猜错了，就不还。”妇女说：“你不想还。”请问：鳄鱼该怎么办呢？

这则寓言即著名的“鳄鱼悖论”，其中存在这样的悖论因素：如果鳄鱼本想归还孩子，由于妇女猜错了，按照鳄鱼说的“猜错了，就不还”，鳄鱼就不归还孩子；如果鳄鱼不想归还孩子，由于妇女猜对了，按照鳄鱼说的“如果猜对了，我就把孩子还你”，鳄鱼就该归还孩子。也就是说：如果鳄鱼本想归还孩子，反而推断出它不必归还；如果鳄鱼不想归还孩子，反而推断出它应该归还。

我们知道，真理只有一个，针对同一问题绝不会同时得出两个正确结论。一个理性认识结果，无论是一种学说、一种观点或一种言论，如果发现其中存在悖论因素，从认识论的角度看，说明它是错误的，不能成立。

德国著名数学家戈特洛布·弗雷格提出了一套自认为非常严密的集合理论，这套理论可以作为整个数学的基础。1900 年，在巴黎召开的国际数学大会上，数学家们普遍认为，数学已经建立在严谨的集合理论的基础上了。

正当弗雷格准备出版关于集合理论的著作《算术基本法则》（第二卷）时，收到了英国著名哲学家罗素的一封信。罗素在信中指出，这个表面上结构完美的集合理论中存在一个悖论因素：即容许不是它自身元素的集合构成集合。罗素的信引起了整个数学界的震惊。罗素揭示出了弗雷格集合理论中的悖论因素，使得弗雷格的集合理论就此崩溃，不能成立了。

亚里士多德提出过一个著名的自由落体定律：自由落体的速度和它本

身的重量成正比。这个定律的意思是：重的物体下落速度快，轻的物体下落速度慢。

16 世纪，意大利的物理学家伽利略发现亚里士多德的自由落体定律存在悖论因素。如果把一个 10 磅重的球和一个 1 磅重的球捆在一起，它们和一个 10 磅重的球相比，其下落速度将会怎样？

根据亚里士多德的理论，由于两个连在一起的球比 10 磅的球重 1 磅，它们的下落速度应该比 10 磅的球快。但从另一个角度看，由于 1 磅的球比 10 磅的球下落速度慢，它和 10 磅的球捆在一起，会减慢 10 磅的球的下落速度。因此，它们的下落速度应该比 10 磅的球慢。

可知，自由落体定律中存在悖论因素："一个 10 磅的球和一个 1 磅的球捆在一起，它们的下落速度比 10 磅的球既快也慢。"伽利略揭示出亚里士多德自由落体定律中的悖论因素，说明自由落体定律不能成立。

1589 年，伽利略和助手登上比萨斜塔，手持两个分别为 10 磅和 1 磅的铁球，让它们同时从塔上自由落下，只听"扑通"一声，两个铁球几乎同时落地。实验重复一次，结果仍然相同。因此，证实了亚里士多德的自由落体定律是错误的。

悖论能推导出自相矛盾的结论，一个指导人们行动的命题如果存在悖论因素，当事情涉及其中的悖论因素时，这一命题就无法实行。

又如，1901 年，英国哲学家罗素提出"理发师悖论"：一个理发师宣称，我只给那些不给自己刮胡子的人刮胡子。理发师说的"我只给那些不给自己刮胡子的人刮胡子"就是个悖论。

表面看来，理发师的话没什么错误，但仔细推敲一下就会发现，其中存在自相矛盾的观点。试想，这个理发师给不给自己刮胡子呢？如果理发师不给自己刮胡子，他就是"不给自己刮胡子的人"，那么，根据他"只给那些不给自己刮胡子的人刮胡子"的规定，他又该给自己刮胡子；如果理发师给自己刮胡子，他就不是“不给自己刮胡子的人”，那么，根据他“只给那些不给自己刮胡子的人刮胡子”的规定，他又不该给自己刮胡子。

由上可知，理发师的规定中存在如下悖论因素：如果理发师不给自己刮胡子，反而推导出他应该给自己刮胡子；如果理发师给自己刮胡子，反而推导出他不该给自己刮胡子。理发师的规定表面看没什么错误，但涉及他自己时就显露出悖论因素，因而无法实行。

塞万提斯的名著《堂吉诃德》中有个故事：相传某条河上有座桥，桥上设有法官和绞架。法官规定，凡过桥者必须诚实地表明自己的目的，由法官判定真假，讲真话者允许过河，讲假话者立即绞死。有个人到桥上表明：“我要死在桥上。”法官听了左右为难，无法做出判决。

原来，过桥的规定中存在悖论因素。如果法官判定“我要死在桥上”是真话，根据规定应该让这人过桥；可这样做反又说明这人说的是假话，因为并没让他死在桥上。如果法官判定“我要死在桥上”是假话，根据规定应该将这人绞死；可这样做反又说明这人说的是真话，因为他说“我要死在桥上”。

由此可知，过桥的规定中存在悖论因素。如果法官判定这人说的是真话，反而推导出他说的是假话；如果法官判定这人说的是假话，反而推导出他说的是真话。悖论非常有趣，但也很难解析，颇伤脑筋。一个人如果能在悖论的迷宫中畅行无阻，这个人必定具有高超的思维能力。

毛泽东说：“人类认识的历史告诉我们，许多理论的真理性是不完全的，经过实践的检验而纠正了它们的不完全性。许多理论是错误的，经过实践的检验而纠正其错误。”[1]

根据同一原则，通过实践检验，如果一个认识结果不符合客观实际，就要对它加以修正，使之和客观世界达到一致，把不符合客观实际的错误

[1] 毛泽东选集：第1卷. 北京：人民出版社，1968：303.

认识变成遵守同一原则的正确认识。

例如，我们观察到，雨过天晴，云朵透过阳光出现彩虹；船桨击水，浪花透过阳光出现彩虹；瀑布飞落，水帘透过阳光出现彩虹；喷泉射流，水柱透过阳光出现彩虹。这些都是以人的感觉器官——眼睛所得到的感性认识。应用归纳法，通过思索，概括出云朵、浪花、水帘、水柱等都是弥漫在空中的水珠，就归纳出“弥漫在空中的水珠透过阳光则出现彩虹”的结论，把所得到的感性认识上升到了理性认识。

同时，我们又观察到，三棱镜透过阳光也会出现彩虹。这个新的事实说明，归纳出的“弥漫在空中的水珠透过阳光则出现彩虹”的结论还不够完善，是个片面的认识结果。根据新的事实，我们又概括出“弥漫在空中的水珠”和“三棱镜”都是“折射光线的透明体”，于是归纳出“折射光线的透明体透过阳光则出现彩虹”的新结论。如此，对彩虹的生成原因就有了更深的认识。如果有新的事实说明这个结论还不完全符合客观实际，可以继续予以修正，进一步完善，逐步达到和客观世界一致。

衡量一个理性认识是否正确，必须通过实践检验，否则无法断定。从这个意义上说，任何一个理性认识，在没被实践检验之前只能算作一种假说。

恩格斯说：“哥白尼的太阳系学说有三百年之久一直是一种假说，这个假说尽管有百分之九十九、百分之九十九点九、百分之九十九点九九的可靠性，但毕竟是一种假说；而当勒维烈从这个太阳系学说所提供的数据，不仅推算出一定还存在一个尚未知道的行星，而且还推算出这个行星在太空中的位置的时候，当后来加勒确实发现了这个行星的时候，哥白尼的学说就被证实了。”[1]

哥白尼的太阳系学说，尽管有“百分之九十九点九九的可靠性”，但

[1] 马克思恩格斯选集：第 4 卷 . 北京：人民出版社，1972：222.

“三百年之久一直是一种假说”。只有根据这个学说所提供的数据推算，并且加勒用望远镜观察到了这颗未知行星的时候，哥白尼的学说才被证实是正确的理论。

列宁说：“社会学中这种唯物主义思想本身已经是天才的思想。当然，这在那时暂且还只是一个假设，但是，是一个第一次使人们有可能以严格的科学态度对待历史问题和社会问题的假设。”[1]“现在，自从《资本论》问世以来，唯物主义历史观已经不是假设而是科学地证明了的原理。”[2]

唯物主义历史观开始只是一个假设（即假说），只有《资本论》问世以后，它才成为“科学地证明了的原理”。

由上可知，无论是自然科学理论还是社会科学理论，在没被证实是否正确之前，只能算作一种假说或假设，即使它有“百分之九十九点九九的可靠性”。

毛泽东说：“许多自然科学理论之所以被称为真理，不但在于自然科学家们创立这些学说的时候，而且在于为尔后的科学实践所证实的时候。”[3]

恩格斯说：“只要自然科学在思维着，它的发展形式就是假说。一个新的事实被观察到了，它使得过去用来说明和它同类的事实的方式不中用了。从这一瞬间起，就需要新的说明方式了——它最初仅仅以有限数量的事实和观察为基础。进一步的观察材料会使这些假说纯化，取消一些，修正一些，直到最后纯粹地构成定律。如果要等待构成定律的材料纯粹化起来，那末这就是在此以前要把运用思维的研究停下来，而定律也就永远不会出现。”[4]

[1]　列宁选集：第 1 卷 . 北京：人民出版社，1972：7.

[2]　列宁选集：第 1 卷 . 北京：人民出版社，1972：10.

[3]　毛泽东选集：第 1 卷 . 北京：人民出版社，1968：269.

[4]　马克思恩格斯选集：第 3 卷，北京：人民出版社，1972：561.

进行任何探索都要做出假说，这是认识过程中的必经之路。实际上，用逻辑方法将感性认识上升为理性认识的过程，也就是做出假说的过程。通过实践检验，符合客观实际的假说就是正确的，否则，只能算个假说而已。实质上，假说即没被实践检验过的理性认识。从这个意义上说，假说的形成是借助于逻辑方法实现的，遵守同一原则的过程，是通过实践去检验、修正假说的过程。

综上所述，同一原则要求认识结果必须和客观世界达到一致，遵守同一原则就是通过实践去检验所得到的认识结果，凡符合客观实际的认识就是正确的，对于错误认识必须予以修正，使之与客观世界达到一致。同一原则是认识客观世界必须遵守的基本原则。

辩证唯物主义认为，物质是第一性的，意识是第二性的，意识是对物质的反映。同一原则要求主观意识必须正确地反映客观世界，和客观世界达到一致，这是建立在辩证唯物主义认识论基础之上的基本原则。因此，遵守了同一原则，就坚持了物质第一性、意识第二性的辩证唯物主义原理，坚持了辩证唯物主义认识论的反映论。

第八部分 • 探索故事百例评析

认识客观世界，首先是通过观察、调查、实验等实践活动接触客观外界的现象，形成感性认识，然后运用逻辑方法对感性认识进行加工，使之上升为理性认识。只要掌握的感性材料是丰富而真实的，并且正确地运用了逻辑方法，就能得出合乎客观实际的结论，达到对事物规律性的理性认识。

本书精选了100个引人入胜的探索故事进行评析，通过剖析其中蕴含的逻辑哲理，借以提高读者认识客观世界的能力，指导人们如何去探索客观世界的规律与奥秘。

1. 鲁班发明锯子的传说

鲁班是春秋时期鲁国的巧匠。相传，他要承造一座宫殿需用很多木材，就叫徒弟们上山砍伐大树。当时还没有锯子，要用斧子砍，一天砍不了多少棵树，木料供应不上。鲁班很着急，就亲自上山去看。

山非常陡，上山必须用手抓住树根、杂草等一步一步地攀登上去。鲁班爬山的时候，伸手去拉丝茅草，不料，手指一下子划破流出血来。他感到非常惊奇，一棵小草为什么这样厉害？可一时也想不出个究竟。

在回家的路上，鲁班拔下一棵丝茅草，带回家研究。他左看右看，发现丝茅草叶的两边有许多小细齿，这些小细齿很锋利，用手指一扯就会划破一个口子。这一下提醒了鲁班，他想："如果仿照丝茅草叶的样子，在铁片上打出细齿来，不就可以轻松把树锯断了吗？"

于是，鲁班找来铁匠打制了一条带有细齿的铁片，用它锯树果然又快又省力，木料供应问题也解决了。

评析

鲁班观察到，丝茅草叶有细齿则能划开东西。于是他想，丝茅草叶是片状物，铁片也是片状物，类比出"铁片有细齿也能划开东西"的结论。

鲁班的类比推导过程如下：

丝茅草叶有细齿则能划开东西

丝茅草叶是片状物

铁片也是片状物

铁片有细齿也能划开东西

鲁班的推导用了类比法，这是对事物因果关系进行类比推导的情况。

事物因果关系之类比的公式如下：

S_1 有 A（B、C）则 P

S_1 属于 S

S_2 也属于 S

S_2 有 A（B、C）则 P

在公式中，S 表示一个一般事物，S_1、S_2 表示两个从属于 S 的个别事物，A（B、C）表示若干条件或原因，P 表示一个结果。"S_1 有 A（B、C）则 P"是已知前提，"S_1 属于 S，S_2 也属于 S"是类比过程，"S_2 有 A（B、C）则 P"是类比出的结论。

鲁班仿照丝茅草叶的样子，在铁片上打出细齿，可以把树锯断。他类比推导出的"铁片有细齿也能划开东西"的结论正确，从而发明了锯子。

2. 鲁班发明木船的传说

从前，生活在海边的渔民没有船。相传，渔民找到鲁班，请他帮助造个能乘坐在上面到海里打鱼的东西。鲁班想了就做，做了又想，虽然费了好多心血，还是没有造出来。

一天，鲁班的妻子到河边洗衣裳。她把脚上穿的翻头鞋脱下来放在河边，赤脚在水边洗衣。一阵风刮过来，鞋子漂到河里去了。妻子见了很着急，赶紧去捞鞋子。可是，鞋子在河里漂呀漂，一会儿漂到这边，一会儿漂到那边，她好不容易才把鞋子捞上来。

回到家，妻子把这件事和鲁班说了。鲁班听后，朝妻子的翻头鞋瞟了一眼，然后接过鞋子仔细地看了又看，认真思索起来。忽然，他像发现了什么似的高兴地说："一是空心，二是不漏水，空心又不漏水，就会漂在水面上。"

于是，鲁班仿照翻头鞋的样子，造出了渔民出海打鱼用的木船。

评析

鲁班听妻子说，翻头鞋能漂在水上。他想，翻头鞋空心、不漏水则能漂在水面上，翻头鞋是槽状物，木船也是槽状物，类比出"木船空心不漏水也能漂在水面"的结论。

鲁班的类比推导过程如下：

翻头鞋空心、不漏水则能漂在水面

翻头鞋是槽状物

木船也是槽状物

———————————

木船空心、不漏水也能漂在水面

鲁班的推导用了类比法，这是对事物因果关系进行类比推导的情况。

事物因果关系之类比的公式如下：

S_1 有 A（B、C）则 P

S_1 属于 S

S_2 也属于 S

———————————

S_2 有 A（B、C）则 P

在公式中，S 表示一个一般事物，S_1、S_2 表示两个从属于 S 的个别事物，A（B、C）表示若干条件或原因，P 表示一个结果。"S_1 有 A（B、C）则 P"是已知前提，"S_1 属于 S，S_2 也属于 S"是类比过程，"S_2 有 A（B、C）则 P"是类比出的结论。

一是空心，二是不漏水，空心又不漏水，就会漂在水面上。鲁班类比出的“木船空心、不漏水也能漂在水面”的结论正确。于是，鲁班仿照翻头鞋的样子造出了木船。

3. 管仲妙策出迷谷

春秋时期，齐桓公率军攻打孤竹国，进入迷谷后迷失了方向。相国管仲说：“我听说北方有旱海，恐怕这里就是，不能再往前走了。”齐桓公听了，立即传令停止前进。

管仲保护着齐桓公，急忙掉转马头往回走。只见风厉雾浓，天昏地暗，茫然不辨东西南北。不知走了多少路，逐渐风息雾散，空中出现了半轮新月。及至天明，齐桓公计点人马，将士们损折无数。

管仲说：“听说老马识途，可派人选几匹老马，看它们往哪里走便跟随着，这样也许能找到出去的路。”

齐桓公依照管仲的建议，让人挑了几匹老马在前面走，军队跟随在后。就这样跟随着老马，弯弯绕绕，居然走出了迷谷。

评析

管仲知道“老马识途”，又知道军中有老马，便推导出“军中老马也能识途”的结论。

管仲的演绎推导过程如下：

老马识途

军中老马是老马

军中老马也能识途

管仲的推导用了演绎法，这是对事物属性进行演绎推导的情况。

事物属性之演绎的公式如下：

S 有 A

S_1 属于 S

S_1 有 A

在公式中，S 表示一个一般事物，S_1 表示一个从属于 S 的个别事物，A 表示事物的一种属性。“S 有 A”是已知前提，“S_1 属于 S”是演绎过程，“S_1 有 A”是演绎出的结论。

管仲推导出的“军中老马也能识途”的结论正确。根据推导，齐桓公命军队跟随着老马走出了迷谷。

4. 公孙隰朋观蚁寻水

春秋时期，齐桓公率军远征山戎国，在伏龙山安营扎寨。山戎军前来挑战，被齐军杀得大败。

不料，战后一连三天，不见山戎军的动静。齐相国管仲心中疑惑，便派人打探。

原来，山戎军一面堵塞道路阻止齐军进攻，一面断绝齐军水源，想以此造成齐军混乱，再乘势而战。

齐桓公得知军中缺水，立即传令军士凿山取水，谁先挖出水来有重赏。

公孙隰朋进言道：“臣听说蚂蚁筑巢穴知道哪里有水，应当到有蚂蚁巢穴的地方去挖。”

军士们到处搜寻，但没有找到蚂蚁的巢穴，只得如实回禀齐桓公。

公孙隰朋又道：“蚂蚁冬天就暖，居聚在山的阳面；夏天就凉，居聚在山的阴面。现在是冬季，必然阳坡，不可盲目乱挖。”

军士们依照公孙隰朋的话，果然在阳坡挖出了泉水，味道非常清冽。

齐桓公说：“公孙隰朋可称得上圣人啊！”

于是，齐桓公将挖出的泉水命名为“圣泉”，将伏龙山改名为“龙泉山”。齐军有了水源，将士们欢呼庆祝，声震山谷。

评析

公孙隰朋知道，有水源处蚂蚁才能居住，因而断定，找到蚂蚁巢穴就能找到水源。军士们看不到地下的水源，但可以看到地面的蚂蚁巢穴。

公孙隰朋的推测过程如下：

蚂蚁有蚁穴、水源等条件才能居聚

冬日阳坡有蚂蚁居聚

必定有蚁穴、水源等条件

公孙隰朋的推断用了溯因法，这是合因一果之溯因的情况。

合因一果之溯因的公式如下：

S 有 A、B 和 C 则 P

S 已 P

必然有 A、B 和 C

在公式中，S 表示一个一般事物，A、B、C 表示若干条件或原因，P 表示一个结果。“S 有 A、B 和 C 则 P”是已知前提，“S 已 P”是已知结果，“必然有 A、B 和 C”是溯求出的结论。

蚂蚁生存需要诸多条件，蚂蚁生存和蚁穴、水源等条件之间是合因一果关系，水源是诸多条件之一，找到了蚂蚁巢穴，自然就找到了水源。

公孙隰朋的推测正确，根据他的推测，军士们找到了蚂蚁巢穴，果然挖出了水泉。

5. 炼丹炉中翻火焰

西汉时期，汉武帝是一位有作为的君王。不过，他也不切实际地想长生不老。相传，汉武帝召见群臣，询问长生不老之术。

方士李少君奏道：“启奏陛下，如果吃了炼成的仙丹，就能长生不老。”汉武帝非常高兴，立即下令让全国的方士为他炼制仙丹。于是，炼丹术便盛行起来。

当时，炼丹的主要原料是硫黄、硝石和木炭。方士们整天在炼丹炉前忙碌，一心炼仙丹以博得皇帝欢心。谁知，炼丹炉中没有炼出仙丹，反倒时不时爆炸起火。方士们被炸伤、烧伤的不少。

经过反复实验与研究，方士们发现，按比例混合，硫黄、硝石和木炭会变成爆炸物，他们把这种爆炸物叫作“火药”。

火药到底何时发明尚有争议，但是，国际社会已承认，中国最先发明并使用了火药。

评析

炼丹方士观察到，按比例混合，硫黄、硝石和木炭则变成火药，便探寻出“硫黄、硝石和木炭按比例混合则变成火药”的演化规律。

炼丹方士的察变过程如下：

按比例混合

硫黄、硝石、木炭则变成火药

硫黄、硝石、木炭按比例混合则变成火药

这个发明借助了察变法，这是化多为一的演化情况。

化多为一的演化公式如下：

有 A（B、C）

M 与 N 等则形成 S

M 与 N 等有 A（B、C）则形成 S

在公式中，A（B、C）表示一定的条件，M、N 等表示若干事物，S 表示一个所形成的事物。“有 A（B、C），M 与 N 等则形成 S”是考察过程，“M与N等有A（B、C）则形成S”是考察出的结论。

实践出真知，方士本想炼制仙丹，但仙丹没有炼成，却无意中发明了火药。

6. 张衡奏报地震

138年3月一天清晨，汉顺帝在京都洛阳皇宫内升朝理政。

张衡出班奏道：“臣今朝得知，京城西北方发生地震，想必那里房倒屋塌、人畜伤亡。望皇上火速派员，拯救灾民。”汉顺帝闻奏，心中吃了一惊。但见宫外风和日丽，没有一丝地震的迹象。

汉顺帝问道：“卿言西北方地震，有何凭据。”

张衡答道：“臣在家中测得。臣可断言，三日之内，必有驿报。若无此事，臣甘愿受罚。”

早朝之后，众位文武大臣陆续离去。张衡的几位好友都为他担心，他却笑道：“诸位放心，两三天内，必见分晓。”

第二天没有消息，第三天白天，依然不见驿报到来。很多人为张衡捏着一把汗，张衡的家人更急得不知如何是好，唯有张衡镇定自若。

傍晚时分，老仆急匆匆地来报：“老爷，宫里来人传你。”

张衡立即赶到皇宫，叩见汉顺帝。汉顺帝见了张衡，忙说：“爱卿不必多礼，刚才驿马来报，西北方陇西果真发生了地震……”

张衡是怎样知道西北方发生了地震呢？原来，这是张衡用新研制的候风地动仪测出来的。

候风地动仪用青铜制成，形状像一只大酒樽，酒樽外面有八条龙，分别朝向八个方位，每条龙嘴里含一个铜球，每个龙头下蹲着一只铜蛤蟆，蛤蟆昂首张嘴对着龙头。酒樽内立着一根铜柱，铜柱周围的八个方向有八根曲杆与八个龙头相接。沉重的铜柱上粗下细，容易倾斜，只要某个方向发生地震，震波传来，铜柱就会倒向这个方向，压动曲杆，牵动龙头吐出铜球，铜球便落入与地震方向相对应的铜蛤蟆口中。然后就知道哪个方向发生地震了。

地动仪是根据杠杆原理制成的，能够测出八个方向的震感。

评析

张衡知道，如果发生地震，地动仪龙嘴的铜球就会吐出落入铜蛤蟆口中。当他观察到，地动仪龙嘴的铜球已经落入铜蛤蟆口中，就断定必然发生了地震。

张衡的推导过程如下：

如果发生地震地动仪龙嘴的铜球就会落入铜蛤蟆口中

地动仪龙嘴的铜球落入铜蛤蟆口中
____

必然发生了地震

张衡的判断借助了溯因法，这是一因一果之溯因的情况。

一因一果之溯因的公式如下：

S 有 A 则 P

S 已 P
______

必然有 A

在公式中，S 表示一个一般事物，A 表示一个条件或原因，P 表示一个结果。“S 有 A 则 P”是已知前提，“S 已 P”是已知结果，“必然有 A”是溯求出的结论。

“发生地震”和“地动仪龙嘴的铜球落入铜蛤蟆口中”之间是一因一果关系，有了后者必定有前者。

张衡发明的地动仪非常科学，因而推导出的结论正确，借助于地动仪准确地推测出地震方位。

7. 鲍子都智寻书生家

汉朝时期，有个叫鲍子都的人在地方上做个小官。

有一次，鲍子都到京城办事，途中遇见一个得了急病的年轻书生。鲍子都懂得一些医术，急忙为书生治疗。由于病情过重，书生匆匆离开人世，但留下了一册兵书、十个金饼和一匹马。

鲍子都变卖了一个金饼，用所卖的钱买了一口棺材，把书生的一册兵书和剩下的九个金饼装入棺材后，将书生入土为安。

之后，鲍子都骑着书生的马，任由马随意奔走。不久，这匹马便跑到京城，来到一所大宅院前。宅院里的人见了这匹马，都好奇地围了上来。鲍子都一打听，得知这家主人是关内侯，这匹马就是他家的。

鲍子都拜见关内侯，把途中所遇书生的事情详细说了一遍。关内侯听后惊讶地说："那个死去的书生是我的儿子呀！"说完，他向鲍子都表示谢意，赶紧派人把棺材运了回来。打开棺材一看，果然是自己的儿子，身侧还有一册兵书和九个金饼。

关内侯全家非常感谢鲍子都的大仁大义，从此鲍子都声名远播。

评析

鲍子都知道家畜能认识自己的家，又知道书生的马也是家畜，演绎出"书生的马能认识自己的家"的结论。

鲍子都的演绎推导过程如下：

家畜能认识自己的家

书生的马是家畜

———————————

书生的马能认识自己的家

鲍子都的推导用了演绎法，这是对事物属性进行演绎推导的情况。

事物属性之演绎的公式如下：

S有A

<u>S_1属于S</u>

S_1有A

在公式中，S表示一个一般事物，S_1表示一个从属于S的个别事物，A表示事物的一种属性。“S有A”是已知前提，“S_1属于S”是演绎过程，“S_1有A”是演绎出的结论。

鲍子都推导出的“书生的马能认识自己的家”的结论正确。根据推导，顺利找到了书生的家，使书生得以回归故里。

8. 华佗发明麻醉剂

华佗，我国东汉末年的著名医学家，被世人称为神医。据考证，华佗是世界上第一个发明麻醉剂和使用全身麻醉的人。华佗之后，大约1600年后，欧洲人才开始使用麻醉剂。华佗是怎样发明麻醉剂的呢？

相传，华佗给一个胳膊生了毒疮的孩子割腐肉，孩子疼得乱叫乱跳，两个大人也控制不住。华佗对此深感不安，怎样才能减轻患者的痛楚呢？

一天，几个人抬来一个昏迷不醒的汉子，求华佗医治。华佗解开伤者的衣服一看，小腿血肉模糊，骨头都露出来了。他让人们按住伤者，用药水擦洗伤口后开始动手术。

华佗观察到，整个手术过程中伤者不仅没有挣扎，连一声呻吟都没有。忽然，他闻到一股酒气。原来伤者喝得酩酊大醉，此时还在酣睡之中。由于醉汉没有醒酒，便没露出任何痛苦的表情。

此事给华佗很大启发。他想，如果制成一种药，让病人服下后像喝醉酒一样睡着，病人就不会觉得痛苦了。经过无数次配方试验，华佗用酒配制出了麻醉药，发明了中药麻醉剂——“麻沸散”。

之后，有个船夫肚子痛得满地打滚，经华佗诊断患了“肠痈”（即阑尾炎），必须割掉。船夫同意后，华佗取出一包“麻沸散”，放到酒里搅匀让他喝下。不一会儿，船夫就失去了知觉。

于是，华佗为病人切去溃烂的阑尾，缝合后敷上药，病人没有感到痛苦，一个多月就痊愈了。华佗的麻醉手术成功。

评析

华佗观察到，喝了酒，病人动手术则不觉得痛苦。把事情联系起来，发现了二者之间的因果关系。

华佗的联系过程如下：

喝了酒

病人动手术则不觉得痛苦

病人喝了酒动手术则不觉得痛苦

华佗的发明借助了联缘法，这是某事物与某介入之因素相联缘的情况。

某事物与某介入之因素相联缘的公式如下：

M 介入

S 则 P

S 有 M 介入则 P

在公式中，S、M 表示两个事物，P 表示一个结果。“M 介入，S 则 P”是联系过程，“S 有 M 介入则 P”是联系出的结论。

华佗观察到“病人喝了酒动手术则不觉得痛苦”，从中受到启发，用酒配制出了麻醉药，发明了中药麻醉剂——“麻沸散”。

9. 华佗发现绿苔能解蜂毒

相传，一年夏天，华佗坐在院子里的大树下饮茶乘凉，发现一只黄蜂撞到了蜘蛛网上。

只见蜘蛛爬过去用蛛丝缠绕黄蜂，准备吃掉它。不料，蜘蛛被黄蜂狠狠地蜇了一下，顿时失去知觉，从蛛网上掉了下来，落在屋檐下的一片绿苔上。蜘蛛恢复知觉后，在绿苔上蹭了一会儿伤口，又有了精神，沿着蛛丝爬到网上又去吃黄蜂。不料，蜘蛛再次被黄蜂蜇得掉下蛛网。于是，蜘蛛又到绿苔上蹭了蹭伤口，再次爬上蛛网去吃黄蜂。

华佗观察到，蜘蛛与黄蜂大战了几个回合，最终还是蜘蛛把黄蜂吃掉了。由此，华佗悟出一个道理：绿苔能够解蜂毒。

评析

华佗观察到，蹭了绿苔，蜘蛛的蜂毒则解了。把事情联系起来，找到了二者之间的因果关系，发现了绿苔能够解蜂毒。

华佗的联系过程如下：

蹭了绿苔

蜘蛛的蜂毒则解了

蜘蛛蹭了绿苔蜂毒则解了

华佗的推导借助了联缘法，这是某事物与某介入之因素相联缘的情况。

某事物与某介入之因素相联缘的公式如下：

M 介入

S 则 P

S 有 M 介入则 P

在公式中，S、M 表示两个事物，P 表示一个结果。“M 介入，S 则 P”是联系过程，“S 有 M 介入则 P”是联系出的结论。

华佗发现“蜘蛛蹭了绿苔蜂毒则解了”，从中悟出一个道理：绿苔能够解蜂毒。

10. 王戎辨知路边苦李

王戎是晋代名士，“竹林七贤”之一。

王戎自幼聪颖，七岁时和几个小伙伴在路边玩耍。当时正是夏季，他们口渴了，见路边有一棵结满果实的李子树。小伙伴们非常高兴，争相采摘李子。只有王戎一个人，站在路边不动声色。

有个小伙伴问：“喂，王戎，你怎么不摘呀？”

王戎说：“这棵李子树长在大路边，结了那么多果子，树上还有折断的枝杈，说明是苦李子。如果是甜李子，早就被人们摘光了。”

小伙伴们尝了尝摘下的李子，果然是苦的。

评析

王戎知道，李子味苦则没人爱吃。当他看到，树上果实累累且有折断的枝杈，说明有人摘过但没有多吃，因而断定李子是苦的。

王戎的推断过程如下：

李子味苦则没人爱吃

<u>李树多果且有断枝说明人不爱吃</u>

李子必定是苦的

王戎的推断用了溯因法，这是一因一果之溯因的情况。

一因一果之溯因的公式如下：

S 有 A 则 P

<u>S 已 P</u>

必然有 A

在公式中，S 表示一个一般事物，A 表示一个条件或原因，P 表示一个结果。“S 有 A 则 P”是已知前提，“S 已 P”是已知结果，“必然有 A”是溯求出的结论。

王戎看到路边的李树果实累累，且有折断的枝杈，便断定李子是苦的，非常聪明。

11. 祖冲之论月食

祖冲之是南北朝时期著名的科学家和天文学家。

459 年，祖冲之推算出九月十五日（农历）晚，将会发生月食现象。到了这一天，祖冲之把即将发生月食的事写了很多告示，贴到了都城建康（今南京）街道的墙上。

这天恰巧有位达官贵人过生日，门前张灯结彩，宾客盈门，热闹非凡。傍晚时分，祖冲之也应邀前来祝寿。宾客们正举杯向主人敬酒，只见一个仆人慌慌张张地跑进来说："老爷，不好了，今天晚上天狗吃月亮。"

主人心中一惊，酒杯失手掉在地上。原来，古人认为出现日食、月食是凶兆。主人大寿却逢月食，以为大难临头，因而非常惊慌。夫人赶忙向天空张望，只见一轮圆月高照，万里无云，没有异常现象。她转身斥责仆人说："今天老爷大寿，怎么说出这种不吉利的浑话来。窗外圆圆明月，你竟敢胡说八道。"

仆人慌忙辩解："奴才不敢胡说，外面墙上贴有告示。"

这时，祖冲之站起来，微笑着说："大人也不必惊慌，告示是在下贴的。古言道：'天行有常，不为尧存，不为桀亡。'月食是大自然的运行规律，与人事无关。月亮绕地球运行，地球绕太阳运行，三者像走马灯一样转个不停。月亮不发光，靠反射阳光而发亮。月亮转到太阳与地球之间，月亮暗的一面对着人间，这时必逢初一或三十；当月亮转到地球另一侧，月亮明的一面对着人间，这天必是十五。地球在太阳与月亮之间，阳光被地球挡住照不到月亮，便出现了月食。今天，恰巧是十五……"

主人打断祖冲之的话，问道："那为何月月有十五，却不是月月有月食？"

祖冲之解释说："这很简单，月亮绕地球运行的轨道与地球绕太阳运行的轨道不在同一个平面。只有十五这一天，又恰逢两个轨道在同一个平面，三者连成一条直线，才出现月食。"

宾客们知道祖冲之精于数学，通晓天文历法，今天他预告月食必有依据。可是，主人心中依然怏怏不乐。约莫一个时辰后，忽然有人惊呼："天狗吃月亮了。"大家立刻抬头观望，只见一轮明月一点点地被黑影吞没。

有的宾客议论说："月食既然能算出，自然就与人无关了。"祖冲之听后，会心地笑了。

评析

祖冲之精通天文历法，他知道，地球运行到太阳与月亮之间且三者连成一条直线，则会发生月食现象。根据这个天文现象，他准确地推测出，这年九月十五日晚上必然发生月食现象。

祖冲之的推断过程如下：

月食在地球运行到太阳与月亮之间且三者连成一条直线时则发生

九月十五日晚地球运行到太阳与月亮之间且三者连成一条直线

九月十五日晚月食必然发生

祖冲之的推断用了度果法，这是合因一果之度果的情况。

合因一果之度果的公式如下：

S 有 A、B 和 C 则 P

已知 S 有 A、B 和 C

必然 P

在公式中，S 表示一个一般事物，A、B、C 表示若干条件或原因，P 表示一个结果。"S 有 A、B 和 C 则 P"是已知前提，"已知 S 有 A、B 和 C"是已知原因，"必然 P"是推测出的结论。

“地球运行到太阳与月亮之间且三者连成一条直线”和“月食现象”之间是合因一果关系，具备了合因中的所有原因必定会产生其结果。

12. 孙思邈发现“老鹤草”

孙思邈是我国唐代著名的医学家，被后人尊为“药王”。

孙思邈到四川峨眉山采药，看到一只老鹤在山岩上啄食一种草。他知道，许多动物生病后都会自己找药吃。这只老鹤长年累月生活在江河湖沼中，最容易受阴湿之气，难道它是在吃药治病？孙思邈立即攀上山岩，采了许多老鹤啄食的那种草。

孙思邈回到住处，用水把草熬了些药汁，服后觉得浑身筋骨舒展，血脉通畅。于是，他用这种草药为一位长期患严重风湿病的渔夫治疗。结果，渔夫服了一剂就疼痛减轻，服两剂则红肿消退，连服五剂便正常走路了。

此后，孙思邈就用这种草治疗风湿病。这草是老鹤找到的，孙思邈就把它叫作“老鹤草”。

评析

孙思邈知道许多动物有自己医病的本能，他还知道长年生活在水中的仙鹤容易患风湿病。当他见到仙鹤啄食一种草，把事情联系起来，就找到了二者之间的因果关系，推断老鹤草能治疗风湿病。

孙思邈的联系过程如下：

吃了老鹤草

<u>仙鹤的风湿症则能好</u>

仙鹤吃了老鹤草风湿症则能好

孙思邈的发现借助了联缘法，这是某事物与某介入之因素相联缘的情况。

某事物与某介入之因素相联缘的公式如下：

M 介入

S 则 P

S 有 M 介入则 P

在公式中，S、M 表示两个事物，P 表示一个结果。“M 介入，S 则 P”是联系过程，“S 有 M 介入则 P”是联系出的结论。

孙思邈由仙鹤联想到人，仙鹤吃了老鹳草风湿症则能好，仙鹤是脊椎动物，渔夫也是脊椎动物，就类比出“渔夫吃了老鹳草风湿症也能好”的结论。

孙思邈的类比推导过程如下：

仙鹤吃了老鹳草风湿症则能好

仙鹤是脊椎动物

渔夫也是脊椎动物

渔夫吃了老鹳草风湿症也能好

孙思邈的推导用了类比法，这是对事物因果关系进行类比推导的情况。

事物因果关系之类比的公式如下：

S_1 有 A（B、C）则 P

S_1 属于 S

S_2 也属于 S

S_2 有 A（B、C）则 P

在公式中，S 表示一个一般事物，S_1、S_2 表示两个从属于 S 的个别事物，A（B、C）表示若干条件或原因，P 表示一个结果。“S_1 有 A（B、C）则 P”是已知前提，“S_1 属于 S，S_2 也属于 S”是类比过程，“S_2 有 A（B、C）则 P”是类比出的结论。

孙思邈类比出的“渔夫吃了老鹳草风湿症也能好”的结论正确，根据推导，他用老鹳草治好了渔夫的风湿症。

13. 孙思邈治疗“雀盲眼”

孙思邈发现贫苦百姓容易得“雀盲眼”（学名夜盲症），而有钱富人却很少有人得这种病。患“雀盲眼”的病人白天视力很正常，一到晚上，就像麻雀一样什么也看不清了。

为什么穷人容易得“雀盲眼”，而富人少有人得这种病呢？孙思邈想到，穷人很少吃荤，而富人常吃大鱼大肉，得“雀盲眼”应该和不吃荤有关。

于是，孙思邈便让得“雀盲眼”的病人多吃些动物肝脏。结果，病人的“雀盲眼”都逐渐好了。

评析

孙思邈观察到，穷人不吃荤则得“雀盲眼”，富人吃荤则不得“雀盲眼”。很显然，两个场合中的不同条件是吃不吃荤，也就弄清了不吃荤是穷人得“雀盲眼”的原因。

孙思邈的探求过程如下：

穷人不吃荤则得“雀盲眼”

富人吃荤则不得“雀盲眼”

不吃荤是穷人得“雀盲眼”的原因

孙思邈借助了觅差法，这是无因有果与有因无果之觅差的情况。

无因有果与有因无果之觅差的公式如下：

S 无 A 则有 P

S 有 A 则无 P

A 是 S 所以 P 的原因

在公式中，S 表示觅差之事物，A 表示一个条件或原因，P 表示一个结果。“S 无 A 则有 P，S 有 A 则无 P ”是觅差过程，“A 是 S 所以 P 的原因”是探寻出的结论。

“雀盲眼”即夜盲症，由于缺乏维生素A导致。多吃含维生素A的食物，如猪肝等，很快就会痊愈。

14. 曹绍夔除“妖”

唐朝开元年间，洛阳有座寺庙。老和尚买了一只铜磬放在房中。不料，铜磬常常“嗡嗡”作响。老和尚以为是妖怪作祟，心神不宁，愈想愈怕，竟然吓出一场大病。请来法师降“妖”，但用尽各种方法也没把“妖”除掉，铜磬依然“嗡嗡”作响。

曹绍夔来探望老和尚，不相信有鬼怪，把铜磬仔细观察了一番。此时，庙里响起开饭的钟声，铜磬也“嗡嗡”地响起。曹绍夔没有惊慌，冷静地注视着“嗡嗡”作响的铜磬。不一会儿，开饭的钟声停了，铜磬的“嗡嗡”声也随之停止。曹绍夔突然明白了其中的道理，笑着对老和尚说：“明天，你请我吃酒，我帮你除妖。”老和尚将信将疑地点头答应了。

第二天，曹绍夔又来到寺庙，酒足饭饱后，从怀中取出一把锉刀，在铜磬上锉了几下，然后笑嘻嘻地说：“和尚，‘妖’被我除掉了。”老和尚很奇怪，再三追问其中缘故。

曹绍夔解释说：“这只铜磬是不是当庙里的大钟敲响时才会跟着响？因为铜磬的音律与大钟相同，大钟一响，它就跟着响起来。我把铜磬锉了几下，改变了铜磬的音律，它就不再跟着大钟‘嗡嗡’作响了。哪里有什么妖怪呢？”

果然，从此以后，铜磬真的不再“嗡嗡”作响了，老和尚的病也好了。

曹绍夔所说的音律，即现在物理学中的振动频率。由于铜磬的固有频率与大钟相同，会随着大钟的钟声产生共振，于是便出现了自鸣现象。

评析

曹绍夔观察到，大庙的钟声响了，铜磬便随之“嗡嗡”作响，把事情联系起来，便发现了二者之间的因果关系。

曹绍夔的联系过程如下：

出现钟声

铜磬则自鸣
———————

铜磬遇到钟声则自鸣

曹绍夔的推导用了联缘法，这是某事物与某介入之因素相联缘的情况。

某事物与某介入之因素相联缘的公式如下：

M 介入

S 则 P
———————

S 有 M 介入则 P

在公式中，S、M 表示两个事物，P 表示一个结果。“M 介入，S 则 P”是联系过程，“S 有 M 介入则 P”是联系出的结论。

曹绍夔发现“铜磬遇到钟声则自鸣”，由于他懂音律，知道这是铜磬的固有频率与钟声相同，会随着钟声产生共振，出现自鸣现象，也就找到了铜磬自鸣的原因。

15. 沈括论海潮

沈括编著的《梦溪笔谈》中有一篇题为《海潮》的文章：“卢肇论海潮，以谓日出没所激而成，此极无理。若因日出没，当每日有常，安得复有早晚？予尝考其行节，每至月正临子、午则潮生，候之万万无差。此以海上候之，得潮生之时，去海远即须据地理增添时刻。月正午而生者为潮，则正子而生者为汐；正子而生者为潮，则正午而生者为汐。”

潮汐是海水发生周期性涨落的一种自然现象。卢肇认为，潮汐变化是由于“日出没所激而成”。沈括认为，卢肇的说法没有道理，如果潮汐随太阳出没而变化，那么就不会白昼、黑夜都有潮汐。

沈括考察过潮汐的变化规律，每当月球运行到月正午（月球运行到天顶正中为月正午）或月正子（月球运行到天底正中为月正子）的时候，海水则出现潮汐现象。月正子可以在白昼也可以在黑夜，月正午也如是。他反复观察多次，都没出现过误差。因此，沈括认为潮汐的变化是由月球所引起。

如今，天文学家已经计算出，月球引潮力约为太阳引潮力的 2.2 倍，说明沈括的结论是正确的，卢肇的说法是错误的。

评析

沈括观察到，月球运行到天正中，海水则出现潮汐，把事情联系起来，发现了二者之间的因果关系，得出了“海水遇月球运行到天正中则出现潮汐”的结论。

沈括的联系过程如下：

月球运行到天正中

海水则出现潮汐
____

海水遇月球运行到天正中则出现潮汐

沈括的推导用了联缘法，这是某事物与某变化之因素相联缘的情况。

某事物与某变化之因素相联缘的公式如下：

M 变化

S 则 P
____

S 有 M 变化则 P

在公式中，S、M 表示两个事物，P 表示一个结果。“M 变化，S 则

P”是联系过程，“S有M变化则P”是联系出的结论。

沈括观察到“海水遇月球运行到天正中则出现潮汐”，因而推断出“潮汐的变化是由月球所引动”的结论正确。

16. 唐伯虎智点鸳鸯谱

话说这一天，唐伯虎偕同秋香造访华府，华太师盛情款待。

这时，春香、夏香、冬香三个丫鬟已分别与华平、华吉、华庆三个人结成姻缘，并且各生一女，分别取名小桃、小荷、小梅。众人得知唐伯虎和秋香来了，都前来看望。

秋香说:“我还不知道你们谁和谁是夫妻呢。”

春香调皮地说:“姐姐猜猜看。”

秋香说:“要我猜，也要透露点些信息呀。”

春香点点头，说:“我告诉姐姐，我的女儿不是小梅，我的丈夫不是华吉，华吉的女儿是小荷。”

夏香说:“秋香姐姐，我的丈夫不是华庆，华庆的女儿不是小桃。”

冬香正要开口，不料唐伯虎接口道:“不必再说了，我已经猜着了。华平、春香、小桃是一家，华吉、夏香、小荷是一家，华庆、冬香、小梅是一家。对不对呀?”唐伯虎说完，得意地笑起来。

华太师听了，笑道:“好个唐伯虎，善点鸳鸯谱，都被你猜中了。”

那么，唐伯虎是怎样猜中的?

评析

唐伯虎用的是排除法。根据题意，春香、夏香、冬香的丈夫各有三种可能，她们的女儿也各有三种可能。我们先看春香的女儿和丈夫是谁?

根据春香说的“我的女儿不是小梅”，排除了小梅的可能；再根据她说的“我的丈夫不是华吉，华吉的女儿是小荷”，排除了小荷的可能。排除结果，春香的女儿是小桃。

根据春香说的“我的丈夫不是华吉”，排除了华吉的可能；根据夏香说的“华庆的女儿不是小桃”和已知结论“春香的女儿是小桃”，排除了华庆的可能。排除结果，春香的丈夫是华平。

我们再看夏香的丈夫和女儿是谁？

根据夏香说的“我的丈夫不是华庆”，排除了华庆的可能；根据已知结论“春香的丈夫是华平”，排除了华平的可能。排除结果，夏香的丈夫是华吉。再根据春香说的“华吉的女儿是小荷”，可推知夏香的女儿是小荷。

最后，我们再看冬香的丈夫和女儿是谁？

根据上面得出的结论，排除了冬香的丈夫是华平、华吉的可能，她的丈夫是华庆；排除了她的女儿是小桃、小荷的可能，冬香的女儿是小梅。

唐伯虎运用排除法，猜得很正确：华平、春香、小桃是一家，华吉、夏香、小荷是一家，华庆、冬香、小梅是一家。

17. 桃花治狂症

《本草纲目》曾记载：“范纯佑女丧夫发狂，闭之室中，夜断窗棂，登桃树上食桃花几尽。及旦家人接下，自是遂愈也。”宋朝时，范仲淹的孙女因为丈夫去世，精神受到刺激，被关在屋子里。当时正值春季，窗外的桃树开满了桃花。夜里，范女跳窗爬到桃树上，把桃花几乎吃光了。第二天早晨，家人把她从树上接下来时，发现她已经不疯了。

李时珍解释说：“此亦惊怒伤肝，痰夹败血，遂致发狂。偶得桃花利痰饮、散滞血之功，与张仲景治积热发狂用承气汤，蓄血发狂用桃仁承气汤之意相同。”

于是，古人评述说：“桃花利痰饮，散滞血，故能取效。”也就是说，桃花有治瘀血发狂的作用。

评析

古人观察到吃了桃花，范女的狂症则好了，把事情联系起来，发现了二者之间的因果关系。

联系过程如下：

吃了桃花

范女的狂症则好了

范女吃了桃花狂症则好了

古人的探索借助了联缘法，这是某事物与某介入之因素相联缘的情况。

某事物与某介入之因素相联缘的公式如下：

M 介入

S 则 P

S 有 M 介入则 P

在公式中，S、M 表示两个事物，P 表示一个结果。“M 介入，S 则 P”是联系过程，“S 有 M 介入则 P”是联系出的结论。

古人发现“范女吃了桃花狂症则好了”，从中受到启发，知道桃花疏肝散气，消痰化瘀，而且性质平和，所以有一定作用。

18. 蟠桃会八仙射金钱

相传三月三是王母娘娘的生日，汉钟离、吕洞宾、李铁拐、张果老、曹国舅、韩湘子、蓝采和、何仙姑等八位神仙，应邀去瑶池赴蟠桃盛会，因路上贪恋山光水色来迟了。

八仙正欲入座，王母娘娘说道：“列位仙卿，为何姗姗来迟？且休急就座。今年盛会不同往年，今日设一‘箭射金钱’的游戏，射中者方可得到仙桃一枚。”

八仙疑惑不解，太白金星上前解释道：“列位请看，百步之遥，设一箭靶，靶上画一金钱。射中金钱者方许品尝仙桃一枚。各路神仙均已射过，请列位也照此游戏。”说罢，让八仙各将姓名写在箭上，然后轮流去射。

八仙写好姓名，弯弓搭箭，依次而射。监靶仙使向太白金星报道：“只有一支箭射中金钱。”

八仙急切地问道：“谁射中了？”太白金星笑道：“列位猜猜看。”

张果老说：“我猜，不是韩湘子就是汉钟离。”

汉钟离说：“不可能是我，也不是韩湘子。”

韩湘子说：“我猜，就是我射中的。”

何仙姑说：“韩湘子，我猜不是你射中的。”

吕洞宾说：“我猜，就是韩湘子射中的。”

李铁拐说：“不是韩湘子，是蓝采和。”

蓝采和说：“我可没射中。”

曹国舅说：“蓝采和，就是你射中的。”

八仙议论纷纷，只听王母娘娘说道：“八位仙卿同来赴会，只有一位射中，另外七位岂不扫兴？我再给列位仙卿一次机缘，适才哪位猜到是谁射中或谁没有射中，也可得到仙桃一枚。”说罢，便命张果老靶前亲自验看。

张果老验看之后，大笑起来：“哈哈，我猜对了，我能得到一枚仙桃了。还有两位也猜对了。”

请回答：哪几位仙人能吃到仙桃。

评析

这则智力题要用排除法解答。根据题意，八仙中有一位射中金钱，有三位猜到是谁射中或谁没有射中。

张果老说他猜对了，他猜的是韩湘子或汉钟离。据此，可做出射中者是韩湘子或汉钟离两种假设。

我们先看“射中者是韩湘子”的假设是否成立。如果“射中者是韩湘子”，那么，汉钟离说的“不是韩湘子”、何仙姑说的“不是韩湘子”、李铁拐说的“不是韩湘子”、曹国舅说的“是蓝采和”都猜错了；张果老说的“是韩湘子”、韩湘子说的“是我射中的”、吕洞宾说的“是韩湘子”、蓝采和说的“我没射中”都猜对了。猜错者有四位，猜对者也有四位，这与张果老说的“我猜对了……还有两位也猜对了”的条件不符。因此，“射中者是韩湘子”的假设不能成立，要排除此假设，射中者只能是汉钟离。

我们检验一下，射中者是汉钟离的结论是否正确。

如果“射中者是汉钟离”，那么，汉钟离说的“我没射中”、韩湘子说的“是我射中的”、吕洞宾说的“是韩湘子”、李铁拐说的“是蓝采和”、曹国舅说的“是蓝采和”都猜错了；张果老说的“是汉钟离”、何仙姑说的“不是韩湘子”、蓝采和说的“我没射中”则都猜对了。猜错者有五位，猜对者有三位，这与张果老说的“我猜对了……还有两位也猜对了”的条件相符。

因此，“射中者是汉钟离”的结论正确。

这则智力题的答案是：射中者是汉钟离，猜中者是张果老、何仙姑与蓝采和，这四位仙人各得到一枚仙桃。

19.“神曲”的传说

相传，有一位民间大夫发现自家鸡窝里的鸡蛋经常不翼而飞。他便留心观察，发现是一条蛇所为。于是，他决定惩罚一下这条蛇。他用石灰裹着石子做了几枚假鸡蛋，放在鸡窝里面。

不久，他看到蛇爬进鸡窝将那几枚假蛋吞下了。不一会儿，蛇就痛苦挣扎起来，然后它忍着痛苦爬进草丛拼命地吞食一种毛茸茸的小草。不多时，蛇排出了一堆石灰、石子的粪便后就爬走了。之后，他发现这种草能治消化不良。

于是，他以这种草为主药，研制出治疗消化不良的药——神曲。

评析

大夫观察到，蛇吃了一种草，则排泄出石灰、石子等杂物，把事情联系起来，就发现了二者之间的因果关系。

联系过程如下：

吃了一种草

蛇则排泄出石灰、石子等杂物

蛇吃了这种草则排泄出石灰、石子等杂物

古人的探索借助了联缘法，这是某事物与某介入之因素相联缘的情况。

某事物与某介入之因素相联缘的公式如下：

M 介入

S 则 P

S 有 M 介入则 P

在公式中，S、M 表示两个事物，P 表示一个结果。“M 介入，S 则 P”是联系过程，“S 有 M 介入则 P”是联系出的结论。

古人发现“蛇吃了一种草则排泄出石灰、石子等杂物”，从中受到启发，用蛇吃过的草研制出治疗消化不良的药——神曲。

20. 梅花鹿洗温泉

相传在长白山下有一处热气腾腾从不上冻的温泉，边上住着一位老汉。一天清晨，老汉出门挑水，看见一只小梅花鹿一瘸一拐地走到温泉边，把受伤的腿慢慢伸进泉水，泡了一顿饭的工夫才走。老汉很好奇，天天清晨到温泉边去观察。他见小鹿一天来泡一趟，腿一天比一天好，后来一点儿也不瘸了。他猜想，这温泉八成能治病。

有一天，老汉砍柴时扭到了腰，因为没钱治病，心里很着急。忽然，老汉想起了小鹿：温泉能把小鹿的腿伤泡好，难道就不能把我的腰伤泡好吗？于是，他拄着棍子来到温泉边，泡完之后觉得很舒服，腰也不那么疼了。他一连泡了五六天，最后把腰伤泡好了。

老汉高兴极了，把这件事告诉了乡亲们。于是，大家都来到温泉泡澡治病。

评析

老汉观察到，泡了温泉，小鹿的腿伤则好了，把事情联系起来，就发现了二者之间的因果关系。

老汉的联系过程如下：

泡了温泉

小鹿的腿伤则好了
______

小鹿泡了温泉腿伤则好了

老汉的结论用了联缘法，这是某事物与某介入之因素相联缘的情况。

某事物与某介入之因素相联缘的公式如下：

M 介入

S 则 P
______

S 有 M 介入则 P

在公式中，S、M 表示两个事物，P 表示一个结果。“M 介入，S 则 P”是联系过程，“S 有 M 介入则 P”是联系出的结论。

老汉的腰扭伤，他想，小鹿泡温泉腿伤则好了，小鹿的伤是筋骨伤，自己的伤也是筋骨伤，类比出“我泡了温泉腰伤也会好”的结论。

老汉的类比推导过程如下：

小鹿泡了温泉腿伤则好了

小鹿的腿伤是筋骨伤

老汉的腰伤也是筋骨伤

老汉泡了温泉腰伤也会好

老汉的推导用了类比法，这是对事物因果关系进行类比推导的情况。

事物因果关系之类比的公式如下：

S_1 有 A（B、C）则 P

S_1 属于 S

S_2 也属于 S

S_2 有 A（B、C）则 P

在公式中，S 表示一个一般事物，S_1、S_2 表示两个从属于 S 的个别事物，A（B、C）表示若干条件或原因，P 表示一个结果。“S_1 有 A（B、C）则 P”是已知前提，“S_1 属于 S，S_2 也属于 S”是类比过程，“S_2 有 A（B、C）则 P”是类比出的结论。

老汉类比出的“老汉泡了温泉腰伤也会好”的结论正确，因此他连泡了五六天温泉，也把腰伤治好了。

21. 曲焕章发明云南白药

云南白药也叫“曲焕章白药”。曲焕章，字星阶，世居云南江川县（现为江川区）后卫赵官村，云南白药创始人。曲焕章是怎样研制出云南白药的呢？

相传，某日曲焕章上山采药，偶遇两条蛇打架，打完之后一条蛇受伤严重，盘踞在一株草上蠕动，曲焕章躲在不远处仔细观察。片刻之后，蛇游走离开。曲焕章惊奇地发现，原本遍体鳞伤、气息奄奄的蛇，进入草丛后不久便止住血。曲焕章由此断定，那株草必有神奇之处。于是等蛇远去，曲焕章采集了这种开白花的草，回去反复研究，从而研制出了治疗跌打损伤的草药——百宝丹。

新中国成立后，曲焕章遗孀缪兰英将秘方无偿献给国家，正式改名为“云南白药”。

评析

曲焕章观察到，吃了一种草，蛇的伤口很快就止住了血。把事情联系起来，就发现了二者之间的因果关系。

曲焕章的联系过程如下：

吃了一种草

蛇则止住了血

蛇吃了这种草则止住了血

曲焕章的探索借助了联缘法，这是某事物与某介入之因素相联缘的情况。

某事物与某介入之因素相联缘的公式如下：

M 介入

S 则 P

S 有 M 介入则 P

在公式中，S、M 表示两个事物，P 表示一个结果。“M 介入，S 则 P”是联系过程，“S 有 M 介入则 P”是联系出的结论。

曲焕章发现“蛇吃了一种草则止住了血”，从中受到启发，对民间治伤验方和草药进行了广泛收集整理，研制出了治疗跌打损伤的良药——云南白药。

22. 古井在哪儿？

有一则智力题：赵一、赵二两兄弟，一个老实，说真话；一个调皮，专说反话。赵庄村头有一口古井，张庄的张三不知道古井是在村东头还是在村西头，也不知道赵一、赵二两人谁说真话谁说反话。

有一天，张三来到赵庄，遇见了赵一。张三问赵一："如果我问你的兄弟赵二：'古井在村东头还是村西头？'他将会如何回答？"赵一回答了张三的问话。

于是，张三根据赵一的回答，立即推测出了古井的正确位置。

请回答：张三是如何推测的。

评析

张三是应用排除法推测的。

根据题意，古井的位置可能在村东头，也可能在村西头；赵一可能说真话，也可能说反话。

张三巧妙地问赵一："如果我问你的兄弟赵二：'古井在村东头还是村西头？'他将会如何回答？"

赵一如果说真话，他一定会如实转述赵二的反话，把古井的位置讲错；赵一如果说反话，他一定会故意把赵二的真话说成反话，把古井的位置讲错。也就是说，无论赵一说真话还是说反话，他都会把古井的位置讲错。

张三是这样推测的：如果赵一说赵二会回答"古井在村东头"，就排除了在村东头的可能，可推知古井在村西头；如果赵一说赵二会回答"古井在村西头"，就排除了在村西头的可能，可推知古井在村东头。无论赵一如何回答，张三都能立即推知古井的正确位置。

张三的聪明之处在于，他向赵一提出了巧妙的问话，无论赵一如何回答，都为他进行排除推导提供了充足可靠的依据。

23. 吴吉昌科学种棉花

农民科学家吴吉昌科学种棉，先后培植出“冷床育苗”等十多项棉花栽培新方法和“一株双秆”“多秆两层”新株型棉，为提高棉花产量、解决棉花脱蕾落桃问题做出重大贡献。

吴吉昌是怎样培植棉花新品种的呢？吴吉昌发现，瓜农在甜瓜苗刚长出两片真叶时，就把甜瓜苗的顶心打掉，这样两片真叶的腋心会长出两根蔓，并且坐瓜早，结瓜多，还不脱蕾，能使甜瓜增产。吴吉昌分析，棉花和甜瓜都是农作物，既然甜瓜打掉顶心能增产，棉花打掉顶心也能增产。于是，吴吉昌进行了棉花打顶心的实验，成功地培育出了“一株双秆”的棉花新品种，大大提高了棉花产量。实践证实，他得出的结论正确。

吴吉昌继“一株双秆”之后，又培育出一种“多秆两层”新株型的棉花，比“一株双秆”棉增加五至六个桃，在解决棉花脱蕾落桃难题上闯出一条道路。

评析

吴吉昌发现，甜瓜苗打掉顶心会增产，又想到棉花与甜瓜都是农作物，就类比出“棉花打掉顶心也会增产”的结论，从而培育出“一株双秆”棉花新品种。

吴吉昌的类比推导过程如下：

甜瓜打掉顶心会增产

甜瓜属于农作物

棉花也属于农作物

棉花打掉顶心也会增产

吴吉昌的推导用了类比法，这是对事物因果关系进行类比推导的情况。

事物因果关系之类比的公式如下：

S_1有A（B、C）则P

S_1属于S

S_2也属于S

S_2有A（B、C）则P

在公式中，S表示一个一般事物，S_1、S_2表示两个从属于S的个别事物，A（B、C）表示若干条件或原因，P表示一个结果。“S_1有A（B、C）则P”是已知前提，“S_1属于S，S_2也属于S”是类比过程，“S_2有A（B、C）则P”是类比出的结论。

吴吉昌类比出的“棉花打掉顶心也会增产”的结论正确，从而成功地培育出“一株双秆”的棉花新品种，大大提高了棉花产量，被誉为农民科学家。

24. 李四光勘测出大型油田

谈起中国石油、天然气的前景如何时，著名地质学家李四光乐观地做出肯定的答复。中国曾经多次被国外专家断言为“贫油国”，但李四光不相信只有外国才能出产石油。

李四光对我国的地质结构进行了长期深入的勘测研究。他发现，东北松辽平原及华北平原的地质结构与中亚细亚地区极为相似，都属于沉降带地质结构。既然中亚细亚蕴藏着大量石油，因而推断，松辽平原及华北平原地区很可能也蕴藏着大量石油。后来，大庆油田、胜利油田、大港油田、华北油田等大型油田被相继发现，证实李四光的推断正确。

根据李四光的科学论断，中国人开发出了自己的大型油田，甩掉了“贫油国”的帽子。

评析

李四光知道，中亚细亚地区地下蕴藏着大量石油。他通过调查研究发现，松辽平原及华北平原的地质结构与中亚细亚极为相似，都属于沉降带地质结构，就类比出“松辽平原及华北平原也蕴藏着大量石油”的结论。

李四光的类比推导过程如下：

中亚细亚地区蕴藏着大量石油

中亚细亚地区属于沉降带地质结构

<u>松辽平原、华北平原地区也属于沉降带地质结构</u>

松辽平原、华北平原地区也蕴藏着大量石油

李四光的推导用了类比法，这是对事物属性进行类比推导。

事物属性之类比的公式如下：

S_1 有 A

S_1 属于 S

<u>S_2 也属于 S</u>

S_2 有 A

在公式中，S 表示一个一般事物，S_1、S_2 表示两个从属于 S 的个别事物，A 表示事物的一种属性。“S_1 有 A”是已知前提，“S_1 属于 S，S_2 也属于 S”是类比过程，“S_2 有 A”是类比出的结论。

李四光类比推导出的“松辽平原、华北平原地区也蕴藏着大量石油”的结论正确。

25. 段元星用肉眼发现一颗新星

1975 年 8 月 30 日 19 点 35 分，我国江西省宁都县的段元星观察到，在天鹅星座的天津四星东北方多了一颗明亮的星。这是什么星呢？可能是颗变星，也可能是颗人造卫星，还可能是颗新星。

段元星根据所掌握的天文知识知道，那个空间位置没有变星，排除了变星的可能；段元星目不转睛地观察了一分多钟，这颗星没有移动位置，又排除了人造卫星的可能。排除到这里，段元星立即激动起来，因为他预测那是颗新星。

段元星用自制的天文望远镜观测那颗星，查对了位置，测定了亮度，经过一番分析，证实那确实是一颗新星。他立即写了一份《关于发现新星的报告》，第二天寄给了北京天文台和南京紫金山天文台。然后，他又给北京天文台加拍了一份电报。北京天文台于当天下午收到段元星的电报，立即报告了中国科学院。

9 月 1 日下午，中国科学院给段元星打来长途电话，热烈祝贺他发现了新星。

段元星的发现震惊了世界。1978 年 2 月，他被中国科学院破格录取为北京天文台研究生，后为北京天文台研究员。

据有关资料介绍，段元星发现的新星可以追溯到 4000 年前相当于我国大禹治水的年代。这颗新星爆发时产生的耀眼光芒，经过漫长的旅程，于 1975 年 8 月末抵达了地球。

评析

段元星观察到，在天鹅星座多了一颗明亮的星。他分析，这可能是颗变星，也可能是颗人造卫星，还可能是颗新星。

段元星知道那个空间位置没有变星，排除了是颗变星的可能；段元星观察了一分多钟，这颗星没有移动位置，又排除了是颗人造卫星的可能。排除结果，这一定是颗新星。

段元星的探索用了排除法。

排除法的公式如下：

S 可能是 A，可能是 B，可能是 C

S 不是 A，也不是 B

S 一定是 C

在公式中，S 表示所探寻的对象，A、B、C 表示若干可能因素。“S 可能是 A，可能是 B，可能是 C”是已知前提，“S 不是 A，也不是 B”是排除过程，“S 一定是 C”是排除后的结论。

段元星借助于排除法，发现了一颗新星。实践证实，他的推测结果正确。

26. 鸽子辨认方向之谜

鸽子能从几百公里，甚至几千公里之外飞回自己的家，它是怎样辨认方向的呢？长期以来，一直是个不解之谜。后来有人提出一种猜测，鸽子是靠两眼间突起的部分辨别地球磁场来辨认方向的。

为了检验这种猜测是否正确，研究人员做了多次实验。他们把几百只信鸽分为两组，一组信鸽身上缚有小磁铁，另一组没有缚。然后，把两组信鸽运到几百公里之外的陌生地方同时放飞。结果，没有缚磁铁的信鸽两天之内绝大多数返回，缚有磁铁的信鸽 4 天之后仅有数只返回。

实验说明，小磁铁产生的磁场和地球磁场产生了干扰，使信鸽难以辨认地球磁场而迷失了方向，证实了鸽子利用地球磁场辨认方向的猜测是正确的。

研究人员发现，鸽子的喙部带有一种能够感应磁场的晶胞，通过它们可以和地磁场产生感应，于此揭开了鸽子的辨认方向之谜。

评析

研究人员把几百只信鸽分为两组进行实验，一组信鸽身上缚有小磁铁，另一组没有缚。然后，把两组信鸽运到几百公里之外的陌生地方同时放飞。结果，没有缚磁铁的信鸽两天之内绝大多数返回，缚有磁铁的信鸽4天之后仅有数只返回。

研究人员的对照过程如下：

鸽子缚有小磁铁则迷失方向

鸽子没缚小磁铁则不会迷失方向

磁铁是鸽子迷失方向的原因

研究人员运用对照法，这就是有因有果与无因无果之对照的情况。

有因有果与无因无果之对照的公式如下：

S有A则P

S无A则无P

A是S所以P的原因

在公式中，S表示对照之事物，A表示一个条件或原因，P表示一个结果。“S有A则P，S无A则无P”是对照过程，“A是S所以P的原因”是对照出的结论。

研究人员通过实验得出“磁铁是鸽子迷失方向的原因”，证实鸽子利用地球磁场辨认方向的猜测是正确的。

27. 聪明的徒弟

相传，山区一位老木匠有两个徒弟，只有十五六岁，但做起活儿来都很能干，分不出高低上下。一天，老木匠想考考两个徒弟，看看哪一个更聪明些。恰好刚有个老朋友千里迢迢来看望老木匠，给他带来不少花生。山里的人从来不种花生，除了老木匠走南闯北见过花生，其他人都也没见过。于是，老木匠有了主意。

老木匠把两个徒弟叫到跟前，说道：“我给你们每人一簸箕花生，也出个难题：是不是每粒花生仁儿都包着粉衣。谁考虑好了，就到我这里回答。现在，你们就拿着花生回家去吧。”听完师父的话，两个徒弟各端着一簸箕花生回家了。

大徒弟端着簸箕大步流星地赶回家，连饭也顾不上吃，就赶紧剥起花生，忙得出了一身汗。为了抢时间，他还发动全家人一起剥花生。

二徒弟不像师兄那样着急，他不慌不忙地端着簸箕回到家，但没有马上动手剥。他看着花生思索了一会儿，给花生分了分类：按花生的仁儿数，一个仁儿的分一类，两个仁儿的分一类，三个仁儿的分一类。然后，他在分好的各类里，挑选出一些颗粒饱满的，又挑选出一些干瘪的。通过如此分类挑选，总共挑出几十个花生。

二徒弟把这几十个花生一一剥开，发现不论是一个仁儿的、两个仁儿的、三个仁儿的，还是饱满的、干瘪的，都有包着粉衣。这时，他自言自语地说：“不用剥了，我全知道了。”

大徒弟剥啊剥啊，直到把一簸箕花生全剥完，才带着剥好的花生仁儿急急忙忙向师父报告。等他赶到师父那里一看，师弟早已在等他了。

老木匠见两个徒弟都来了，就说：“你们现在分别回答我的问题吧。按时间先后，二徒弟先到的，就先说说吧。”

二徒弟说：“我把花生分类后分别剥了几十个花生，发现每种花生都有包着粉衣。因此，我知道簸箕里的所有花生仁儿都包着粉衣。”

大徒弟说：“我剥完了全部的花生，才发现簸箕里的花生仁儿都包着粉衣。看来，还是师弟比我聪明。”

老木匠望着二徒弟，满意地笑了。

评析

二徒弟之所以很快就弄清了所有花生都包着粉衣，是因为他用逻辑方法进行思索并实践。

首先，二徒弟对一簸箕花生进行简单分类。这个思索过程用了分类法。

然后，二徒弟分别剥开几个两个仁儿的、三个仁儿的、饱满的、干瘪的花生，知道它们都包着粉衣，以此为据类推，即可逐个推知，两个仁儿的、三个仁儿的、饱满的、干瘪的花生都包着粉衣。这个推导过程又用了事物属性类比法。

事物属性之类比的公式如下：

S_1 有 A

S_1 属于 S

<u>S_2 也属于 S</u>

S_2 有 A

在公式中，S 表示一个一般事物，S_1、S_2 表示两个从属于 S 的个别事物，A 表示事物的一种属性。"S_1 有 A"是已知前提，"S_1 属于 S，S_2 也属于 S"是类比过程，"S_2 有 A"是类比出的结论。

二徒弟继而概括出一个仁儿的花生、两个仁儿的花生、三个仁儿的花生、饱满的花生、干瘪的花生等都是花生，就归纳出了"所有花生都包着粉衣"的结论。

二徒弟的归纳推导过程如下：

一个仁儿的花生包着粉衣

两个仁儿的花生包着粉衣

三个仁儿的花生包着粉衣

饱满的花生包着粉衣

干瘪的花生包着粉衣

<u>一个仁儿的花生、两个仁儿的花生、三个仁儿的花生、饱满的花生、干瘪的花生都是花生</u>

所有花生都包着粉衣

二徒弟的推导用了归纳法，这是对事物属性进行归纳推导的情况。

事物属性之归纳的公式如下：

S_1 有 A

S_2 有 A

………

S_n 有 A

S_1、S_2……S_n 都属于 S

S 有 A

在公式中，S 表示一个一般事物，S_1、S_2、S_n 等表示若干从属于 S 的个别事物，A 表示事物的一种属性。“S_1 有 A，S_2 有 A……S_n 有 A”是已知前提，“S_1、S_2……S_n 都属于 S”是概括过程，“S 有 A”是归纳出的结论。

二徒弟用分类法、类比法和归纳法进行了推导，尽管他只剥开了一部分花生，但很快推导出一簸箕的花生都包着粉衣。

大徒弟没有用逻辑方法进行思索，而是逐个剥开所有花生进行了实际检验。他得出的结论肯定非常可靠，但使用的方法太笨拙了。

毛泽东说：“如果有问题，就要从个别中看出普遍性。不要把所有的麻雀统统捉来解剖，然后才证明‘麻雀虽小，肝胆俱全’。从来的科学家都不是这么干的。”[1]

大徒弟所用的方法，就是“把所有的麻雀统统捉来解剖”的方法。这个方法，也就是逻辑史上“完全归纳”派所坚持的不正确的逻辑方法。

[1] 毛泽东选集：第 5 卷 . 北京：人民出版社，1977 ：206.

28. 姑娘们的节日礼物

小燕、小莉、小霞和小洁是要好的同学。她们各买了一份礼物互相赠送，每份礼物都是一本书和一顶帽子。姑娘们对得到的礼物都很满意，当时就都戴上帽子，高兴地读起书来。

现在已知：

1. 戴黄帽子的姑娘正读《巴黎圣母院》。

2. 小燕的帽子和书是小莉赠送的。

3. 小莉戴着紫帽子正读《神秘岛》。

4. 小霞正读《茶花女》，她买的不是紫帽子。

5. 小洁戴着蓝帽子，她买的不是《茶花女》。

请回答：谁买的《悲惨世界》，谁买的红帽子。

评析

这则智力题要用排除法解答。

根据题意：姑娘们买的书是《茶花女》、《巴黎圣母院》、《悲惨世界》和《神秘岛》，买的帽子有红色、黄色、蓝色和紫色。我们先看看，她们各得到了什么礼物。

我们先看小莉得到的什么礼物。根据已知条件“小莉戴着紫帽子正读《神秘岛》”，可知，小莉得到的是《神秘岛》和紫帽子。

我们再看小霞得到的什么礼物。根据已知条件“小霞正读《茶花女》”，可知，小霞得到的书是《茶花女》。

小霞得到的什么帽子呢？根据已知条件“小莉戴着紫帽子正读《神秘岛》”，排除了紫帽子的可能；根据已知条件“小洁戴着蓝帽子”，排除了蓝帽子的可能；根据已知条件“小霞正读《茶花女》”、“戴黄帽子的姑娘正读《巴黎圣母院》”，排除了黄帽子的可能。排除结果，小霞得到的是红帽子。

我们再看小洁得到的什么礼物。根据已知条件“小洁戴着蓝帽子”，可知，小洁得到的是蓝帽子。小洁得到的什么书呢？根据已知条件“小莉戴着紫帽子正读《神秘岛》”，排除了《神秘岛》的可能；根据已知条件“小霞正读《茶花女》”，排除了《茶花女》的可能；根据已知条件“小洁戴着蓝帽子”“戴黄帽子的姑娘正读《巴黎圣母院》”，排除了《巴黎圣母院》的可能。排除结果，小洁得到的是《悲惨世界》。

我们再看小燕得到的什么礼物。根据上面得出的结论，排除了小燕得到《神秘岛》《茶花女》《悲惨世界》和紫帽子、红帽子、蓝帽子的可能，她得到的是《巴黎圣母院》和黄帽子。

我们再看看，她们各买了什么礼物。

我们先看小莉买的什么礼物。根据已知条件“小燕的帽子和书是小莉赠送的”和已知结论“小燕得到的是《巴黎圣母院》和黄帽子”，可推知，小莉买的是《巴黎圣母院》和黄帽子。

我们再看小霞买的什么礼物。根据已知结论“小莉买的《巴黎圣母院》和黄帽子”，排除了《巴黎圣母院》和黄帽子的可能；根据已知结论“小霞得到的是《茶花女》和红帽子”，排除了《茶花女》和红帽子的可能；根据已知条件“小霞买的不是紫帽子”“小莉戴着紫帽子正读《神秘岛》”，排除了《神秘岛》和紫帽子的可能。排除结果，小霞买的是《悲惨世界》和蓝帽子。

我们再看小洁买的什么礼物。根据已知结论“小莉买的《巴黎圣母院》和黄帽子”，排除了《巴黎圣母院》和黄帽子的可能；根据已知结论“小霞买的《悲惨世界》和蓝帽子”，排除了《悲惨世界》和蓝帽子的可能；根据已知条件“小洁买的不是《茶花女》”和已知结论“小霞得到的是《茶花女》和红帽子”，排除了《茶花女》和红帽子的可能。排除结果，小洁买的是《神秘岛》和紫帽子。

我们再看小燕买的什么礼物。根据上面得出的结论，排除了小燕买《巴黎圣母院》《悲惨世界》《神秘岛》和黄帽子、蓝帽子、紫帽子的可能，她买的是《茶花女》和红帽子。

这则智力题的答案是：小霞买的《悲惨世界》，小燕买的红帽子。

29. 姑娘们各采的什么花

赵凤、钱莹、孙兰、冯燕、吴琼和温欣是要好的朋友。假日里，她们到山里游玩，回家前各采了一束野花。现在已知：

1. 她们采的花有野杜鹃、野芍药、野百合、野丁香、野桃花和野杏花。
2. 赵凤和采野杜鹃的喜欢跳舞。
3. 吴琼和采野桃花的喜欢唱歌。
4. 孙兰和采野芍药的喜欢读书。
5. 钱莹和温欣都喜欢旅游。
6. 采野芍药的喜欢和冯燕论诗。
7. 采野丁香的比赵凤个子高。
8. 采野杏花的比孙兰个子高。
9. 钱莹和采野杜鹃的喜欢打篮球。
10. 孙兰和采野丁香的喜欢太极拳。

请回答：姑娘们各采的什么花。

评析

这则智力题要用排除法解答。

根据题意，姑娘们各有采野杜鹃、野芍药、野百合、野丁香、野桃花或野杏花的可能。

根据已知条件“赵凤和采野杜鹃的喜欢跳舞”，排除了赵凤采野杜鹃的可能；根据已知条件“吴琼和采野桃花的喜欢唱歌”，排除了吴琼采野桃花的可能；根据已知条件“孙兰和采野芍药的喜欢读书”，排除了孙兰采野芍药的可能。

排除结果，赵凤、吴琼和孙兰各有采野丁香、野杏花或野百合的可能。

根据已知条件“采野丁香的比赵凤个子高”“孙兰和采野丁香的喜欢太极拳”，排除了赵凤和孙兰采野丁香的可能。

我们已知：“赵凤、吴琼和孙兰各有采野丁香、野杏花或野百合的可能。”

现在又知“排除了赵凤和孙兰采野丁香的可能”，排除结果，采野丁香的是吴琼。

现在的问题是：“赵凤、孙兰各有采野杏花或野百合的可能。”

根据已知条件“采野杏花的比孙兰个子高”，排除了孙兰采野杏花的可能。排除结果，采野杏花的是赵凤。那么很显然，采野百合的是孙兰。

现在知道，采野丁香的是吴琼，采野杏花的是赵凤，采野百合的是孙兰。

剩下的问题是：钱莹、冯燕和温欣各有采野杜鹃、野芍药或野桃花的可能。

根据已知条件“钱莹和采野杜鹃的喜欢打篮球”，排除了钱莹采野杜鹃的可能；根据已知条件“钱莹和温欣都喜欢旅游”和“采野芍药的喜欢和冯燕论诗”，排除了钱莹采野芍药的可能。排除结果，钱莹采的是野桃花。

最后剩下的问题是：冯燕和温欣各有采野杜鹃或野芍药的可能。

根据已知条件“采野芍药的喜欢和冯燕论诗”，排除了冯燕采野芍药的可能。排除结果，冯燕采的是野杜鹃。继而可知，温欣采的是野芍药。

这则智力题的答案是：赵凤采的是野杏花，钱莹采的是野桃花，孙兰采的是野百合，冯燕采的是野杜鹃，吴琼采的是野丁香，温欣采的是野芍药。

30. 姑娘们各是什么职业

安欣、苏芸、杜娟、林枫和何倩五位姑娘，她们的职业分别是：医生、护士、教师、演员和作家。现在已知：

1. 医生和安欣是小学同学。

2. 护士、教师和苏芸爱打乒乓球。

3. 杜娟和演员都喜欢美术。

4. 林枫和作家、教师都喜欢打太极拳。

5. 医生的发型和苏芸、杜娟的发型不同。

6. 作家送给苏芸一包普洱茶，送给何倩一包碧螺春。

7. 林枫和医生都爱唱歌。

8. 安欣怕水，作家和护士却喜欢游泳。

请回答：姑娘们各是什么职业。

评析

这则智力题要用排除法解答。

根据已知条件“护士、教师和苏芸爱打乒乓球”，排除了苏芸是护士和教师的可能。根据已知条件“医生的发型和苏芸、杜娟的发型不同”，排除了苏芸是医生的可能。根据已知条件“作家送给苏芸一包普洱茶，送给何倩一包碧螺春”，排除了苏芸是作家的可能。排除了护士、教师、医生和作家的可能，苏芸是演员。

根据已知条件“医生和安欣是小学同学”，排除了安欣是医生的可能。根据已知条件“安欣怕水，作家和护士却喜欢游泳”，排除了安欣是作家和护士的可能。再根据已知结论“苏芸是演员”，排除了安欣是演员的可能。排除了医生、作家、护士和演员的可能，安欣是教师。

根据已知条件“林枫和作家、教师都喜欢打太极拳”，排除了林枫是作家和教师的可能。根据已知条件“林枫和医生都爱唱歌”，排除了林枫是医生的可能。再根据已知结论“苏芸是演员”，排除了林枫是演员的可能。排除了作家、教师、医生和演员的可能，林枫是护士。

根据已知条件“医生的发型和苏芸、杜娟的发型不同”，排除了杜娟是医生的可能。根据已知条件“杜娟和演员都喜欢美术”，排除了杜娟是演员的可能。再根据已知结论“安欣是教师、林枫是护士”，排除了杜娟是教师和护士的可能。排除了医生、演员、教师和护士的可能，杜娟是作家。

最后再看何倩是什么职业。

已知“安欣是教师，苏芸是演员，杜娟是作家，林枫是护士”，排除了这些可能，何倩是医生。

这则智力题的答案是：安欣是教师，苏芸是演员，杜娟是作家，林枫是护士，何倩是医生。

31. 谁与谁是夫妻？

有四对夫妻在同一个单位工作，他们分别姓王、钱、李、周、孙、陈、吴、徐。现在已知：

1. 王结婚时周曾做客。
2. 周与钱的大衣的尺寸、款式、颜色一样。
3. 李的爱人是陈的爱人的表兄。
4. 未结婚前，周、李、徐曾经住在一起。
5. 陈氏夫妻外出时，吴、徐、周的爱人曾去送行。

请回答：他们之间谁与谁是夫妻。

评析

这则智力题要用排除法解答。

首先，我们要弄清谁是男性，谁是女性。

根据已知条件“李的爱人是陈的爱人的表兄”，可推知李的爱人是男性，李是女性；根据已知结论“李是女性”和已知条件“未结婚前，周、李、徐曾经住在一起”，可推知周、徐也是女性；根据已知结论“周是女性”和已知条件“周与钱的大衣的尺寸、款式、颜色一样”，可推知钱是女性。知道了李、周、徐、钱是女性，可推知王、孙、陈、吴是男性。

现在已知：王、孙、陈、吴是男性，李、周、徐、钱是女性。

根据题意，王、孙、陈、吴的爱人都各有是李、周、徐、钱四种可能。

我们先看陈的爱人是谁。根据已知条件“陈氏夫妻外出时，吴、徐、周的爱人曾去送行”，排除了徐、周的可能；根据已知条件“李的爱人是陈的爱人的表兄”，排除了李的可能。排除结果，陈的爱人是钱。

我们再看吴的爱人是谁。根据已知条件“陈氏夫妻外出时，吴、徐、周的爱人曾去送行”，排除了徐、周的可能。根据已知结论“陈的爱人是钱”，排除了钱的可能。排除结果，吴的爱人是李。

我们再看王的爱人是谁。根据已知条件“王结婚时周曾做客”，排除了周的可能；根据已知结论“陈的爱人是钱”和“吴的爱人是李”，排除了钱、李的可能。排除结果，王的爱人是徐。

最后，我们看孙的爱人是谁。根据上面得出的结论，排除了钱、李、徐的可能，孙的爱人是周。

这则智力题的答案是：陈的爱人是钱，吴的爱人是李，王的爱人是徐，孙的爱人是周。

32. 五大洲的代号

地理老师在黑板上画了世界五大洲的图形，并给每个洲都写上一个代号。然后，他请五个同学每人识别两个大洲。五个同学的回答如下。

甲说："二号是美洲，三号是欧洲。"

乙说："四号是亚洲，二号是大洋洲。"

丙说："一号是亚洲，五号是非洲。"

丁说："四号是非洲，三号是大洋洲。"

戊说："二号是欧洲，五号是美洲。"

地理老师说："你们每个人都认对了一半。"

请回答：每个号码各代表哪一个大洲。

评析

这则智力题要用排除法解答。

根据题意，五个同学的识别中都各有一个是正确的可能。

我们先看甲，他猜的是"二号是美洲"和"三号是欧洲"。

我们先看"二号是美洲"是否正确。

如果"二号是美洲"，那么，根据"你们每个人都认对了一半"，戊说的"二号是欧洲"就错了，戊说的"五号是美洲"才正确。但是，很显然，"五号是美洲"和甲说的"二号是美洲"相互矛盾，根据题意，两个洲不能用同一个代号。因此，"二号是美洲"不能成立，要排除掉。排除结果，甲说的"三号是欧洲"才正确。

我们再看丁，他猜的是"四号是非洲"和"三号是大洋洲"。根据已知结论"三号是欧洲"，排除了"三号是大洋洲"的可能，"四号是非洲"才正确。

我们再看乙，他猜的是"四号是亚洲"和"二号是大洋洲"。根据已知结论“四号是非洲”，排除了“四号是亚洲”的可能，“二号是大洋洲”才正确。

我们再看戊，他猜的是“二号是欧洲”和“五号是美洲”。根据已知结论“二号是大洋洲”，排除了“二号是欧洲”的可能，“五号是美洲”才正确。

我们再看丙，他猜的是“一号是亚洲”和“五号是非洲”。根据已知结论“五号是美洲”，排除了“五号是非洲”的可能，“一号是亚洲”才正确。

这则智力题的答案是：一号是亚洲，二号是大洋洲，三号是欧洲，四号是非洲，五号是美洲。

33. 天文学家巧熄战火

公元前 6 世纪，在爱琴海东岸，米底和吕底亚两大部落发生战争，双方积怨很深，老百姓更是灾难深重。

当时，古希腊天文学家泰勒斯痛恨这种无谓的战争，决心利用难得的日全食消弭这场战祸。泰勒斯熟悉天文知识，推算出 5 月 28 日（公元前 585 年）月球运行到太阳与地球之间，且三者连成一条直线，当地将发生日全食。于是，他公开宣布：“上天对这场战争十分厌恶，将吞食太阳向大家示警。如若双方再不肯休战，到时将大难临头。”

两个部落都没有听泰勒斯的劝告，双方交战反而愈加激烈。

等到了 5 月 28 日，正当双方打得难解难分时，突然间日全食发生了。只见一个黑影闯进了太阳里，一点儿一点儿地吞食着太阳，大地上的阳光慢慢减弱，好像黄昏降临了一样。等到黑影把太阳全部吞没时，大地呈现一片夜色。这时，交战双方都停止了攻击。几分钟后，黑影慢慢将太阳吐了出来，灿烂的阳光又撒满大地。

这种奇异的天文现象给交战双方留下了深刻印象，他们相信了泰勒斯的话。于是，一致同意握手言和，并且签订了永远恪守的和平契约，结束了这场旷日持久的战争。

评析

泰勒斯是一位天文学家，他知道，“月球运行到太阳与地球之间，且三者连成一条直线”和“日食现象”之间是合因一果关系，具备合因中的所有原因必定会产生其结果。

因此，泰勒斯推算出5月28日月球将运行到太阳与地球之间，且三者会连成一条直线，日食现象必然会发生。

泰勒斯的推断过程如下：

月球运行到太阳与地球之间且三者连成一条直线时则日食发生

<u>5月28日，月球将运行到太阳与地球之间且三者连成一条直线</u>

5月28日，日食现象必然发生

泰勒斯的推断用了度果法，这是合因一果之度果的情况。

合因一果之度果的公式如下：

S有A、B和C则P

<u>已知S有A 、B和C</u>

必然P

在公式中，S表示一个一般事物，A、B、C表示若干条件或原因，P表示一个结果。“S有A、B和C则P”是已知前提，“已知S有A、B和C”是已知原因，“必然P”是推测出的结论。

“月球运行到太阳与地球之间且三者连成一条直线”和“日食现象”之间是合因一果关系，具备了合因中的所有原因必定会产生其结果。

泰勒斯的推测正确，他假借日食现象昭示天意，巧妙地结束了一场旷日持久的战争。

34. 王子与女神

特洛伊王子帕里斯到乐园去游玩，沿途长满了奇花异草，姹紫嫣红，令人心旷神怡。帕里斯正欣赏着迷人的景色，突然一只小鸟落到他的肩头。

帕里斯说："乐园里的花草真迷人，不知道还有什么更好玩的地方？"

小鸟说："乐园大着呢！有花园，还有果园，不过，乐园再美也比不上乐园里的女神美。你能猜到她们之中谁最美吗？如果你猜对了，她们会欢迎你再次到乐园来玩。"

帕里斯说："那我今天一定要猜对喽！"

小鸟说："你今天会见到青春女神、贞洁女神、智慧女神和美神，她们之中只有一位说真话，其他说的都是假话。你要想好再做判断。"

帕里斯跟随小鸟去见女神，老远就听到悦耳的笑声，见到女神时发现她们都用树叶遮着脸。帕里斯试探地问道："尊敬的女神，你们之中谁最美呀？"

青春女神说："智慧女神最美。"

贞洁女神说："青春女神说得对。"

智慧女神说："我不是最美的。"

美神说："我也不是最美的。"

帕里斯见小鸟望着自己，好像在说：怎么样，这下就看你这位智者的了。帕里斯思索了一会儿，脸上露出微笑，说道："我知道了，美神最美。"

女神们点头称赞，觉得帕里斯果然智慧超群，她们取下遮脸的树叶，欢迎他光临。小鸟高兴地扑棱着翅膀，向帕里斯表示祝贺。那么，帕里斯是如何判断出美神最美的呢？

评析

帕里斯熟练地运用排除法，根据题意做出如下假设：最美的可能是青春女神，可能是贞洁女神，也可能是智慧女神，还可能是美神。

先看“青春女神最美”的假设是否成立。

如果“青春女神最美”，那么青春女神说的“智慧女神最美”、贞洁女神说的“青春女神说得对”都是假话，智慧女神说的“我不是最美的”、美神说的“我也不是最美的”都是真话。这与小鸟说的“她们之中只有一位说真话”的条件不符。因此，此假设不能成立，排除。

再看“贞洁女神最美”的假设是否成立。

如果“贞洁女神最美”，那么青春女神说的“智慧女神最美”、贞洁女神说的“青春女神说得对”都是假话，智慧女神说的“我不是最美的”、美神说的“我也不是最美的”都是真话。这也与小鸟说的“她们之中只有一位说真话”的条件不符。因此，此假设不能成立，排除。

再看“智慧女神最美”的假设是否成立。

如果“智慧女神最美”，那么青春女神说的“智慧女神最美”、贞洁女神说的“青春女神说得对”、美神说的“我也不是最美的”都是真话，只有智慧女神说的“我不是最美的”是假话。这也与小鸟说的“她们之中只有一位说真话”的条件不符。因此，此假设不能成立，排除。

综上所述，排除了青春女神、贞洁女神、智慧女神的可能，最美的只能是美神。

检验一下，“美神最美”的结论是否正确。

如果“美神最美”，那么青春女神说的“智慧女神最美”、贞洁女神说的“青春女神说得对”、美神说的“我也不是最美的”都是假话，只有智慧女神说的“我不是最美的”是真话。这与小鸟说的“她们之中只有一位说真话”的条件相符。因此，“美神最美”的结论是正确的。

帕里斯应用排除法，找到了问题的答案：最美的是美神。

35. 聪明的囚徒

相传，古希腊有个国王要处死一批囚徒，处决的方法有两种：一种是绞死，一种是砍头。

国王突发奇想：要这批囚犯自己挑选死法。于是，行刑官向囚徒宣布：“国王陛下有令：你们可以任意说一句话，如果说的是真话就绞死，如果说的是假话就砍头。”

这批囚徒的性命掌握在国王手里，反正一死，因而囚徒们没有多想，随意地说了一句话。结果，囚徒们不是因为说了真话被绞死，就是因为说了假话被砍头。

但这批囚徒中有个聪明的人叫色尔芬，当轮到他时，他对国王说：“你们要砍我的头！”

国王听了，感到好为难，他左思右想，总不能处死囚徒，只得挥挥手说：“放他一条生路吧！”

评析

为什么国王不能处死色尔芬呢？原来，国王的命令中存在悖论因素。

如果国王判定色尔芬说的“你们要砍我的头”是真话，那么根据国王“说的是真话就绞死”的命令，色尔芬应该被绞死；可是，如果色尔芬被绞死，那么他说的“你们要砍我的头”就是假话了，因为他并没有被砍头。

如果国王判定色尔芬说的“你们要砍我的头”是假话，那么根据国王“说的是假话就砍头”的命令，色尔芬应该被砍头；可是，如果色尔芬被砍头，他说的“你们要砍我的头”就是真话了，因为他即将要被砍头。

可知，国王的命令中存在这样的悖论因素：如果国王判定色尔芬说的是真话，反而推导出他说的是假话；如果国王判定色尔芬说的是假话，反而推导出他说的是真话。

悖论的基本特点是：肯定悖论中的观点A，会推导出与之相反的观点非A；肯定悖论中的观点非A，会推导出与之相反的观点A。

我们知道，存在悖论因素的命题是不能成立的。一个指导人们行动的命题如果存在悖论因素，当事情涉及其中的悖论因素时，这个命题便无法实行。

当色尔芬说“你们要砍我的头”，就揭示出国王的命令中存在悖论因素，在这种情况下，国王的命令便无法实行，因此不能处死色尔芬。

36. 阿基米德揭开王冠的秘密

相传，古希腊叙拉古国王希耶罗骁勇善战。有一次打了大胜仗，为了庆祝胜利，他叫金匠做了一顶纯金的王冠，以显国威。大臣们私下议论：“不知道是不是纯金的？”

国王听到议论后，命人把王冠称了一下，王冠和交给金匠的金块一样重。但还有大臣担心：“如果金匠换掉一些金子，又放进相同重量的银子，那么尽管王冠和金块一样重，也不是纯金的。”

国王想把王冠打开看看，可见王冠玲珑剔透，富丽堂皇，实在舍不得。最后国王问大臣们：“谁有办法既不弄坏王冠，又能辨别王冠是不是纯金的呢？”大臣们都没有办法。

最后，国王把智慧超群的阿基米德召进宫，请他检验王冠是否掺了假。阿基米德受命，他向国王借了一块和王冠重量相同的金块，连同王冠一起带回家研究。

阿基米德回到家，把王冠和金块秤了又秤，量了又量，想了许多办法进行比较，但还是没有找到答案。的确是个难题，冥思苦想多日的阿基米德决定先去洗个澡，让头脑清醒清醒再说。

浴盆里盛满了热水，阿基米德小心地进入浴盆，把身子沉下去，觉得浑身轻飘飘的，热水哗哗地从浴盆里溢了出去。他赶忙站起身，浴盆里的水便不再往外流了。他又慢慢蹲下去，浴盆里的水又漫过盆沿溢了出去。阿基米德心头猛然一亮，激动地跳出浴盆跑了出去，边跑边喊着："我知道了！我知道了！"

阿基米德把王冠和同等重量的纯金放在两个盛满水的盆里，比较两盆溢出来的水，发现放王冠的盆里溢出来的水比另一盆多。这就说明王冠的体积比相同重量的纯金的体积大，密度不相同，以此证明了王冠里掺进了其他金属。

阿基米德进宫拜见国王，告知王冠掺假，不是纯金的。国王立即派人审问金匠，金匠只得承认王冠内层掺了同样重量的黄铜。于是，国王惩罚了金匠，赏赐了阿基米德。

评析

阿基米德通过测量王冠和金块溢出的水量进行比较，发现王冠溢出的水量比金块多，说明王冠的体积比金块大。

阿基米德的比较过程如下：

王冠的体积是 X

金块的体积是 Y
___

王冠的体积大于金块的体积

阿基米德的推导用了比较法，这是此事物与彼事物之属性相超的比较情况。

此事物与彼事物之属性相超的比较公式如下：

S有A（B、C）

M有A（B、C）

S之A（B、C）超于M之A（B、C）

在公式中，S、M表示两个事物，A（B、C）表示事物的若干属性。“S有A（B、C），M有A（B、C）”是对比过程，“S之A（B、C）超于M之A（B、C）”是比较出的结论。

阿基米德比较出“王冠的体积大于金块的体积”，说明王冠不是纯金的，揭开了王冠掺假的秘密。

37. 大西洋岛上的神像

相传，大西洋上有一个岛国，岛上立着两尊神像，一尊称为“真理之神”，一尊称为“谬误之神”。这个岛国有一个奇怪的风俗，凡漂流到岛上来的外乡人，一律被作为祭品在神像前处决。岛上规定：外乡人被处决前说一句话，由法官判定真假，说真话者在“真理之神”像前处决，说假话者在“谬误之神”像前处决。

一天，一位哲人布斯诺漂流到岛上，他听了岛上的规定后，想了想说：“我必定死在‘谬误之神’像前。”

卫兵把布斯诺拉到“谬误之神”像前，要处决他，法官摇了摇头。卫兵又把布斯诺拉到“真理之神”像前，法官又摇了摇头。

由于法官无法判定布斯诺的话是真是假，因而没有处决他。

评析

为什么法官没有处决布斯诺呢？原来，这个岛国的规定中存在悖论因素。

如果法官判定布斯诺说的“我必定死在‘谬误之神’像前”是真话，那么根据岛上“说真话者在‘真理之神’像前处决”的规定，他应该在“真理之神”像前处决；可是，如果在“真理之神”像前处决，布斯诺说的“我必定死在‘谬误之神’像前”就是假话了，因为他并没死在“谬误之神”像前。

如果法官判定布斯诺说的“我必定死在‘谬误之神’像前”是假话，那么根据岛上“说假话者在‘谬误之神’像前处决”的规定，他应该在“谬误之神”像前处决；可是，如果在“谬误之神”像前处决，布斯诺说的“我必定死在‘谬误之神’像前”就是真话了，因为他将要死在“谬误之神”像前。

可知，此岛国规定中存在这样的悖论因素：如果法官判定布斯诺说的真话，反而推导出他说的假话；如果法官判定布斯诺说的假话，反而推导出他说的真话。

悖论的基本特点是：肯定悖论中的观点 A，会推导出与之相反的观点非 A ；肯定悖论中的观点非 A，会推导出与之相反的观点 A。

我们知道，存在悖论因素的命题是不能成立的。一个指导人们行动的命题如果存在悖论因素，当事情涉及其中的悖论因素时，这个命题便无法实行。

当布斯诺说“我必定死在‘谬误之神’像前”，就揭示出规定中所存在的悖论因素，在这种情况下，此规定无法实行，因此无法处死布斯诺。

38. 生死阄

从前有个国王，手下有两个得力的大臣，一个正直无私，一个阴险奸诈。奸诈的大臣为了独自掌权，总想害死正直的大臣。

一天，奸诈的大臣在国王面前讲了正直的大臣很多坏话。国王听信谗言，决定处置正直的大臣。为了显示公正，国王的处置方式很奇特——抓生死阄。一个阄写着“生”字，一个阄写着“死”字，正直的大臣如果抓到“生”阄就免死，如果抓到“死”阄就砍头。

抓阄的前一天夜里，奸诈的大臣逼着做阄的人把两个阄都写上“死”字。奸诈的大臣走后，做阄的人偷偷送信把这事告诉了正直的大臣。

第二天，国王命令正直的大臣抓阄。正直的大臣从容不迫地从盒子里抓起一个阄直接吞进肚里。国王命人打开剩下的阄，见上面写着“死”字。国王不知道奸诈的大臣做了手脚，既然剩下的是“死”阄，那吞下去的肯定是“生”阄。于是，国王免了正直的大臣一死。

评析

这位正直的大臣巧妙地运用排除法逃过一劫。

根据排除法原理，如果事情有多种可能因素存在，排除了绝对不可能的因素，剩下的就是正确结论。

正直的大臣事先得知，奸诈的大臣作弊，既然如此，吞掉其中一个阄，国王只能根据剩下的阄推断吞下的是哪个阄。国王见剩下的是个“死”阄，就排除了吞“死”阄的可能，以此断定吞下的是“生”阄。借助于排除法原理，正直的大臣借助于排除法原理得以死里逃生。

39. 阿丽丝在“健忘森林”里

古时，有一个“健忘森林”，如果人们误入了这个森林，就会忘记时间。

小姑娘阿丽丝误入“健忘森林”，她忘记了日期。她在森林里徘徊了很久，看到一只老山羊，阿丽丝迎上前打听：“山羊公公，你知道今天是星期几吗？”

“可怜的小姑娘，我也忘记了。不过，你可以去问问狮子和独角兽。狮子在星期一、星期二、星期三这三天说谎话，独角兽在星期四、星期五、星期六这三天说谎话，其余的日子，他俩都说真话。”永远说真话的老山羊回答说。

于是，阿丽丝去找狮子与独角兽，问今天是星期几。狮子回答说：“昨天是我说谎话的日子。”独角兽也说：“昨天是我说谎话的日子。”

阿丽丝虽然在“健忘森林”里忘掉了日期，但她很聪明。听罢狮子与独角兽的回答，她仔细地进行了一番推理，最后，正确地判断出今天是星期几。

请回答：今天是星期几呢？

评析

这则智力题，要经过反复假设、推导、排除来寻找答案，主要运用排除法。

今天是星期几，根据老山羊、狮子与独角兽的话反复进行推导、排除，当推导出的结论既符合狮子说的话，也符合独角兽说的话，这个结论就是正确的。

老山羊说：“狮子在星期一、星期二、星期三这三天说谎话，独角兽在星期四、星期五、星期六这三天说谎话，其余的日子，他俩都说真话。”狮子和独角兽对阿丽丝说了同一句话：“昨天是我说谎话的日子。”

首先假设今天是星期一：

这天狮子说谎话，它必然说“昨天（星期日——狮子说真话）是我说谎话的日子”，与老山羊的话相符。

这天独角兽说真话，它必然说“昨天（星期日——独角兽说真话）是我说真话的日子”，而不会说“昨天是我说谎话的日子”，与老山羊的话不符。

今天是星期一的假设，与狮子说的“昨天是我说谎话的日子”相符，但与独角兽说的“昨天是我说谎话的日子”不符，不能成立，排除。

再假设今天是星期二：

这天狮子说谎话，它必然说“昨天（星期一——狮子说谎话）是我说真话的日子”，而不会说“昨天是我说谎话的日子”，与老山羊的话不符。

这天独角兽说真话，它必然说“昨天（星期一——独角兽说真话）是我说真话的日子”，而不会说“昨天是我说谎话的日子”，与老山羊的话不符。

今天是星期二的假设，与狮子和独角兽说的“昨天是我说谎话的日子”都不符，不能成立，排除。

再假设今天是星期三：

这天狮子说谎话，它必然说“昨天（星期二——狮子说谎话）是我说真话的日子”，而不会说“昨天是我说谎话的日子”，与老山羊的话不符。

这天独角兽说真话，它必然说“昨天（星期二——独角兽说真话）是我说真话的日子”，而不会说“昨天是我说谎话的日子”，与老山羊的话不符。

今天是星期三的假设，与狮子和独角兽说的“昨天是我说谎话的日子”都不符，不能成立，排除。

再假设今天是星期四：

这天狮子说真话，它必然说“昨天（星期三——狮子说谎话）是我说谎话的日子”，与老山羊的话相符。

这天独角兽说谎话，它必然说“昨天（星期三——独角兽说真话）是我说谎话的日子”，与老山羊的话相符。

今天是星期四的假设，与狮子和独角兽说的“昨天是我说谎话的日子”都相符，因而可以断定：今天是星期四。

我们可以继续推导并验证一下，今天是星期五、星期六、星期日能否成立。

假设今天是星期五：

这天狮子说真话，它必然说“昨天（星期四——狮子说真话）是我说真话的日子”，而不会说“昨天是我说谎话的日子”，与老山羊的话不符。

这天独角兽说谎话，它必然说“昨天（星期四——独角兽说谎话）是我说真话的日子”，而不会说“昨天是我说谎话的日子”，与老山羊的话不符。

今天是星期五的假设，与狮子和独角兽说的“昨天是我说谎话的日子”都不符，不能成立，排除。

再假设今天是星期六：

这天狮子说真话，它必然说“昨天（星期五——狮子说真话）是我说真话的日子”，而不会说“昨天是我说谎话的日子”，与老山羊的话不符。

这天独角兽说谎话，它必然说“昨天（星期五——独角兽说谎话）是我说真话的日子”，而不会说“昨天是我说谎话的日子”，与老山羊的话不符。

今天是星期六的假设，与狮子和独角兽说的“昨天是我说谎话的日子”都不符，不能成立，排除。

最后再假设今天是星期日：

这天狮子说真话，它必然说“昨天（星期六——狮子说真话）是我说真话的日子”，而不会说“昨天是我说谎话的日子”，与老山羊的话不符。

这天独角兽说真话，它必然说“昨天（星期六——独角兽说谎话）是我说谎话的日子”，与老山羊的话相符。

今天是星期日的假设，与独角兽说的“昨天是我说谎话的日子”相符，但与狮子说的“昨天是我说谎话的日子”不符，不能成立，排除。

综上所述，根据老山羊、狮子与独角兽说的话进行推导，只有今天是星期四能够成立。答案就是：今天是星期四。

40. 荒岛上的患病船员

16 世纪，意大利航海家克里斯托弗·哥伦布，经常带领船队乘风破浪穿越大西洋远航探险。那时候，航海生活非常艰苦，船员们吃的是黑面包和咸鱼。最可怕的是，在航海期间，船员们很容易得一种怪病。患病船员先是感到浑身乏力、骨骼疼痛，接着就会慢慢死去。

一次，哥伦布又带领船队出发远航。航行还不到一半路程，已经有十几个船员得怪病病倒了。望着烟波浩渺的大海，哥伦布的心情十分沉重。这十几个得怪病的船员为了不拖累大家，对哥伦布说："船长，您把我们送到附近的荒岛上去吧。等你们返航归来，再把我们的尸体运回家乡。"哥伦布万般无奈，只得含泪点头答应了。

几个月过后，哥伦布的船队胜利返航。哥伦布带领船队向留有得怪病船员的荒岛驶去，船队离荒岛越来越近，哥伦布的心情也随之越来越沉重。这次探险成功，是用十几个船员的生命换来的啊！不知不觉船队已经靠岸。

猛然间，哥伦布看见十几个蓬头垢面的人向船队狂奔过来。他定神一看，这不是那些得怪病的船员吗？他们还活着！

哥伦布又惊又喜，急切地问道："你们是怎样活下来的？"

船员们七嘴八舌地说："我们在岛上不久就把留下的食物吃完了。后来，只能采些野果子充饥。就这样，我们一天天地活了下来。"

哥伦布自言自语道："难道秘密在野果子里面？"

哥伦布回到意大利以后，把这些船员起死回生的经历讲给其他人。后来，科学家经过研究发现，野果子里含有一种叫作维生素 C 的物质。

原来，所谓的怪病是“坏血病”，由于身体内长期缺少维生素 C 引起。船员们长期食用黑面包、咸鱼肉，身体内缺少维生素 C，因而得了坏血病。后来，得病留在荒岛的船员采食野果子，身体内补充了大量维生素 C，坏血病就不治而愈了。也就是说，是维生素 C 救了这些船员的性命。

评析

哥伦布听船员们说，采食野果子，他们的坏血病则好了，把事情联系起来，就发现了二者之间的因果关系。

哥伦布的联系过程如下：

采食野果子

坏血病则好了

采食野果子坏血病则好了

哥伦布的推测借助了联缘法，这是某事物与某介入之因素相联缘的情况。

某事物与某介入之因素相联缘的公式如下：

M 介入

S 则 P

S 有 M 介入则 P

在公式中，S、M 表示两个事物，P 表示一个结果。“M 介入，S 则 P”是联系过程，“S 有 M 介入则 P”是联系出的结论。

41. 比萨斜塔上的实验

古希腊的亚里士多德提出过一个著名的自由落体定律：自由落体的速度和它本身的重量成正比。这个定律的意思是：重的物体下落速度快，轻的物体下落速度慢。这个理论一直被神学家、哲学家、物理学家们奉为真理，从来没有人提出过疑问。

16世纪，意大利年轻的物理学家伽利略对亚里士多德的自由落体定律提出质疑，发现亚里士多德的自由落体定律中存在悖论因素。如果把一个10磅重的球和一个1磅重的球捆在一起，它们和一个10磅重的球相比，其下落速度将会怎样呢？

根据亚里士多德的理论，由于两个连在一起的球比10磅的球重1磅，它们的下落速度应该比10磅的球快。但从另一个角度看，由于1磅的球比10磅的球下落速度慢，它和10磅的球捆在一起，会减慢10磅的球的下落速度，因此，它们的下落速度应该比10磅的球慢。

可知，自由落体定律中存在这样的悖论因素："一个10磅的球和一个1磅的球捆在一起，它们的下落速度比10磅的球既快也慢。"伽利略揭示出亚里士多德的自由落体定律中的悖论因素，说明自由落体定律不能成立。

但是，由于当时的意大利把亚里士多德的学说奉为金科玉律，伽利略的观点不但没有得到应有的重视，反而遭到了很多有名望的神学家、哲学家、物理学家的嘲讽和责难。伽利略坚信自己的看法是正确的，他决定通过实验来证实自己的观点。

1589年的一个早晨，伽利略和助手登上比萨斜塔，手持两个分别为10磅和1磅的铁球，让它们同时从塔上自由落下，只听"扑通"一声，两个铁球几乎同时落地。重复一次，结果仍然相同。围观的教授和学生们热烈欢呼起来。在事实面前，亚里士多德的自由落体定律被推翻，伽利略的正确观点得到了证实。

评析

亚里士多德的自由落体定律为什么不能成立呢？因为其中存在悖论因素。

我们知道，真理只有一个，针对同一问题绝不会同时得出两个正确结论。由于悖论中能推导出自相矛盾的两个结论，因此，含有悖论因素的命题是不能成立的。根据悖论的特点，如果发现某种理论中存在悖论因素，即可断定这种理论是错误的。

伽利略揭示出了自由落体定律中的悖论因素，说明这个定律是错误的理论。很多人不相信伽利略的观点，他通过实验来检验自己的观点，因为实践是检验真理的唯一标准。

42. 金鸡纳霜的发明

17世纪初，人们发现金鸡纳能够治疗疟疾。疟疾是一种严重危害人类身体健康的疾病，其危害性仅次于鼠疫、天花、霍乱等疾病。在疟疾流行的年代，患病并死亡的人不计其数。

金鸡纳树是生长在南美洲的一种常绿小乔木，人们是怎样发现它能够治疗疟疾的呢？

据说，在厄瓜多尔、秘鲁一带疟疾流行的时候，有一个印第安人患了疟疾。他浑身发热，口渴难忍，就爬到密林深处的一个小池塘边，喝了很多池塘里的水。过了不久，奇迹发生了，这个印第安人的疟疾竟然好了。这是怎么回事呢？

原来，池塘边有许多金鸡纳树倒在水里，池水就成了金鸡纳的溶液。于是，人们发现了治疗疟疾的秘密：金鸡纳树的树皮具有退烧解热效用。17世纪30年代前后，欧洲人开始利用从金鸡纳树的树皮中提取的白色粉末治疗疟疾，后被称为“金鸡纳霜”，也叫“奎宁”。

评析

已知，喝了泡过金鸡纳树的池塘里的水，印第安人的疟疾则好了。把事情联系起来，就发现了二者之间的因果关系。

联系过程如下：

喝了泡过金鸡纳树的池塘里的水

印第安人的疟疾则好了

印第安人喝了泡过金鸡纳树的池塘里的水疟疾则好了

此推导借助了联缘法，这是某事物与某介入之因素相联缘的情况。

某事物与某介入之因素相联缘的公式如下：

M 介入

S 则 P

S 有 M 介入则 P

在公式中，S、M 表示两个事物，P 表示一个结果。“M 介入，S 则 P”是联系过程，“S 有 M 介入则 P”是联系出的结论。

得知“印第安人喝了泡过金鸡纳树的池塘里的水疟疾则好了”，发现金鸡纳能够治疟疾。于是，人们研制出了治疗疟疾的特效药“金鸡纳霜”，也叫“奎宁”。

43. 酸碱指示剂的发明

罗伯特·波义耳是17世纪英国著名的化学家和物理学家。

一天早晨，花匠送给波义耳一篮美丽的紫罗兰花，他便拿了一束放到实验室。

波义耳的助手威廉正在往烧瓶里倒盐酸，淡黄色的液体飞沫溅到紫罗兰上，花瓣上冒起了轻烟。这么好的花毁了太可惜，波义耳赶紧把紫罗兰放到水下冲洗，忽然发现用水洗过的紫罗兰变红了。紫罗兰为什么会变红？难道盐酸能改变它的颜色吗？

于是，波义耳和助手开始实验。他们取来好几种酸，每种酸里都放进一朵紫罗兰，随着时间变化，紫罗兰都逐渐变成了红色。实验证明，酸都能使紫罗兰变红。

碱能否使紫罗兰变红？酸、碱能否使其他花草变色？波义耳又取来蔷薇、丁香等花卉及各种植物的根，进行同类实验。通过大量实验，他发现一种叫石蕊的植物，遇酸变红，遇碱变蓝。

波义耳用石蕊制成了世界上最早的酸碱指示剂，至今仍然在广泛应用。

评析

波义耳观察到，溅上盐酸，紫罗兰则变成了红色，把事情联系起来，就发现了二者之间的因果关系。

波义耳的联系过程如下：

溅上盐酸

紫罗兰则变红

紫罗兰溅上盐酸则变红

波义耳的发现借助了联缘法，这是某事物与某介入之因素相联缘的情况。

某事物与某介入之因素相联缘的公式如下：

M 介入

S 则 P

S 有 M 介入则 P

在公式中，S、M 表示两个事物，P 表示一个结果。“M 介入，S 则 P”是联系过程，“S 有 M 介入则 P”是联系出的结论。

波义耳发现“紫罗兰溅上盐酸则变红”，根据这个意外发现，经过大量实验，波义耳用石蕊制成了世界上最早的酸碱指示剂，至今仍然广泛应用。

44. 牛顿揭开光谱的奥秘

中世纪时，人们发现太阳光透过三棱镜会生成一条七色彩带，按赤、橙、黄、绿、青、蓝、紫的顺序排列，被称之为光谱。人们认为，由于太阳表面不同点发出的光进入三棱镜时的角度各不相同，造成三棱镜对这些光线折射不同，因而形成不同颜色。

为了检验太阳光谱的形成是否是由于折射不同，英国科学家艾萨克·牛顿设计了一个“判决性实验”。

他把两个三棱镜隔一段距离放置，在二者之间隔一个屏幕，屏幕之间开有一条垂直的狭缝。在黑暗的房间，牛顿让阳光透过窗上的小洞再透过第一个三棱镜后，出现了一条七色彩带投射在屏幕上。牛顿转动第一个三棱镜，让彩带的七种光色依次通过屏幕狭缝再透过第二个三棱镜，结果，七种光色只显示各自的颜色，都不能再生成七色彩带。

牛顿分析这个实验，如果太阳光谱的形成是由于折射不同，那么各种光通过屏幕狭缝再透过第二个三棱镜时的入射角也不同，理应再形成一次新的光谱。但是，事实并非如此。

经过一番思索，牛顿认为：白光是由折射能力不同的色光混合而成，当白光透过三棱镜时，各种色光由于折射能力不同“各奔东西”，造成彼此远离而形成七色彩带；由于其中每一种色光都已经是单一成分，因而再透过三棱镜也不会形成新的七色彩带。

牛顿又做了一个实验。他在上述实验装置上做了些变动，撤走了第二个三棱镜和屏幕，在屏幕的位置放了一只很大的凸透镜。牛顿让透过第一个三棱镜所形成的七色光谱再透过凸透镜，结果，七色光谱又聚成一束白光了。这个实验证明，白光是由各种色光混合而成的。于是，牛顿揭开了太阳光谱的奥秘。

评析

牛顿用三棱镜和凸透镜做实验，发现白光是由赤、橙、黄、绿、青、蓝、紫七种色光混合而成的，从而揭开了太阳光谱的奥秘。牛顿利用三棱镜和凸透镜，对太阳光谱进行了分析与综合的认识，他的探索运用了分析法与综合法。

45. 发现“物质不灭定律”

俄国科学家罗蒙诺索夫对燃烧现象进行了研究。当时，关于燃烧的理论有斯塔尔的“燃素”说和波义耳的“火质”说。斯塔尔认为，能燃烧的物质中含有一种叫作“燃素”的物质，燃烧就是失去“燃素”的现象。波义耳则认为，火是一种无形的物质，物体的燃烧是由于“火质”的参与。罗蒙诺索夫对这两种说法都持怀疑态度。

罗蒙诺索夫把一块称好分量的金属放入曲颈甑内，然后封死甑口进行加热，直至金属变成熔渣。熔渣冷却后，他称重时发现，熔渣比加热前的金属变重了一点。他想，根据“燃素”说，金属燃烧后“燃素”逸出，重量只能减少，怎么会增加呢？因而他断定“燃素”说肯定有问题。

那么，增加的重量从何而来呢？难道有“火质”？罗蒙诺索夫阅读了波义耳的论文，看到其中有这样一句话：“在加热两小时后，打开曲颈甑封闭的末端，外面的空气就嗞嗞地钻入甑内。”他突然明白了，金属增加的重量，一定是这“嗞嗞地钻入甑内”的空气的重量。如果加热后不打开盖子，那么重量应该不变。

于是，罗蒙诺索夫又做了一个实验：他把铅块放进曲颈甑里，连曲颈甑一起称，然后再加热直至铅块变成熔渣。他不再打开盖子，待铅块冷却后一起称重，发现重量没有改变。他又用其他金属进行了实验，结果都一样。

罗蒙诺索夫的实验证实，不存在斯塔尔所说的“燃素”和波义耳所说的“火质”。实验还证实了罗蒙诺索夫之前提出的“质量守恒定律”，也叫作“物质不灭定律”。

评析

罗蒙诺索夫的第一次实验，忽略了进入曲颈甑中的空气，实验结果是不可靠的。之后所做的实验是成功的。

罗蒙诺索夫在加热铅块前称了铅块和曲颈甑的重量，在铅块冷却后又称了铅块和曲颈甑的重量，通过比较，得出“铅块加热前的重量等于铅块冷却后的重量”的结论。

罗蒙诺索夫的比较过程如下：

铅块加热前重量是 X

铅块冷却后重量还是 X

铅块加热前的重量等于铅块冷却后的重量

罗蒙诺索夫的探索用了比较法，这是此事物与彼事物之属性相等的比较情况。

此事物与彼事物之属性相等的比较公式如下：

S 有 A（B、C）

M 有 A（B、C）

S 之 A（B、C）等于 M 之 A（B、C）

在公式中，S、M 表示两个事物，A（B、C）表示事物的若干属性。“S 有 A（B、C），M 有 A（B、C）”是对比过程，“S 之 A（B、C）等于 M 之 A（B、C）”是比较出的结论。

罗蒙诺索夫的实验否定了斯塔尔的“燃素”说和波义耳的“火质”说，同时证实了他提出的“质量守恒定律”，也叫作“物质不灭定律”。

46. 奥恩布鲁格发明叩诊法

18世纪，奥地利医生奥恩布鲁格发明了叩诊法。

奥恩布鲁格住在奥地利首都维也纳，父亲经营酒业时，常用手指关节敲叩木制酒桶，听几下叩击声，就能估量出木桶中有多少藏酒。

有一次，奥恩布鲁格给一位病人看病，没检查出有什么严重疾病。可是，过了不久，病人竟然去世了。经过解剖尸体发现，病人胸腔已经化脓，里面积满了脓水。

奥恩布鲁格想，再遇到这样的病人怎样诊断呢？忽然想到，父亲敲叩木桶就能估量桶里有多少藏酒，人的胸膛也像酒桶，都是密闭的物体，敲叩人的胸膛是否也能诊断出里面的积液情况呢？

于是，奥恩布鲁格反复观察病例，多次进行病理解剖，探索胸部疾病和叩击声音变化之间的关系，写出了《叩诊人体胸部发现胸腔内部疾病的新方法》一文，发明了“叩诊”的诊断方法。

经过医学界的实践与研究，证明“叩诊”方法非常科学。于是，“叩诊”就成了现代临床医学常用的诊断方法之一。

评析

奥恩布鲁格观察父亲敲叩木桶估量桶里藏酒，人的胸膛也像酒桶，都是密闭的物体，于是类比出“敲叩人的胸膛也能诊断出里面是否有积液情况”的结论。

奥恩布鲁格的类比推导过程如下：

叩击酒桶估量藏酒情况

酒桶是密闭的物体

胸膛也是密闭的物体

叩击胸膛诊断是否有积液情况

奥恩布鲁格的推导用了类比法，这是对事物因果关系进行类比推导的情况。

事物因果关系之类比的公式如下：

S_1 有 A（B、C）则 P

S_1 属于 S

S_2 也属于 S

S_2 有 A（B、C）则 P

在公式中，S 表示一个一般事物，S_1、S_2 表示两个从属于 S 的个别事物，A（B、C）表示若干条件或原因，P 表示一个结果。“S_1 有 A（B、C）则 P”是已知前提，“S_1 属于 S，S_2 也属于 S”是类比过程，“S_2 有 A（B、C）则 P”是类比出的结论。

奥恩布鲁格类比出“叩击胸膛诊断是否有积液情况”的结论正确。奥恩布鲁格通过反复观察病例，多次进行病理解剖，探索胸部疾病和叩击声音变化之间的关系，发明了“叩诊”的诊断方法。

47. 富兰克林揭开雷电之谜

18 世纪中叶，美国物理学家富兰克林探索雷电现象。当时，人们认为“雷电是上帝之火”。富兰克林不相信这种说法，他认为“雷电”是自然界的一种“放电现象”。

富兰克林做了一系列实验，发现电荷可以从一个物体流传到另一个物体，初步提出“电能守恒”的理论。在一次实验中，他发现带有正电和负电的两个物体的尖端，在接触的一瞬间，会产生蓝色的耀眼火花，并发出“噼啪”的声响。他思考电闪雷鸣是否也是大自然的一种放电现象呢？

富兰克林将地面上的电火花与天空中的闪电做比较，发现二者有许多相同之处。例如，二者都能产生蓝色亮光、发出声响、杀伤动物、含有硫黄气味等。于是，他写了一篇《论天空闪电与地下电火相同》的论文，但得到的是一片嘲笑。富兰克林决定亲自实践。

一天，天空乌云密布，雷声隆隆。富兰克林带着儿子来到费城郊外，将精心制作并安装了一尺多长尖细铁棒的白色丝绸风筝放到空中。风筝用麻绳系住，麻绳末端接了一根丝带，在麻绳与丝带的相接处挂了一把铜钥匙。风筝放飞后，雨渐渐下了起来。

没过多久，突然，一道闪电掠过，大雨倾盆而下。富兰克林发现，麻绳上蓬松的纤维一根根地膨胀起来，表明麻绳和风筝都带电了。当他用手指小心翼翼地靠近铜钥匙时，随着“噼啪”的声响，一朵蓝色的电火花迸发出来。富兰克林的手臂一阵发麻，赶紧往回缩。这说明云层中的电流通过风筝和被浸湿的麻绳传了下来。

富兰克林抑制不住内心的激动，大声呼喊：“我被雷电击中了！”随后，他又将风筝线上的电引入莱顿瓶中。富兰克林的风筝实验震惊了全世界，同时揭开了雷电之谜，打破了“雷电是上帝之火”的神话。

后来，富兰克林发明了“避雷针”，保护了千万幢楼房和高塔等高层建筑，避免了遭受雷击而造成的毁坏。

评析

富兰克林观察到，“地电”能产生蓝色亮光、发出声响、杀伤动物、含有硫黄气味等，“天电”也能产生蓝色亮光、发出声响、杀伤动物、含有硫黄气味等，比较出了“‘天电’的特征与‘地电’的特征相同”。

富兰克林的比较过程如下：

“地电”能产生蓝色亮光、发出声响、杀伤动物、含有硫黄气味等

“天电”能产生蓝色亮光、发出声响、杀伤动物、含有硫黄气味等

“天电”的特征与“地电”的特征相同

富兰克林的发现借助了比较法，这是此事物与彼事物之属性相等的比较情况。

此事物与彼事物之属性相等的比较公式如下：

S有A（B、C）

M有A（B、C）

S之A（B、C）等于M之A（B、C）

在公式中，S、M表示两个事物，A（B、C）表示事物的若干属性。“S有A（B、C），M有A（B、C）”是对比过程，“S之A（B、C）等于M之A（B、C）”是比较出的结论。

富兰克林比较出“天电”的特征与“地电”的特征相同，得出“天空闪电与地下电火相同”的结论，从而揭开了雷电之谜，打破了“雷电是上帝之火”的神话。

48. 卡文迪许揭开物质化合的奥秘

18世纪末，英国科学家卡文迪许对氢气进行研究。他把氢气和空气混合在一起放在一个容器里，然后用电火花点燃。不料，“嘭”的一声巨响，容器炸坏了，卡文迪什顿时惊呆了。

这个试验引起人们极大兴趣，竟然很快成了魔术表演中的新节目。一天，卡文迪许正在大街上行走，突然“嘭”的一声巨响，把他从沉思中惊醒。原来是魔术师正在街头表演“铁盒出汗”，就是在铁盒里点燃氢气，爆炸之后铁盒壁上布满细小的水滴。

卡文迪许回到实验室，把氢气和氧气混合后，装进干燥、洁净的容器中，当用电火花点火时，发出震耳的爆鸣声，容器内壁上出现了水滴。多次实验发现，每次爆炸后，容器四壁上都会出现小水滴。卡文迪许对水滴进行化验，证明这些水滴都是纯净水。那么，水滴是从哪里来的呢？

卡文迪许经过反复实验和研究终于弄清，原来水滴是氢气和氧气在爆炸的极短时间内化合成的。这个发现揭开了物质化合的奥秘，为化学研究开辟了一个新纪元。

评析

卡文迪许通过实验观察到，爆炸之后，氢气和氧气化合成了水滴，便探寻出“氢气和氧气在爆炸中化合成水滴”的演化规律。

卡文迪许的察变过程如下：

爆炸

<u>氢气和氧气化合成了水滴</u>

氢气和氧气在爆炸中化合成了水滴

卡文迪许的发现借助了察变法，这是化多为一的演化情况。

化多为一的演化公式如下：

有 A（B、C）

<u>M 与 N 等则形成 S</u>

M 与 N 等有 A（B、C）则形成 S

在公式中，A（B、C）表示一定的条件，M、N 等表示若干事物，S 表示一个所形成的事物。“有 A（B、C），M 与 N 等则形成 S”是考察过程，“M 与 N 等有 A（B、C）则形成 S”是考察出的结论。

卡文迪许发现了“氢气和氧气在爆炸中化合成了水滴”的演化规律，从而揭开了物质化合的奥秘。

49. 伏特发明电池

意大利物理学家伏特发明了历史上最早的电池，电池的诞生是现代文明生活的开始，开启了人类社会的电气时代。

18 世纪末，意大利物理学家伏特通过实验证明：把浸过盐水的麻布放置在铜片与锌片中间，并用金属线把铜片与锌片连接起来，就会有电流通过。前面的铜片带正电，后面的锌片带负电。这就是最原始的电池。当铜片、锌片之间的湿布逐渐干燥时，电流也渐趋微弱。于是，他改用一大串杯子贮以盐水或稀酸，浸入铜片、锌片，并把每个杯中的铜片与另一杯中的锌片用金属线连接起来，这样就得到了更经久的电池。金属片对数越多电力则越强，这就是后来被称之为铜锌电池的最初型实用电池。

评析

伏特观察到：用浸过盐水的湿麻布隔开，铜片和锌片则形成电池，探寻出“铜片和锌片用浸过盐水的湿麻布隔开则形成电池”的演化规律。

伏特的察变过程如下：

用浸过盐水的湿麻布隔开

铜片和锌片则形成电池

铜片和锌片用浸过盐水的湿麻布隔开则形成电池

伏特的发明借助了察变法，这是化多为一的演化情况。

化多为一的演化公式如下：

有 A（B、C）

M 与 N 等则形成 S

M 与 N 等有 A（B、C）则形成 S

在公式中，A（B、C）表示一定的条件，M、N 等表示若干事物，S 表示一个所形成的事物。“有 A（B、C），M 与 N 等则形成 S”是考察过程，“M 与 N 等有 A（B、C）则形成 S”是考察出的结论。

伏特发明了历史上第一个电池——“伏特电堆”，开启了人类社会的电气时代。为了纪念伏特，人们把电压的单位简称“伏”。

50. 牛痘免疫法的发明

英国医学家詹纳曾是一位乡村医生，立志要根治严重危害人类身体健康的疾病——“天花”。当时，还没有征服天花的好办法。一旦染上天花，即使侥幸不死，病人脸上也会留下丑陋的疤痕，甚至失明或耳聋。

一天，一位挤牛奶的姑娘由家人送到医院，她因发高烧而昏迷。詹纳确诊为天花，等于判了姑娘的死刑，詹纳深感不安。为了减少病人精神上的痛苦，詹纳违心地撒了谎，开了点退烧药便让家人把姑娘送回了家。

过了几天，詹纳在医院门口又遇到那位姑娘，只见姑娘红润的脸上闪着青春的光彩，詹纳大吃一惊。詹纳之前认为，那位姑娘即使不被天花夺去生命，也得被折磨得不像样子。为什么天花对这位姑娘如此开恩，其中的秘密在哪里呢？

詹纳悄悄跟随姑娘到了奶牛场，想弄个究竟。他经过仔细调查发现，天花不仅危害人体，也侵袭牛体，几乎所有的奶牛都出过天花。牛出天花时，身上长出脓疱——牛痘。当挤奶的人接触到牛痘后，手指上也会生出牛痘。在整个奶牛场，凡是生过一次牛痘的人，就不再得天花了。这说明，牛痘具有抵抗天花的神奇作用。

詹纳找到了抗御天花的牛痘，经过多次临床试验证实，牛痘确实具有预防天花的神奇作用。于是，这一发现被推广到了全世界，人们通过“种牛痘”预防天花。从此，天花肆虐的时代一去不返。

评析

詹纳通过调查得知，生过牛痘，人则不得天花，把事情联系起来，就找到了二者之间的因果关系。

詹纳的联系过程如下：

生过牛痘

人则不得天花

人生过牛痘则不得天花

詹纳的发现借助了联缘法，这是某事物与某介入之因素相联缘的情况。

某事物与某介入之因素相联缘的公式如下：

M 介入

S 则 P

S 有 M 介入则 P

在公式中，S、M 表示两个事物，P 表示一个结果。“M 介入，S 则 P”是联系过程，“S 有 M 介入则 P”是联系出的结论。

詹纳经过多次临床试验证实，通过“种牛痘”可以预防天花。

51. 化学界的“门多萨反应”

18 世纪，法国化学家安托万·门多萨提出了“门多萨反应”的理论，揭示了物质的性质和演化规律。

所谓“门多萨反应”，即“金属与酸反应产生氢”的反应，是化学领域的一个重要发现。

例如，稀硫酸和锌块放在一起混融，会演化成硫酸锌和氢气。这个演化过程即“门多萨反应”。这种反应是一种常见的化学现象。

门多萨提出的“门多萨反应”理论，为理解物质的性质和演化规律提供了可靠的科学依据，也为后来的化学研究和应用打下了基础。

“门多萨反应”有着广泛的社会意义，不仅在学术界受到重视，在实际应用中也发挥了重要作用，促进了科学技术的进步和发展。

评析

门多萨通过实验观察到，在一起混融，稀硫酸和锌能变成硫酸锌和氢气，探寻出“稀硫酸和锌相混融能变成硫酸锌和氢气”的演化规律。

门多萨的察变过程如下：

在一起混融，

稀硫酸和锌能变成硫酸锌和氢气

稀硫酸和锌相混融能变成硫酸锌和氢气

门多萨的重要发现借助了察变法，这是化多为多的演化情况。

化多为多的演化公式如下：

有 A（B、C）

M 与 N 等则形成 S 与 K 等

M 与 N 等有 A（B、C）则形成 S 与 K 等

在公式中，A（B、C）表示一定的条件，M、N 等表示若干事物，S、K 等表示若干所形成的事物。“有 A（B、C），M 与 N 等则形成 S 与 K 等”是考察过程，“M 与 N 等有 A（B、C）则形成 S 与 K 等”是考察出的结论。

门多萨发现了“金属与酸反应产生氢”的演化规律，从而提出了“门多萨反应”理论。

52. 戴维发现“笑气”

1798 年，英国年轻的化学爱好者汉弗莱·戴维，被医学家贝多斯聘请到气疗研究所工作。他的第一个课题，是制作并研究一氧化二氮气体的特性。戴维制取了许多瓶一氧化二氮气体，准备做实验用。

一天，贝多斯来到戴维的实验室，不小心碰倒了一个铁架子，把装着一氧化二氮气体的玻璃瓶砸得粉碎。贝多斯马上蹲下捡碎玻璃片，手不小

心被玻璃片划破渗出了血。戴维赶紧帮着捡玻璃碎片，并关切地问："贝多斯先生，手疼不疼？要不要包扎？"

贝多斯忽然大笑起来："哈哈哈……我的手一点儿也不疼……哈哈哈……"

一向以严肃闻名的贝多斯，今天怎么啦？戴维想着不由自主地也哈哈大笑起来。

两位科学家的笑声，惊动了隔壁实验室的人们，都以为他俩得了精神病。一阵狂笑之后，两人逐渐清醒，贝多斯被划破的手指也没有感到疼痛。原来一氧化二氮不仅使他俩狂笑，而且对贝多斯的手指起了麻醉作用。

通过这次小喜剧事件，戴维发现吸入一氧化二氮可使人产生快感，并具有良好的镇痛效果。

事隔不久，戴维拔牙后疼得厉害，忽然想起，那天贝多斯划破手指居然不疼。于是，戴维回到实验室，打开一瓶装有一氧化二氮气体的瓶盖，用力吸了几口。还真灵，牙疼渐渐减轻了，并且又哈哈大笑起来。

戴维再次证实，一氧化二氮气体不仅具有麻醉作用，同时能引起人大笑。所以，他称这种气体为"笑气"。

戴维的发现被应用于医疗手术，使用一氧化二氮气体作为麻醉剂，大大减轻了病人的痛苦。后来，发现了更好的麻醉剂，"笑气"才被渐渐取代。

评析

戴维观察到，吸入一氧化二氮气体，贝多斯的伤口则不觉得疼痛，把事情联系起来，就找到了二者之间的因果关系，从而发现了一氧化二氮气体的麻醉作用。

戴维的联系过程如下：

吸入一氧化二氮气体

伤口则不觉得疼痛

吸入一氧化二氮气体伤口则不觉得疼痛

戴维的发现借助了联缘法，这是某事物与某介入之因素相联缘的情况。

某事物与某介入之因素相联缘的公式如下：

M 存在

S 则 P

S 有 M 存在则 P

在公式中，S、M 表示两个事物，P 表示一个结果。“M 存在，S 则 P”是联系过程，“S 有 M 存在则 P”是联系出的结论。

戴维拔牙后感到疼痛，他推导，贝多斯吸入一氧化二氮气体伤口则不觉得疼痛，贝多斯是人，我也是人，便类比出“我吸入一氧化二氮气体伤口则不觉得疼痛”的结论。

戴维的类比推导过程如下：

贝多斯吸入一氧化二氮气体伤口则不觉得疼痛

贝多斯是人

我也是人

我吸入一氧化二氮气体伤口则不觉得疼痛

戴维的推导用了类比法，这是对事物因果关系进行类比推导的情况。

事物因果关系之类比的公式如下：

S_1 有 A（B、C）则 P

S_1 属于 S

S_2 也属于 S

S_2 有 A（B、C）则 P

在公式中，S 表示一个一般事物，S_1、S_2 表示两个从属于 S 的个别事物，A（B、C）表示若干条件或原因，P 表示一个结果。“S_1 有 A（B、C）则 P”是已知前提，“S_1 属于 S，S_2 也属于 S”是类比过程，“S_2 有 A（B、C）则 P”是类比出的结论。

53. 赫胥尔发现“红外线”

1800 年，英国物理学家赫胥尔通过实验研究太阳光谱的热效应。他发现，热效应最显著的部位不在彩色光带内，而在红光之外。

赫胥尔做了这样一个实验：让太阳光通过三棱镜折射到白色纸屏上，并在每色区域内各放一支温度计，同时在红光以外和紫光以外的临近区域也各放一支。

结果，七个可见光区域内的温度计温度都升高了。他还发现，红光以外区域的温度不但升高，而且比红光区域的温度还高。他感到非常诧异，于是又将温度计移到离红光区域较远的区域。这时，温度却不再增加，反而降低到室温。

赫胥尔经过反复实验验证后宣布：太阳发出的辐射中除可见光线外，还有一种人眼看不见的“热线”，这种看不见的“热线”位于红色光外侧，称作“红外线”。

红外线被发现后，其应用领域不断扩展，成为人类生活中不可或缺的一部分。

评析

赫胥尔通过实验观察到，红色光近处区域的温度升得很高，红色光远处区域的温度则降到室温。这说明，红色光外侧也存在一种人眼看不见的“热线”。

赫胥尔的对照过程如下：

红色光近处区域的温度升得很高

红色光远处区域的温度则降到室温

红色光外侧存在一种人眼看不见的“热线”

赫胥尔的实验用了对照法，这是有因有果与无因无果之对照的情况。

有因有果与无因无果之对照的公式如下：

S 有 A 则 P

S 无 A 则无 P

A 是 S 所以 P 的原因

在公式中，S 表示对照之事物，A 表示一个条件或原因，P 表示一个结果。“S 有 A 则 P，S 无 A 则无 P”是对照过程，“A 是 S 所以 P 的原因”是对照出的结论。

赫胥尔推测“红色光外侧存在一种人眼看不见的‘热线’”，即“红外线”，这是一项比较重大的科学发现。

54. 奥斯特发现电磁效应

19 世纪初，丹麦物理学家奥斯特对电与磁均有吸引、排斥的特性产生了兴趣，开始研究电对磁会产生什么作用。但是，他辛辛苦苦探索了十几年，竟然毫无结果。

1820 年 4 月一天晚上，奥斯特在哥本哈根讲座中展示磁场实验。当他扳动电源开关时，放在导线附近的一枚指南针里的小磁针晃动了一下，然后停止在与导线垂直的方向上。奥斯特又惊又喜：这不正是他多年想象的电流能产生磁场的效应吗？他又动手调整，让电流向相反的方向通过，只见磁针也向相反的方向偏转。

奥斯特非常高兴，第二天，他和助手用 20 个伏特电池给导线通电，产生了更强的电流，对包括在平面上自由旋转的磁针、悬挂在空间自由旋转的磁针都进行了实验。实验表明，电流能够产生磁场，就连被玻璃、木材、树脂、石头和水等隔开，也阻挡不住这个磁场吸引小磁针。

奥斯特再度深入研究，做了几十次实验，并对实验结果进行反复推敲。最终，他弄清了电与磁的关系，揭示出“电流的磁效应”，人们称它为“电磁学第一定律”。

电磁感应是电磁学中重大的发现之一，它显示了电磁之间的相互联系和相互转化。依据电磁感应原理，人们制造了发电机，电能的大规模生产和远距离输送成为现实，人类社会从此迈入电气化时代。

评析

奥斯特观察到，存在通电导线，指南针的磁针则发生偏转，把事情联系起来，就发现了二者之间的因果关系。

奥斯特的联系过程如下：

存在通电导线

磁针则发生偏转
____

磁针遇到通电导线则发生偏转

奥斯特的发现借助了联缘法，这是某事物与某存在之因素相联缘的情况。

某事物与某存在之因素相联缘的公式如下：

M 存在

S 则 P
____

S 有 M 存在则 P

在公式中，S、M 表示两个事物，P 表示一个结果。“M 存在，S 则 P”是联系过程，“S 有 M 存在则 P”是联系出的结论。

奥斯特无意中发现“磁针遇到通电导线则发生偏转”，从而揭示出

“电流的磁效应”，被人们称为“电磁学第一定律”，人类社会从此迈入电气化时代。

55. 古德伊尔发明硫化橡胶

美国企业家查尔斯·古德伊尔发现橡胶虽具有弹性、防水等优异性能，但遇热发黏、遇冷发硬，难以广泛应用，想改进橡胶的性能。他在生橡胶中加入了一些化学物质（如氧化镁等）进行实验，但效果都不理想。

大约在1839年一个寒冷的夜晚，古德伊尔在火炉旁一边实验，一边苦思冥想。一不小心，碰倒了一只盛着硫黄的瓶子，打翻在正在加热橡胶的锅里。等橡胶冷却后，他拿出掺有硫黄的橡胶，发现橡胶中间部分变得有弹性了。

是不是掺了硫黄的橡胶加热后就变成既柔软又有弹力的新型橡胶呢？

经过多次实验，古德伊尔终于发现天然橡胶和硫黄粉混合加热后，可以转化为遇热不黏、遇冷不硬的高弹性材料——柔软耐磨、富有弹力的硫化橡胶。这种橡胶，在工业和人们生活中得到了广泛应用。

评析

古德伊尔观察到，加热后，硫黄和天然橡胶则变成硫化橡胶，便探寻出“硫黄和天然橡胶加热后则转化为硫化橡胶”的演化规律。

古德伊尔的察变过程如下：

加热后

硫黄和天然橡胶则转化为硫化橡胶

硫黄和天然橡胶加热后则转化为硫化橡胶

古德伊尔的发明借助了察变法，这是化多为一的演化情况。

化多为一的演化公式如下：

有A（B、C）

M与N等则形成S

M与N等有A（B、C）则形成S

在公式中，A（B、C）表示一定的条件，M、N等表示若干事物，S表示一个所形成的事物。“有A（B、C），M与N等则形成S”是考察过程，“M与N等有A（B、C）则形成S”是考察出的结论。

古德伊尔观察到“硫黄和天然橡胶加热后则转化为硫化橡胶”的演化规律，发明了柔软耐磨、富有弹力的新型橡胶，在工业及人们生活中得到了广泛应用。

56. 帕金制成苯胺紫

19世纪，威廉·亨利·帕金作为德国化学家奥古斯特·威廉·冯·霍夫曼的学生和助手，协助霍夫曼研究用人工方法合成抗疟疾特效药物金鸡纳霜（奎宁）。

帕金把强氧化剂重铬酸钾、工业苯胺、硫酸一起加热，进行制取奎宁的实验。实验结果，只得到一种黑色胶状物。帕金大失所望，只好把黑色胶状物倒掉，用酒精清洗容器。这时，帕金惊奇地发现，黑色物质被酒精溶解成了一种色彩鲜艳的紫色溶液。溶液溅到白布上，白布被染成当时少见的紫色。帕金意识到这个意外发现会产生一项新的发明。

帕金分别用棉布、丝绸和毛料来实验，结果发现这种无法在棉布上持久染色的物质，却可以在丝绸和毛料上保持持久，而且比当时各种植物染料的颜色都鲜艳，在肥皂水中搓洗、在太阳下晒也不褪色。经过分析鉴定，这就是第一种人工合成的化学染料——苯胺紫。

帕金虽然没有研究出奎宁，却获得了合成苯胺紫的发明专利。合成染料的华丽色彩令当时的维多利亚女王都为之青睐。

评析

帕金通过实验观察到，混合加热，重铬酸钾、苯胺、硫酸则合成化学染料——苯胺紫，探寻出了“重铬酸钾、苯胺、硫酸混合加热则合成苯胺紫”的演化规律。

帕金的察变过程如下：

混合加热

重铬酸钾、苯胺、硫酸则合成苯胺紫

重铬酸钾、苯胺、硫酸混合加热则合成苯胺紫

帕金的发现借助了察变法，这是化多为一的演化情况。

化多为一的演化公式如下：

有 A（B、C）

M 与 N 等则形成 S

M 与 N 等有 A（B、C）则形成 S

在公式中，A（B、C）表示一定的条件，M、N 等表示若干事物，S 表示一个所形成的事物。“有 A（B、C），M 与 N 等则形成 S”是考察过程，“M 与 N 等有 A（B、C）则形成 S”是考察出的结论。

帕金发现了“重铬酸钾、苯胺、硫酸混合加热则合成苯胺紫”的演化规律，发明了第一种人工合成的化学染料——苯胺紫。

57. 诺贝尔发明安全炸药

瑞典化学家阿尔弗雷德·贝恩哈德·诺贝尔，为了研制可控制的高效能炸药，夜以继日地进行着大胆的实验。他用雷酸汞制成引爆管（现称雷管），成功地引爆了硝化甘油，发明了可供实用的硝化甘油炸药。

1864 年，诺贝尔为了制造出高效炸药，和父亲、弟弟一起进行实验。只听“轰”的一声巨响，整个实验室完全炸毁，父亲重伤致残，弟弟被炸身亡。怎样使硝化甘油炸药变得安全呢？诺贝尔顶住压力接连做实验，但结果都不令人满意。

经过多次艰苦实验和失败之后，诺贝尔发现用硅藻土可以使硝化甘油变得安全。因为硅藻土是一种多孔性固物质，可以吸收硝化甘油。这一次诺贝尔终于成功了，他研制出的炸药不仅药力猛，而且还非常安全。1868 年，诺贝尔和父亲获得了瑞典科学院颁发的最高奖“雷特斯泰奖”。

评析

诺贝尔得知，和硅藻土混合在一起，硝化甘油没有发生爆炸，便探寻出“硝化甘油和硅藻土相混合则变成安全炸药”的演化规律。

诺贝尔的察变过程如下：

硝化甘油和硅藻土混合

<u>硝化甘油则变成安全炸药</u>

硝化甘油和硅藻土混合则变成安全炸药

诺贝尔的发明借助了察变法，这是化多为一的演化情况。

化多为一的演化公式如下：

有 A（B、C）

<u>M 与 N 等则形成 S</u>

M 与 N 等有 A（B、C）则形成 S

在公式中，A（B、C）表示一定的条件，M、N 等表示若干事物，S 表示一个所形成的事物。“有 A（B、C），M 与 N 等则形成 S”是考察过程，“M 与 N 等有 A（B、C）则形成 S”是考察出的结论。

诺贝尔得知“硝化甘油和硅藻土混合在一起没有发生爆炸”，从中受到启发，发明了固体安全炸药。

58. 李斯特发明消毒法

英国一位外科医生李斯特教授研究能杀灭细菌的药物。某天傍晚，他在爱丁堡郊外散步，来到一条污水沟边，发现沟里长着许多翠绿的水草，充满无限生机。第二天，李斯特开始调查，发现污水沟里有大量石碳酸。石碳酸具有强烈的杀菌作用，所以那里的水草生长旺盛。他把石碳酸溶液喷洒在空气中，还用它洗手、清洗医疗器械。

结果证明，石碳酸的消毒效果非常好。李斯特用石碳酸给自己的姐姐消毒后做了首例无菌手术，非常成功，被医学界称为“现代外科学的一次革命”，挽救了无数病人的生命。

评析

李斯特观察到：存在石碳酸，水草则生长旺盛，把事情联系起来，就发现了二者之间的因果关系。

李斯特的联系过程如下：

存在石碳酸

污水沟里的水草则生长旺盛
____

污水沟里的水草有石碳酸则生长旺盛

李斯特的发现借助了联缘法，这是某事物与某存在之因素相联缘的情况。

某事物与某存在之因素相联缘的公式如下：

M 存在

S 则 P
____

S 有 M 存在则 P

在公式中，S、M 表示两个事物，P 表示一个结果。“M 存在，S 则 P”是联系过程，“S 有 M 存在则 P”是联系出的结论。

李斯特发现“污水沟里的水草有石碳酸则生长旺盛”，根据这个发现，他发明了“石碳酸”消毒法，挽救了无数病人的生命。

59. “失踪”的锡纽扣

19世纪中叶，有一年彼得堡的冬天来得特别早。俄国皇帝下令，立即给军队更换冬装。当士兵们穿上军大衣后，却发现所有的军大衣都没有纽扣！沙皇得知此事，大发雷霆，责令迅速查明原因，严惩渎职者。对此事，军需大臣百思不得其解，入库时军大衣都钉着银光闪闪的锡制纽扣，为什么现在都不见了？

一位化学家听说了这件事，决定为大臣申辩。在沙皇面前，化学家拿出一包锡制的扣子放进两个盒子，对沙皇说：“军大衣上钉的都是这种纽扣，只不过它们‘受寒生病’变没了。陛下若不信，请派人将一盒纽扣放到宫廷花园里冻几天，一盒放在宫廷内试试。”

几天后，化学家带沙皇来到宫廷花园，请沙皇把盒子里的锡纽扣拿起来，哪知沙皇的手刚摸到纽扣，纽扣就变成了粉末，而放在宫廷内的锡纽扣却完好如初。这下军大衣纽扣“失踪”之谜解开了。原来，金属锡有个怪脾气，遇到低温就会变成粉末，人们把锡的这种变化叫作“锡疫”。

评析

化学家说服沙皇时做了个实验，他把锡纽扣放进盒子，并放在宫廷花园里冻了几天。实验证实，锡纽扣在低温下变成了粉末，在常温下则完好如初。

化学家的对照过程如下：

锡纽扣在低温下则变成粉末

锡纽扣在常温下则完好如初

低温是锡纽扣变成粉末的原因

化学家的实验用了对照法，这是有因有果与无因无果之对照的情况。

有因有果与无因无果之对照的公式如下：

S 有 A 则 P

S 无 A 则无 P

A 是 S 所以 P 的原因

在公式中，S 表示对照之事物，A 表示一个条件或原因，P 表示一个结果。“S 有 A 则 P，S 无 A 则无 P”是对照过程，“A 是 S 所以 P 的原因”是对照出的结论。

化学家的实验证实，低温是锡纽扣变成粉末“失踪”的原因，从而帮助军需大臣洗清了罪责。

60. 催化剂的发现

瑞典化学家贝采利乌斯在实验里做实验，忘记当天是他的生日，匆忙赶回家时，亲朋好友们纷纷举杯祝贺他生日快乐。他顾不上洗手就接过酒杯，把一杯红葡萄酒一饮而尽。喝完后却对妻子说：“怎么把醋当酒给我喝？”妻子感到蹊跷，明明是红葡萄酒，贝采利乌斯怎么说是醋呢？接过贝采利乌斯的酒杯，发现酒杯上有一些黑色细粉。贝采利乌斯也看到自己双手十个手指都沾有这种黑色细粉，原来是在实验室研磨白金时沾上的铂黑。

贝采利乌斯想了想说：“原来是这样，有了白金粉末，甜酒则变成酸酒，看来，白金粉末有催化作用。”想到这里，他高兴得几乎跳了起来，立即拿起那杯酸酒一饮而尽。

原来，是白金粉末把红葡萄酒变成了酸酒，它加快了乙醇（酒精）和空气中的氧气发生化学反应，生成醋酸。1836 年，贝采利乌斯在《物理学与化学年鉴》杂志上发表了一篇论文，首次提出化学反应中的“催化”与“催化剂”问题。

后来，人们把这种能改变化学反应速率的作用叫作“催化作用”，把具有催化作用的物质叫作“催化剂”。

评析

贝采利乌斯观察到，有了白金粉末，甜酒则变成酸酒，便探寻出“甜酒有了白金粉末则变成酸酒”的演化规律。

贝采利乌斯的察变过程如下：

有白金粉末

甜酒则变成酸酒

甜酒有白金粉末则变成酸酒

贝采利乌斯的发现借助了察变法，这是化一为一的演化情况。

化一为一的演化公式如下：

有 A（B、C）

M 则形成 N

M 有 A（B、C）则形成 N

在公式中，A（B、C）表示一定的条件，M 表示一个事物，N 表示所形成的事物。“有 A（B、C），M 则形成 N”是考察过程，“M 有 A（B、C）则形成 N”是考察出的结论。

贝采利乌斯观察到“甜酒有白金粉末则变成酸酒”，从而发现了白金粉末有催化作用，继而启发人们发明了催化剂。

61. 鲍西娅的肖像

数学家斯摩林根据莎士比亚的名剧《威尼斯商人》中的情节，编了一则智力题：

鲍西娅不仅聪明美丽，而且人品出众，许多王孙公子前来向她求婚。鲍西娅对求婚者说：“这里有三只匣子，一只金匣子，一只银匣子，一只铜匣子。我的肖像就放在其中一只匣子里。这三只匣子上各写有一句话，但三句话中只有一句是真话。谁能猜中我的肖像放在哪一只匣子里，我就嫁给谁。”

求婚者围着三个匣子看，只见金匣子上写着“肖像不在此匣中”，银匣子上写着“肖像在金匣中”，铜匣子上写着“肖像不在此匣中”。没过多久，其中一个求婚者就猜中了。

请回答：鲍西娅的肖像在哪只匣子里。

评析

这则智力题要使用排除法解答。根据题意可以做出三种假设：肖像可能在金匣子中，也可能在银匣子中，还可能在铜匣子中。

我们先看“肖像在金匣子中”的假设是否成立。

如果肖像在金匣子中，那么，金匣子上写的“肖像不在此匣中”就是一句假话，银匣子上写的“肖像在金匣中”和铜匣子上写的“肖像不在此匣中”就是两句真话。这与鲍西娅说的“三句话中只有一句是真话”的条件不符。因此，这个假设不能成立，排除。

我们再看“肖像在银匣子中”的假设是否成立。

如果肖像在银匣子中，那么，金匣子上写的“肖像不在此匣中”和铜匣子上写的“肖像不在此匣中”就是两句真话，银匣子上写的“肖像在金匣中”就是一句假话。这与鲍西娅说的“三句话中只有一句是真话”的条件不符。因此，这个假设不能成立，排除。

排除了前两种假设，肖像只能在铜匣子中。

我们检验一下得出的结论是否正确。如果肖像在铜匣子中，金匣子上写的“肖像不在此匣中”就是一句真话，银匣子上写的“肖像在金匣中”就是一句假话，铜匣子上写的“肖像不在此匣中”也是一句假话。这与鲍西娅说的“三句话中只有一句是真话”的条件完全相符。因此，肖像在铜匣子中的结论正确。

这则智力题的答案是：肖像在铜匣子中。

62. 莫尔顿发明麻醉药

19世纪中叶，美国年轻的医学院学生莫尔顿对麻醉术产生了兴趣，他决心寻找到比当时的“笑气”（一氧化二氮）更有效的麻醉药。

一天，莫尔顿去拜访化学家杰克逊，听到他正讲述昨晚的“奇遇”：黄昏时，杰克逊和朋友们玩纸牌，正当兴头上，天却暗下来了。杰克逊一边打牌，一边给灯添加酒精，匆忙中误把乙醚当作酒精加进了灯里。酒精灯点燃后，整个房间弥漫着一股异样的清香。不一会儿，杰克逊和牌友们竟然昏昏入睡了。他们醒来时已是半夜时分。这个有趣的故事，令莫尔顿陷入沉思。

莫尔顿赶回实验室，决定用乙醚进行麻醉实验。他把一条狗牵进实验室，让狗吸入乙醚蒸气，几分钟后，狗果然昏然入睡，失去了知觉和痛感。莫尔顿用动物做了多次实验，充分证实了乙醚的麻醉作用。于是，莫尔顿利用乙醚制成了麻醉药。

1846年10月16日，莫尔顿所发明的麻醉药，在麻省综合医院里的临床应用中首获成功。于是，乙醚麻醉药被推广到全世界，广泛地应用于医疗手术。

评析

莫尔顿从杰克逊的故事中受到启发：吸入乙醚蒸气，人则处于昏迷状态，把事情联系起来，就发现了二者之间的因果关系，从而研制出了麻醉药。

莫尔顿的联系过程如下：

吸入乙醚蒸气

人则处于昏迷状态

人吸入乙醚蒸气则处于昏迷状态

莫尔顿的发现借助了联缘法，这是某事物与某介入之因素相联缘的情况。

某事物与某介入之因素相联缘的公式如下：

M 介入

S 则 P

S 有 M 介入则 P

在公式中，S、M 表示两个事物，P 表示一个结果。“M 介入，S 则 P”是联系过程，“S 有 M 介入则 P”是联系出的结论。

莫尔顿得知“人吸入乙醚蒸气则处于昏迷状态”，从中受到启发，发明了麻醉药。

63.“万能”溶液

科学史上有这样一个传说：一个年轻人想到发明家爱迪生的实验室里工作，爱迪生接见了他。这个年轻人满怀信心地说：“我想发明一种万能溶液，它可以溶解一切物品。”

爱迪生听了，笑眯眯地问道：“那么，你想用什么器皿盛放这种万能溶液呢？它不是可以溶解一切物品吗？”

年轻人顿时哑口无言。

评析

年轻人的想法为什么错了呢？因为他的想法中存在悖论因素。

首先，发明这种“万能溶液”的先决条件，是必须有盛放它的器皿。

如果有盛放这种“万能溶液”的器皿，由于它溶解不了盛放它的器皿，就不能叫作“万能溶液”。

如果没有盛放这种“万能溶液”的器皿，那么这种“万能溶液”要放哪里呢？

可知，年轻人的想法存在悖论因素，说明他的想法不能成立。

64. 施旺发现动物细胞核

19世纪，德国植物学家施莱登发现植物由细胞构成，德国动物学家施旺发现动物也由细胞构成。他们发现了有机细胞，创立了细胞学说。恩格斯把施莱登和施旺的细胞学说誉为19世纪自然科学的三大发现之一，并对他们的发现予以了极高评价。

之后，施莱登又在植物细胞中发现了细胞核，他把这个新发现告诉了施旺。施旺想，植物细胞是细胞，动物细胞也是细胞，既然植物细胞有细胞核，那么，动物细胞也会有细胞核。

施旺用显微镜反复进行了观察，发现动物细胞中果然也存在细胞核。后来，很多生物学家也进行了实验观察，证实施旺的论断正确。

评析

施旺听施莱登说，植物细胞有细胞核。他想，植物细胞是细胞，动物细胞也是细胞，就类比出“动物细胞也有细胞核”的结论，从而发现了动物细胞核。

施旺的类比推导过程如下：

植物细胞有细胞核

植物细胞属于细胞

动物细胞也属于细胞

动物细胞也有细胞核

施旺的推导用了类比法，这是对事物属性进行类比推导的情况。

事物属性之类比的公式如下：

S_1 有 A

S_1 属于 S

S_2 也属于 S

S_2 有 A

在公式中，S 表示一个一般事物，S_1、S_2 表示两个从属于 S 的个别事物，A 表示事物的一种属性。“S_1 有 A”是已知前提，“S_1 属于 S，S_2 也属于 S”是类比过程，“S_2 有 A”是类比出的结论。

施旺从“植物细胞有细胞核”，类比得出“动物细胞也有细胞核”的结论，从而发现了动物细胞核。

65. 法拉第发现漂白剂

19 世纪的某年春天，在英国物理学家、化学家法拉第的实验室来了几位纽卡斯尔市的园艺家。原来，他们所在城市的紫罗兰近几年都由紫色变成了白色，请法拉第帮忙查找原因。

于是，法拉第随他们去探查究竟。刚到纽卡斯尔市，法拉第就闻到一股臭鸡蛋味儿。经过调查得知，原来附近有一家化工厂，燃烧含有黄铁矿的煤散出二氧化硫气体，这种气体发出臭鸡蛋味儿。是不是二氧化硫气体使紫罗兰由紫变白的呢？

法拉第做了个实验：他把硫黄放在一个小口容器里，不完全燃烧，借以产生二氧化硫气体，然后再把紫罗兰放进去。过了一会儿，紫罗兰果然变白了。于是，揭开了紫罗兰变白之谜——二氧化硫是一种漂白剂。二氧化硫的漂白作用有很广泛的用途，人们沿用至今。

评析

法拉第通过调查得知，存在二氧化硫气体，紫罗兰则变白，把事情联系起来，就找到了二者之间的因果关系。

法拉第的联系过程如下：

存在二氧化硫气体

紫罗兰则变白

紫罗兰遇到二氧化硫气体则变白

法拉第的重大发现借助了联缘法，这是某事物与某存在之因素相联缘的情况。

某事物与某存在之因素相联缘的公式如下：

M 存在

S 则 P

S 有 M 存在则 P

在公式中，S、M 表示两个事物，P 表示一个结果。“M 存在，S 则 P”是联系过程，“S 有 M 存在则 P”是联系出的结论。

法拉第通过调查，知道“紫罗兰遇到二氧化硫气体则变白”，从而发现了二氧化硫的漂白作用。

66. 施瓦布探索地球的磁暴周期

天文学家经过观察研究发现，地球磁场除了有规律的昼夜变化之外，还发生周期性的强烈磁暴。天文学家观察到，太阳上出现黑子地球磁场则发生磁暴，出现黑子越多则磁暴程度越强。

19 世纪中叶，德国天文学家施瓦布经过长期观察发现，太阳上黑子数量的变化周期是 11 年。地球的磁暴周期，恰好和太阳黑子的变化周期相吻合。

于是，天文学家得出如下结论：太阳黑子是发生磁暴的原因。

评析

天文学家观察到，出现太阳黑子，地球磁场则发生磁暴，把事情联系起来，就发现了二者之间的因果关系。

天文学家的联系过程如下：

出现太阳黑子
地球磁场则发生磁暴
———————————
地球磁场遇到太阳黑子则发生磁暴

天文学家的认识过程用了联缘法，这是某事物与某介入之因素相联缘的情况。

某事物与某介入之因素相联缘的公式如下：

M 介入
S 则 P
——————
S 有 M 介入则 P

在公式中，S、M 表示两个事物，P 表示一个结果。“M 介入，S 则 P”是联系过程，“S 有 M 介入则 P”是联系出的结论。

天文学家观察到“地球磁场遇到太阳黑子则发生磁暴”，于是便得出“太阳黑子是发生磁暴的原因”的结论。

67. 李比希改进颜料生产法

1847年，德国化学家李比希应邀去英国皇家学会讲学，并参观了曼彻斯特一家生产绘图颜料的工厂。这家工厂正在生产绘画用的柏林蓝颜料。

工人先把溶液倒进一口大铁锅里，然后一边加热一边搅拌。李比希发现，工人在搅拌时，故意用铁棒猛撞铁锅，发出很大声响。工人很用力，不一会儿就汗流满面。

李比希问工人："为什么不轻轻搅拌，要用力地猛撞铁锅呢？"

工人回答说："搅拌时撞的声音越大，柏林蓝的质量就越好。"

李比希听了，疑惑不解地问："为什么撞的声音越大，柏林蓝的质量就越好？"工人听了，摇了摇头，说不出个所以然来。

难道撞的声音大小真和柏林蓝的质量有关？其原因何在呢？回到柏林后，李比希走进实验室，试着用锤子敲打一块铁皮。他连敲打边思考，猛然间，他明白了：撞击铁锅落下来的是铁屑，肯定是铁屑中的铁原子改变了柏林蓝的性能！

李比希立即进行实验，他在柏林蓝的溶液中加进一些含铁的化合物，果然，柏林蓝的色彩变得格外鲜艳，质量显著提高。经过多次实验，证实他的结论正确。

于是，李比希写信告诉那家颜料工厂，不用再用力撞铁锅了，只需在溶液中加入一些含铁的化合物就可以了。工厂实验之后，果然很灵验。从此以后，柏林蓝的质量越来越好，而工人的劳动强度却大大降低。

评析

李比希参观时听工人说，用铁棒撞击铁锅，柏林蓝的质量就好，把事情联系起来，就发现了二者之间的因果关系。但是“为什么撞的声音越大，柏林蓝的质量就越好呢？”李比希经过认真思考终于搞清楚原因：撞击铁锅落下来的铁屑中的铁原子改变了柏林蓝的性能。

李比希的联系过程如下：

有了铁屑

柏林蓝的质量更好

柏林蓝有了铁屑质量更好

李比希的探索用了联缘法，这是某事物与某介入之因素相联缘的情况。

某事物与某介入之因素相联缘的公式如下：

M 介入

S 则 P

S 有 M 介入则 P

在公式中，S、M 表示两个事物，P 表示一个结果。“M 介入，S 则 P”是联系过程，“S 有 M 介入则 P”是联系出的结论。

李比希推导出“柏林蓝有了铁屑质量更好”的结论，因此建议英国生产颜料的工厂，只需在溶液中加入一些含铁的化合物就可以，还大大减轻了工人的劳动强度。

68. 巴斯德揭开发酵之谜

19 世纪中叶，法国微生物学家路易·巴斯德住在里尔。一天，酿酒商毕戈找到巴斯德说，他的甜菜浆变酸酿不成酒了，请他帮助查找原因。

巴斯德到酿酒厂取回甜菜浆和酸啤酒的样品研究。在显微镜下，巴斯德发现能酿成酒的甜菜浆中有许多蛋黄色球状颗粒，它们都奇妙地跳动着，有些还长有小芽，说明还能生长。经过多次实验观察，他认为这些活生生的小球可能就是酵母菌，是它们使甜菜浆变成了酒酿。而在变酸的不能酿成酒的甜菜浆中，没有发现活动的酵母菌，却发现了一种像一根根细棍似的杆状小生命，这种杆状小生命是乳酸杆菌，导致甜菜浆变酸不能酿成酒的原因。

巴斯德发现，原来酵母菌能将甜菜浆中的糖分转化为酒，但乳酸杆菌则会让酒变酸。

德国著名化学家李比希认为，使糖变成酒的不是酵母菌，而是蛋白，只有蛋白才能使糖分解而变成酒。因此，李比希反对巴斯德得出的结论。

巴斯德为回答李比希的挑战，又做了一个实验：有酵母菌与蛋白能酿成酒，有酵母菌而没有蛋白也能酿成酒。这个实验说明，酿酒的条件是酵母菌而不是蛋白。

评析

巴斯德在显微镜下观察到，甜菜浆有酵母菌则能酿成酒，甜菜浆没有酵母菌则不能酿成酒。很显然，这两个场合中的不同条件是有没有酵母菌，找到了甜菜浆能酿成酒的原因。

巴斯德的探寻过程如下：

甜菜浆有酵母菌则能酿成酒

<u>甜菜浆没有酵母菌则不能酿成酒</u>

酵母菌是甜菜浆能酿成酒的条件

巴斯德的探索用了觅差法，这是有因有果与无因无果之觅差的情况。

有因有果与无因无果之觅差的公式如下：

S 有 A 则有 P

<u>S 无 A 则无 P</u>

A 是 S 所以 P 的原因

在公式中，S 表示觅差之事物，A 表示一个条件或原因，P 表示一个结果。“S 有 A 则有 P，S 无 A 则无 P”是觅差过程，“A 是 S 所以 P 的原因”是探寻出的结论。

巴斯德通过实验证实，有酵母菌、蛋白能酿成酒，有酵母菌没有蛋白也能酿成酒，说明蛋白不是酿酒的条件。

巴斯德的对照过程如下：

甜菜浆有酵母菌、蛋白能酿成酒

甜菜浆有酵母菌没有蛋白也能酿成酒

蛋白不是甜菜浆酿酒的条件

巴斯德的实验用了对照法，这是有因有果与无因有果之对照的情况。

有因有果与无因有果之对照的公式如下：

S 有 A 则 P

S 无 A 亦 P

A 非 S 所以 P 的原因

在公式中，S 表示对照之事物，A 表示一个条件或原因，P 表示一个结果。“S 有 A 则 P，S 无 A 亦 P”是对照过程，“A 非 S 所以 P 的原因”是对照出的结论。

酿酒需要酵母菌，不是蛋白；酵母菌可以将糖转为酒，而乳酸杆菌则会让酒变酸。

巴斯德借助了觅差法和对照法，揭开了发酵之谜。

69. 巴斯德发明消毒法

酿酒商毕戈央求巴斯德帮忙找到杀菌的办法，不然他的酿酒厂会因为啤酒变酸而倒闭。

巴斯德应允后思考：加热能杀死乳酸杆菌，只要把啤酒加热到沸点一定会达到消毒目的。可是，这样消毒后，啤酒的味道就变了。因此，必须找到一个适当的温度，既能杀死乳酸杆菌，又不会破坏啤酒的味道。

经过反复实验，巴斯德终于找到了方法。他告诉毕戈：把刚酿好的啤酒慢慢加热到55℃，并放置一段时间，这样，既杀死了乳酸杆菌，又不会影响啤酒的味道。然后，再把啤酒装进洁净的瓶中密封，就不会再变质发酸。

正巧，“巴特”号商船要出海远航，毕戈灵机一动，便借机做了一个实验。毕戈往船上装了两箱啤酒，其中一箱是用巴斯德的方法加热杀菌过的，另一箱则没有经过这种处理。

几个月后，“巴特”号商船返航，毕戈迫不及待地带人上船检查他的啤酒，结果令他叹服：凡是经过加热灭菌处理的啤酒，瓶瓶清香可口；而未经处理的啤酒，全都变得酸臭不能饮用了。

巴斯德找到了防止啤酒变酸的科学方法，人们把这种方法亲切地称为“巴斯德消毒法”。

评析

毕戈为了检验“巴斯德消毒法”是否可靠，借“巴特”号商船远航之机做了实验。他往船上装了两箱啤酒，其中一箱用巴斯德的方法加热杀菌过，另一箱则没经过这种处理。结果，经过加热杀菌处理的啤酒清香可口，未经处理的啤酒全都变得酸臭不能饮用了。

毕戈的对照过程如下：

啤酒经巴斯德消毒法处理后保持清香可口

啤酒未经巴斯德消毒法处理则不能饮用
——————————

巴斯德消毒法是啤酒清香可口的条件

毕戈的实验用了对照法，这是有因有果与无因无果之对照的情况。

有因有果与无因无果之对照的公式如下：

S 有 A 则 P

S 无 A 则无 P
——————————

A 是 S 所以 P 的原因

在公式中，S 表示对照之事物，A 表示一个条件或原因，P 表示一个结果。“S 有 A 则 P，S 无 A 则无 P”是对照过程，“A 是 S 所以 P 的原因”是对照出的结论。

毕戈知道“巴斯德消毒法是啤酒保持清香可口的条件”，实验证实“巴斯德消毒法”是行之有效的科学消毒法。

70. 巴斯德战胜炭疽病

19 世纪中后期，法国畜牧业中流行一种可怕的炭疽病，羊患上了这种病几小时就会死亡。死羊的尸体会鼓胀起来，皮破以后流出黏稠的黑血。这种可怕的瘟疫很容易传染。

微生物学家巴斯德来到牧区发病区，见成群的羊死在地上。他从死羊身上取出血样，放在显微镜下检查，发现血液中有许多丝状杆菌。他又从健康的羊身上取出血样检查，发现健康的羊的血液中不存在这种丝状杆菌。巴斯德想，这种丝状杆菌可能是炭疽病的发病原因。

炭疽病的发病原因找到了，怎样战胜这种可怕的疾病呢？巴斯德想，种牛痘能预防天花，接种感染性较低的炭疽病菌苗可能会预防炭疽病。于是，他将炭疽病毒放在适度温度中降低毒性制成了炭疽病疫苗。

巴斯德在浦列里堡农场做了一个实验。他把 48 只羊分为两群，一群羊注射毒性已经削弱的病原菌，另一群没有注射。过了 12 天，他重复实验。再过 12 天，他给两群羊全部注射毒性较强的病原菌。两天过后，再次受到病原菌感染的 24 只羊全都活着，而另外 24 只羊都死了。

巴斯德的实验成功了，他的免疫理论被证实是科学的方法。

评析

巴斯德在显微镜下观察到，羊的血液中有丝状杆菌则患炭疽病，羊的血液中没有丝状杆菌则不患炭疽病。很显然，两个场合中的不同条件是有没有丝状杆菌。这就找到了羊患炭疽病的原因。

巴斯德的探寻过程如下：

羊的血液中有丝状杆菌则患炭疽病

<u>羊的血液中没有丝状杆菌则不患炭疽病</u>

丝状杆菌是羊患炭疽病的条件

巴斯德的探索用了觅差法，这是有因有果与无因无果之觅差的情况。

有因有果与无因无果之觅差的公式如下：

S 有 A 则有 P

<u>S 无 A 则无 P</u>

A 是 S 所以 P 的原因

在公式中，S 表示觅差之事物，A 表示一个条件或原因，P 表示一个结果。“S 有 A 则有 P，S 无 A 则无 P”是觅差过程，“A 是 S 所以 P 的原因”是探寻出的结论。

巴斯德知道，种牛痘能预防天花。他想，天花病是一种疾病，炭疽病也是一种疾病，便类比出“接种炭疽病疫苗也能预防炭疽病”这个结论。

巴斯德的类比推导过程如下：

天花病接种了疫苗则不再感染

天花病是一种疾病

<u>炭疽病也是一种疾病</u>

炭疽病接种了疫苗也不会再感染

巴斯德的推导用了类比法，这是对事物因果关系进行类比推导的情况。

事物因果关系之类比的公式如下：

S_1 有 A（B、C）则 P

S_1 属于 S

S_2 也属于 S

S_2 有 A（B、C）则 P

在公式中，S 表示一个一般事物，S_1、S_2 表示两个从属于 S 的个别事物，A（B、C）表示若干条件或原因，P 表示一个结果。“S_1 有 A（B、C）则 P”是已知前提，“S_1 属于 S，S_2 也属于 S”是类比过程，“S_2 有 A（B、C）则 P”是类比出的结论。

巴斯德把 48 只羊分为两群，一群注射了炭疽病疫苗，另一群没注射。过了一段时间，他给两群羊全都注射了炭疽病菌。两天过后，注射了疫苗的羊都活着，没注射疫苗的羊都死了。

巴斯德的对照过程如下：

羊群注射炭疽病疫苗则活着

羊群不注射炭疽病疫苗则不能活

炭疽病疫苗是羊群不患炭疽病的条件

巴斯德的实验用了对照法，这是有因有果与无因无果之对照的情况。

有因有果与无因无果之对照的公式如下：

S 有 A 则 P

S 无 A 则无 P

A 是 S 所以 P 的原因

在公式中，S 表示对照之事物，A 表示一个条件或原因，P 表示一个结果。“S 有 A 则 P，S 无 A 则无 P”是对照过程，“A 是 S 所以 P 的原因”是对照出的结论。

巴斯德通过实验，借助了觅差法、类比法和对照法，得出了“炭疽病疫苗是羊群不患炭疽病的条件”的结论，实验证实他的免疫理论是科学的，战胜了炭疽病，为人类做出了重大贡献。

71. 巴斯德征服狂犬病

19世纪，狂犬病是流行于狗、猫等动物中的疾病，人一旦被病畜咬伤，狂犬病毒就通过伤口侵入人体，患者数日（或数月）之内便会死亡。狂犬病和鼠疫一样，夺去过无数人的生命，令人谈“犬”色变。法国微生物学家巴斯德，经过多年孜孜不倦的研究，制成了一种狂犬疫苗，可以预防狂犬病。他用哺乳动物经过多次实验，都获得了成功。

有一天，一个妇女带着被疯狗咬伤的儿子约瑟芬来找巴斯德，哀求他救救孩子。巴斯德没在人身上实验过，担心在人身上注射狂犬病疫苗会出危险，但转念又想：多次对哺乳动物的实验是成功的，况且孩子也属于哺乳动物。于是决定治疗这个孩子。巴斯德给孩子注射狂犬疫苗之后，一夜未眠。天亮后，他快速迈进病房，见孩子睡得很踏实。经过巴斯德认真调理，数月之后，孩子并未出现狂犬病症状。

巴斯德把毕生精力和才智献给了科学研究事业，征服狂犬病是他对人类做出的重大贡献之一。

评析

巴斯德通过多次实验证实，哺乳动物注入狂犬疫苗则能预防狂犬病。他知道，约瑟芬也属于哺乳动物，便演绎出“约瑟芬注入狂犬疫苗也能预防狂犬病”的结论。

巴斯德的演绎推导过程如下：

哺乳动物注入狂犬疫苗能预防狂犬病

约瑟芬属于哺乳动物

约瑟芬注入狂犬疫苗也能预防狂犬病

巴斯德的推导用了演绎法，这是对事物因果关系进行演绎推导的情况。

事物因果关系之演绎的公式如下：

S有A（B、C）则P

S_1属于S

S_1有A（B、C）则P

在公式中，S表示一个一般事物，S_1表示一个从属于S的个别事物，A（B、C）表示若干条件或原因，P表示一个结果。“S有A（B、C）则P”是已知前提，“S_1属于S”是演绎过程，“S_1有A（B、C）则P”是演绎出的结论。

巴斯德演绎出的“约瑟芬注入狂犬疫苗也能预防狂犬病”的结论正确。他研制的狂犬疫苗挽救了许多狂犬病患者的性命。

72. 萨克斯揭开植物产生淀粉的秘密

19世纪中叶，德国植物学家萨克斯对植物中的淀粉是如何产生的进行研究，他认为淀粉的产生和阳光照射有关。于是，他进行了相关实验。

萨克斯通过实验观察到，植物受到阳光照射则能产生淀粉，植物见不到阳光则不能产生淀粉。于是，他初步断定：“阳光是植物产生淀粉的条件。”

萨克斯经过进一步研究终于弄清：叶绿素在光合作用下吸收二氧化碳，分解后，与其他养料合成了淀粉。于是，萨克斯揭开了植物产生淀粉的秘密。

评析

萨克斯通过实验观察到，植物受到阳光照射则能产生淀粉，植物见不到阳光则不能产生淀粉，便得出“阳光是植物产生淀粉的条件”的结论。

萨克斯的对照过程如下：

植物受到阳光照射则会产生淀粉

植物未受阳光照射则不能产生淀粉

阳光照射是植物产生淀粉的条件

萨克斯的实验用了对照法，这是有因有果与无因无果之对照的情况。

有因有果与无因无果之对照的公式如下：

S有A则P

S无A则无P

A是S所以P的原因

在公式中，S表示对照之事物，A表示一个条件或原因，P表示一个结果。“S有A则P，S无A则无P”是对照过程，“A是S所以P的原因”是对照出的结论。

萨克斯通过实验，判定了“阳光照射是植物产生淀粉的条件”，从而揭开了植物产生淀粉的秘密。

73. 红黑帽子

一个土耳其商人想找助手与他一起经商，要求助手必须聪敏。消息传出后，有两个人想要当他的助手。

商人为了测试哪一个更聪明，便把他俩带进一间屋子里，说道：“这张桌子上有五顶帽子，两顶红色，三顶黑色。我现在关掉电灯，并且把帽子的位置搞乱，然后我们三人每人摸一顶帽子戴在头上。当我把灯打开时，请你们尽快说出自己头上的帽子是什么颜色。”

商人说完立即关上电灯。顿时，屋里一片漆黑，三人各自摸了一顶帽子戴在头上。然后，商人摸黑把余下的两顶帽子藏进桌子里，打开了电灯。这时，那两个人看到商人戴的是一顶红帽子。过了一会儿，其中一个人喊道："我戴的是黑帽子。"结果，这个人猜对了。

请回答：这个人是怎么推测的？

评析

为了叙述方便，我们把猜对的人称作甲，另一个人称作乙。甲的推测用了排除法。

根据题意，甲戴的帽子颜色可能是红色，也可能是黑色。

甲知道，桌子上的五顶帽子有两顶红色，三顶黑色。甲见商人戴的红帽子，他想如果自己也戴红帽子，由于红帽子只有两顶，那么乙马上能猜出自己戴的是黑帽子。但是，乙并没有立即猜出，这说明甲戴的不是红帽子。甲排除了自己戴红帽子的可能，猜到自己戴的是黑帽子。

74. 斯米尔诺夫发现大铁矿

1874 年，俄罗斯物理学家斯米尔诺夫到库尔茨克地区旅游。他担心在森林茂密的地区会迷失方向，便随身携带了一只小巧的指南针。

有一次，斯米尔诺夫拿出指南针测方向时，见指南针的指针死死地定在一个方向上不动了，便轻轻抖动了几下，但指南针还是一动不动。他以为指南针出了问题。斯米尔诺夫回到家，发现指南针的指针又轻轻地抖动了，依然准确地指认南方。斯米尔诺夫仔细地观察指南针，相信指南针没有出问题。那么，什么原因令指南针失灵了呢？斯米尔诺夫知道，地球自身就带有磁场，分为南极和北极。指南针因受到地磁力吸引，指向南方。

当斯米尔诺夫再次来到库尔茨克地区，与上次一样，指南针又失灵了。这个使指南针失灵的区域范围相当大。但只要离开这个地方，指南针就会恢复正常。斯米尔诺夫推测，这里的地下一定有个强大的磁场。于是，斯米尔诺夫写了一篇文章，对指南针失灵的原因做了大胆推测。他预言，库尔茨克的地底下有一个大型磁铁矿。

后来苏联政府派地质学家，对库尔茨克地区进行了多次勘测，在这个地磁异常区域发现了富铁矿。

评析

斯米尔诺夫观察到，指南针在库尔茨克则失灵，指南针离开库尔茨克则正常。这两个场合中存在什么不同条件呢？他猜测，库尔茨克地下可能存在一个大型磁铁矿。

斯米尔诺夫的探寻过程如下：

指南针在库尔茨克则失灵

指南针离开库尔茨克则正常

库尔茨克是指南针失灵的原因

斯米尔诺夫的探索用了觅差法，这是有因有果与无因无果之觅差的情况。

有因有果与无因无果之觅差的公式如下：

S 有 A 则有 P

S 无 A 则无 P

A 是 S 所以 P 的原因

在公式中，S 表示觅差之事物，A 表示一个条件或原因，P 表示一个结果。“S 有 A 则有 P，S 无 A 则无 P”是觅差过程，“A 是 S 所以 P 的原因”是探寻出的结论。

斯米尔诺夫根据“库尔茨克是指南针失灵的原因”，推测库尔茨克地下有磁铁矿。

75. 科赫发现结核杆菌

19世纪末的欧洲，肺结核病十分猖獗，人们认为这是遗传疾病，没有办法防治。德国医生罗伯特·科赫认为，肺结核是一种传染病，是通过某种细菌传染的。因此，他千方百计地要找到引起肺结核的病原菌。

科赫从死于结核病的人与动物的尸体中取来标本，制成了各种细菌涂片，然后在显微镜下观察。最后，终于在第271号玻璃片上找到了一种细长的小杆状菌。他把这种菌叫作结核杆菌。

科赫为了确定结核病是否由结核杆菌引起的，用健康的豚鼠进行实验。他把豚鼠分为两组，第一组豚鼠接种了结核杆菌，第二组豚鼠没有接种。过了一个多月，第一组豚鼠全部患肺结核死了，第二组豚鼠则都健康地活着。实验证实，结核病是由结核杆菌引起的。

1882年3月24日，科赫在柏林生理学会的集会上宣布结核杆菌是结核病的病原菌。1882年4月10日科赫在《临床周报》上发表论文《结核病病原学》。

评析

科赫通过认真观察，发现了结核杆菌，继而进行实验：豚鼠接种结核杆菌则患结核病，不接种结核杆菌则不患结核病。这说明，结核病是由结核杆菌引起的，他的论断正确。

科赫的对照过程如下：

豚鼠接种结核杆菌则患结核病

<u>豚鼠不接种结核杆菌则不患结核病</u>

结核杆菌是豚鼠患结核病的原因

科赫的实验用了对照法，这是有因有果与无因无果之对照的情况。

有因有果与无因无果之对照的公式如下：

S有A则P

S无A则无P

A是S所以P的原因

在公式中，S表示对照之事物，A表示一个条件或原因，P表示一个结果。“S有A则P，S无A则无P”是对照过程，“A是S所以P的原因”是对照出的结论。

科赫得出的“结核杆菌是豚鼠患结核病的原因”结论正确，因而引起学术界的轰动。科赫因此荣获1905年诺贝尔生理学或医学奖。

76. 凯库勒梦中的科学发现

德国有机化学家凯库勒提出了苯分子的结构形式是环状的理论，解决了有机化学上的一个难题。凯库勒是怎样得出苯分子的结构形式是环状的理论的呢？

1890年，在德国化学会成立25周年庆祝大会上，凯库勒讲述了发现这个理论的经过。

凯库勒说：“一天，我坐马车回家，由于过度劳累，在摇摇晃晃的马车上睡着了。我做了一个梦，梦见几个月来设想过的种种苯分子结构式在我的眼前跳舞。忽然，其中有一个分子结构式变成一条蛇，这蛇首尾相衔，成了一个环。正在这时，马车夫大声地喊道：‘先生，克来宾路到了！’我从梦中惊醒。当天晚上，我在这个梦的启发下，终于画出了首尾相接的环式分子结构。”

凯库勒梦见苯的分子结构式变成了一条蛇，这条蛇首尾相衔变成了一个环。他受梦的启发联想到：蛇首尾相接则呈现环状，蛇是链条状，苯分子式也是链条状，便类比出“苯分子式首尾相接则呈现环状”，得出苯分子是环状结构的理论。

评析

凯库勒梦见苯的分子结构式变成了一条蛇，这条蛇首尾相衔变成了一个环。他受梦的启发联想到：蛇是链状，苯分子式也是链状，便类比出“苯分子式首尾相接则呈现环状”，提出了苯分子的结构形式是环状的理论。

凯库勒的类比推导过程如下：

蛇首尾相接则呈现环状

蛇是链条状

苯分子式也是链条状

苯分子式首尾相接则呈现环状

凯库勒在梦中的科学发现借助了类比法，这是对事物因果关系进行类比推导的情况。

事物因果关系之类比的公式如下：

S_1 有 A（B、C）则 P

S_1 属于 S

S_2 也属于 S

S_2 有 A（B、C）则 P

在公式中，S 表示一个一般事物，S_1、S_2 表示两个从属于 S 的个别事物，A（B、C）表示若干条件或原因，P 表示一个结果。“S_1 有 A（B、C）则 P”是已知前提，“S_1 属于 S，S_2 也属于 S”是类比过程，“S_2 有 A（B、C）则 P”是类比出的结论。

77. 莫瓦桑制成人造金刚石

金刚石是自然界最硬的矿石之一，经过打磨后就成了钻石，被人们誉为“宝石之王”。由于地球上的金刚石产量很少，并且埋藏在地下，因而成了贵重物质。

法国化学家莫瓦桑有一次听有关陨石研究的报告，被报告中的一段话吸引住了："陨石是一个大的铁块，在铁块里混有极微小的金刚石晶体。"他联想到，石墨矿里也常混有极微量的金刚石晶体。这说明陨石和石墨矿在形成过程中可能会产生金刚石晶体。

莫瓦桑通过翻阅文献资料得知，拉瓦锡对金刚石所做的燃烧实验证明，金刚石的主要成分是碳；另一位化学家德布雷对陨石所做的实验说明，金刚石是在高温高压下形成的。于是，莫瓦桑准备进行人工制造金刚石的实验。

莫瓦桑对助手们说："陨石里含有金刚石，而陨石的主要成分是铁。那我们倒过去，把铁熔化加进碳，这样，碳在足够的高温下，有可能生成金刚石。"他们将一大块生铁放入石墨坩锅加热熔融，往里面掺进碳，然后再让它一点点凉下来，凝成铁块。他们把铁块放在盐酸中，让盐酸把铁一点点溶解掉。最后时刻终于来临了，但他们看到容器底部只有黑色沉淀物，这显然不是金刚石晶体，而是石墨。

莫瓦桑和大家一起寻找失败的原因。一位助手说："德布雷理论说，碳在高温高压下才能形成金刚石，而我们做的实验只有高温没有高压呀！"莫瓦桑听后，提出新的实验方案。他们先把生铁块熔融，掺进碳后，随即迅速将熔融的铁液倒入水中冷却。这样，碳既获得高温又有了高压，然后，再用盐酸把生铁一点点溶解掉。"快看，沉淀中有小晶体。"莫瓦桑小心地取出小晶体，果真是金刚石。

"人造金刚石成功了！"欣喜若狂的莫瓦桑向世界宣布了他的重大科研成果。

评析

莫瓦桑通过听报告和查阅文献资料得知，金刚石的成分主要是碳，金刚石是在高温高压下形成的，探寻出了“碳在高温高压下能变成金刚石”的演化规律。

莫瓦桑的察变过程如下：

在高温高压下

碳能变成金刚石

碳在高温高压下能变成金刚石

莫瓦桑的科研成果借助了察变法，这是化一为一的演化情况。

化一为一的演化公式如下：

有 A（B、C）

M 则形成 N

M 有 A（B、C）则形成 N

在公式中，A（B、C）表示一定的条件，M 表示一个事物，N 表示所形成的事物。“有 A（B、C），M 则形成 N”是考察过程，“M 有 A（B、C）则形成 N”是考察出的结论。

莫瓦桑探寻出“碳在高温高压下能变成金刚石”的演化规律，经过实验，制成了人造金刚石。

78. 伦琴发现 x 射线

1895 年 11 月，德国物理学家伦琴教授发现了一种人眼看不见的新光线。

伦琴是怎样发现新光线的呢？伦琴在实验室内研究阴极射线管放电现象时，发现用黑纸包着的照相底片感光了。用黑纸包着的阴极射线管通电后，发现在一块涂有铂氰化钡的纸屏上发出绿色冷光，关闭电源，冷光消失。伦琴推测实验室里一定存在一种看不见的强光。经过反复实验，伦琴发现一种新射线，并发现这种射线具有一定的特性。

为此，伦琴把这种光线命名为X射线，后人也称之为“伦琴射线”或“X光”。

评析

伦琴知道，照相底片遇到光线则感光。当他发现照相底片感光了，便断定：“一定是有一种看不见的光在起作用。”

伦琴的推断过程如下：

照相底片遇到光线则感光

照相底片已经感光

必然存在一种人眼看不见的光线

伦琴的探索用了溯因法，这是一因一果之溯因的情况。

一因一果之溯因的公式如下：

S有A则P

S已P

必然有A

在公式中，S表示一个一般事物，A表示一个条件或原因，P表示一个结果。“S有A则P”是已知前提，“S已P”是已知结果，“必然有A”是溯求出的结论。

伦琴知道，铂氰化钡纸遇到强光则放出冷光。当他发现铂氰化钡纸放出了冷光，便断定：“一定存在强光。”

伦琴的推断过程如下：

铂氰化钡纸遇到强光则放出冷光

铂氰化钡纸已经放出冷光

必然存在强光

伦琴的探索又用了溯因法，这也是一因一果之溯因的情况。伦琴借助溯因法发现了X射线，因此成为1901年第一届获得诺贝尔物理学奖的人。

79. 贝克勒尔发现放射性元素

1895 年 11 月，德国的伦琴教授发现了“伦琴射线”。那么，伦琴射线是怎样产生的呢？

法国科学家庞加莱在伦琴叙述发现新光线经过的文章中看出了门道。伦琴谈到，新光线产生于克鲁克斯管中由阴极飞往阳极的电子在中途打中的管壁上，这段管壁还发出了特别强烈的磷光。庞加莱认为，既然伦琴射线产生在磷光特别强烈的地方，磷光很可能就是产生伦琴射线的原因，能产生强烈磷光的物体都能放射伦琴射线。

庞加莱的想法是否正确呢？很多科学家通过实验进行检验。法国物理学家贝克勒尔也参加了实验。

贝克勒尔在实验时使用的是硫酸双氧铀钾，这种物质在阳光照射下会发出磷光。他把底片包在一张黑纸里，黑纸上放了一块剪出花纹的金属片，金属片上铺了一张薄纸，薄纸上撒了一层铀盐，然后放到阳光下去晒，晒后对底片进行了显影处理，发现底片上出现了白色的金属片花纹的印迹。贝克勒尔认为，铀盐被阳光照射后产生了磷光，磷光发出的伦琴射线使底片感了光，底片被金属遮住的地方，由于伦琴射线穿不透金属而没有感光。

贝克勒尔的实验说明，庞加莱的推测是正确的。可是，一件怪事发生了，又使贝克勒尔推翻了庞加莱的推测。

1896 年 2 月 26 日，贝克勒尔再次实验，他在用黑纸包好的底片上放了一块剪出花纹的金属片，金属片上放了铀盐。由于太阳被乌云遮住，贝克勒尔决定暂时不做实验了，他把这套用具原封不动地放到写字台的抽屉里。

第二天没有阳光，第三天、第四天也是阴天。第五天，也就是 3 月 1 日，贝克勒尔决定无论如何要给底片显一显影。他想，铀盐只是在阴天漫射的光线照过若干分钟，后来一直放在黑暗的抽屉里，不见得产生伦琴射线。如果产生，也一定很少，底片上即使有暗影，也一定模糊不清。不料，事实使贝克勒尔大为震惊，显影后的底片上竟然出现了轮廓分明的金属片花纹印迹。这说明底片感了光，而且是受到强烈光线的照射。

贝克勒尔感到很奇怪，于是再次实验。他把几粒铀盐藏在一只盒子里，把盒子和一包用黑纸包好的底片一起放到箱子里，然后把盖得很严的箱子放在漆黑无光的房间里。这样，铀盐不会产生磷光。可是，15 天过后发现，放在铀盐旁边的底片还是感光了。

为了把问题搞清楚，贝克勒尔又进行了多次实验。他把能放出磷光的硫化锌和硫化钙，放在用黑纸包好的底片上面，放到阳光下晒，但底片没有感光。他改用电弧光和燃烧镁的强光来照射，虽然硫化物发出的磷光增强了，但底片仍然没有感光。而铀盐呢？在黑暗中不产生磷光也能使底片感光。

贝克勒尔经过多次实验证明，看不见的射线是铀盐产生的，和磷光现象毫无关系。贝克勒尔推翻了庞加莱的推测。

贝克勒尔再次进行了一系列实验。他对当时所知道的凡是含铀的物质一一检查实验，例如金属铀、铀盐、铀酸、铀的氧化物等，发现它们都能放射出一种看不见的射线，于是得出结论："含铀物质都能放射出看不见的射线。"

科学家把这种能放射出看不见的射线的元素叫作"放射性元素"。贝克勒尔因此获得了 1903 年的诺贝尔物理学奖。

评析

庞加莱认为，伦琴射线是由磷光放射出来的，贝克勒尔通过实验对庞加莱的结论进行检验。实验证实，铀盐放出磷光则产生伦琴射线，铀盐不放出磷光也产生伦琴射线，说明磷光不是产生伦琴射线的原因。

贝克勒尔的对照过程如下：

铀盐放出磷光则产生伦琴射线

铀盐不放磷光也产生伦琴射线

磷光不是产生伦琴射线的原因

贝克勒尔的实验用了对照法，这是有因有果与无因有果之对照的情况。

有因有果与无因有果之对照的公式如下：

S 有 A 则 P

S 无 A 亦 P

A 非 S 所以 P 的原因

在公式中，S 表示对照之事物，A 表示一个条件或原因，P 表示一个结果。“S 有 A 则 P，S 无 A 亦 P”是对照过程，“A 非 S 所以 P 的原因”是对照出的结论。

贝克勒尔通过实验得知，金属铀、铀盐、铀酸、铀的氧化物等都能放射伦琴射线，又概括出它们都是含铀物质，就归纳出“含铀物质都能放射伦琴射线”的结论。

贝克勒尔的归纳推导过程如下：

金属铀能放射伦琴射线

铀盐能放射伦琴射线

铀酸能放射伦琴射线

铀的氧化物能放射伦琴射线

金属铀、铀盐、铀酸、铀的氧化物等都属于含铀物质

含铀物质都能放射伦琴射线

贝克勒尔的推导用了归纳法，这是对事物属性进行归纳推导的情况。

事物属性之归纳的公式如下：

S_1有 A

S_2有 A

………

S_n有 A

S_1、S_2……S_n都属于 S

S 有 A

在公式中，S 表示一个一般事物，S_1、S_2、S_n等表示若干从属于 S 的个别事物，A 表示事物的一种属性。“S_1有 A，S_2有 A……S_n有 A”是已知前提，“S_1、S_2……S_n都属于 S”是概括过程，“S 有 A”是归纳出的结论。

80. 居里夫妇发现镭元素

1898 年年初，法国物理学家居里夫妇为了弄清一批沥青铀矿石样品中是否含有值得提炼的铀，对其中的含铀量进行了测试。

他们发现沥青铀矿石的放射性非常强，远远超过了它所含的铀可能释放出的能量。他们以为实验出了误差，于是反复做了多次实验。实验结果证实，矿石中一定有一种未被人们所知的放射性极强的未知元素。

1898 年 7 月，居里夫妇从矿石中分离出了非常微量的黑色粉末，它的放射能比铀大得多。他们将黑色粉末中所含有的未知金属元素命名为“钋”。

但是，只有钋也不能说明黑色粉末的强大放射能。又经过一番实验与努力，居里夫妇又从中分离出一种比钋放射性更强的物质，他们将这种未知元素命名为“镭”。

因为这个发现，居里夫妇荣获了 1903 年诺贝尔物理学奖。

评析

居里夫妇知道铀元素的射线强度，又测出了未知元素的射线强度，通过比较，得出“未知元素的射线强度大于铀的射线强度”的结论。

居里夫妇的比较过程如下：

铀元素的射线强度是 X

未知元素的射线强度是 Y

未知元素的射线强度大于铀元素的射线强度

居里夫妇的发现借助了比较法，这是此事物与彼事物之属性相超的比较情况。

此事物与彼事物之属性相超的比较公式如下：

S 有 A（B、C）

M 有 A（B、C）

S 之 A（B、C）超于 M 之 A（B、C）

在公式中，S、M 表示两个事物，A（B、C）表示事物的若干属性。“S 有 A（B、C），M 有 A（B、C）”是对比过程，“S 之 A（B、C）超于 M 之 A（B、C）”是比较出的结论。

居里夫妇比较出“未知元素的射线强度大于铀元素的射线强度”，说明未知元素和铀元素不是同一种物质。于是，他们断定沥青铀矿石中一定含有未知元素，从而发现了钋元素和镭元素。

81. 查德威克发现中子

约里奥 - 居里夫妇（居里夫妇的女儿、女婿）用钋所产生的 α（阿尔法）射线轰击铍、锂、硼等元素，发现铍产生了一种穿透力极强的射线。这种射线呈中性，不带电。他们认为这是 γ（伽马）射线，

因为 γ 射线呈中性、不带电。但他们觉察到这种射线的穿透力似乎比 γ 射线强。

英国物理学家查德威克读到了约里奥-居里夫妇的论文，认为这种射线不是 γ 射线，而是中子。原来，查德威克是著名物理学家卢瑟福的学生。卢瑟福早在十多年前就预言了中子的存在。于是，查德威克重复了约里奥-居里夫妇的实验，发现这种射线的穿透力确实比 γ 射线强，能轰击原子核，将质子打出来。于是，他断定这种射线不是 γ 射线，而它是中子。这个发现，使查德威克获得了1935年诺贝尔物理学奖。

评析

查德威克知道 γ 射线的强度，又知道了未知射线的强度，通过比较，得出“未知射线的强度大于 γ 射线的强度”的结论。

查德威克的比较过程如下：

γ 射线的强度是 X

<u>未知射线的强度是 Y</u>

未知射线的强度大于 γ 射线的强度

查德威克的发现借助了比较法，这是此事物与彼事物之属性相超的比较情况。

此事物与彼事物之属性相超的比较公式如下：

S 有 A（B、C）

<u>M 有 A（B、C）</u>

S 之 A（B、C）超于 M 之 A（B、C）

在公式中，S、M 表示两个事物，A（B、C）表示事物的若干属性。“S 有 A（B、C），M 有 A（B、C）”是对比过程，“S 之 A（B、C）超于 M 之 A（B、C）”是比较出的结论。

中子的发现不仅在实验和理论上对科学产生了深远的影响，而且直接推动了核能技术和应用的发展，开启了人类利用核能的新时代。

82. 兰德斯坦纳发现血型

大约1818年，英国妇产科医生詹姆士·布伦德尔经常见到产妇因失血而死亡，想到用输血来挽救生命，他在进行动物之间的输血取得成功后，开创了直接输血法，并作为第一位把人血输给人的先驱者。因为当时不知道血型不同的输血，会导致红细胞遭到大量破坏，所以无法解释同样输入健康人的血液，有的病人很快恢复健康，有的病人却丧了命。

这究竟是怎么回事呢？1900年，奥地利医学家兰德斯坦纳通过研究发现，人类的血液存在A型、B型和O型三种基本类型。他的发现为医学界带来了革命性进步，尤其是在输血领域。兰德斯坦纳的研究揭示了如果输血时血型不合，输血者可能会因血液凝集而死亡。这一发现为20世纪医学上的重要发现之一，兰德斯坦纳也因此获得了1930年诺贝尔生理学或医学奖。

1902年，狄卡斯德罗医生又发现了第四种血型AB型。他们发现的血型，即如今人们所共知的A型、B型、O型和AB型。血型的发现，是医学史上的一项光辉成就。

评析

进行属类的分类，由于被分类的事物结构不同，分类的结果也就不同，构造越复杂的事物所包括的属类越多。必须把被分类事物所有方面的所有情况一一辗转综合起来，不能有所遗漏。如果漏掉了某一方面或某一方面的某种情况，分类的结果就不会完全。因此，掌握了血型的特征就能避免输血中的医疗事故。

83. 巴甫洛夫的"条件反射"学说

19世纪中叶，俄国生理学家巴甫洛夫提出了著名的"条件反射"学说。

巴甫洛夫在实验中，每次给狗喂食时都摇铃。当狗见到食物时，自然会分泌唾液。但巴甫洛夫发现，狗在听到铃声时，即使不给食物，也会分泌唾液。这种现象称之为经典条件反射。

巴甫洛夫最引人注目的实验，是首次用音乐来研究动物的条件反射。他用经过训练的狗进行实验：当狗听到上升的音调时，嘴里开始分泌唾液；当听到下降的音调时，则停止分泌。实验说明，狗已学会在两种刺激之间进行区分。

巴甫洛夫的条件反射学说对当代心理学产生了极大的影响，成为后来行为主义心理学建立的科学基础。

评析

巴甫洛夫用狗进行实验：当狗听到上升的音调则分泌唾液，狗听不到上升的音调则不会分泌唾液。实验证实，上升悦耳的音调是狗分泌唾液的原因。

巴甫洛夫的对照过程如下：

狗听到上升的音调则分泌唾液

<u>狗听不到上升的音调则不会分泌唾液</u>

上升的音调是分泌唾液的原因

巴甫洛夫的实验用了对照法，这是有因有果与无因无果之对照的情况。

有因有果与无因无果之对照的公式如下：

S有A则P

<u>S无A则无P</u>

A是S所以P的原因

在公式中，S表示对照之事物，A表示一个条件或原因，P表示一个结果。“S有A则P，S无A则无P”是对照过程，“A是S所以P的原因”是对照出的结论。巴甫洛夫的实验证实，上升的音调是狗分泌唾液的原因。

84."卡介苗"的诞生

20世纪初，法国微生物学家卡默德和介兰成功培育出预防结核杆菌的人工疫苗——“卡介苗”。他们是怎样培育出卡介苗的呢？

卡默德和介兰用两只公羊做结核杆菌的人工疫苗实验，由于结核杆菌毒性强烈，一直没有成功。一天，卡默德和介兰到田野散步，见田里长着一片低矮、穗儿小的玉米。农场主告诉他俩：“这种玉米引种到这里已经十几代了，有些退化了。”卡默德和介兰听后，由玉米退化联想到：如果把毒性强烈的结核杆菌，一代一代地定向培育下去，它的毒性是否也会退化呢？是不是能既不伤害人体，又使人体产生免疫力了呢？

卡默德和介兰用了13年时间，最终成功培育出了230代结核杆菌作为人工疫苗——“卡介苗”，人类从此拥有了抵抗结核杆菌的有力武器。

评析

卡默德和介兰听说“玉米年代久了会退化”，又联想到玉米是生物，结核杆菌也是生物，便类比出“结核杆菌年代久了也会退化”的结论，从而培育出了“卡介苗”。

卡默德与介兰的类比推导过程如下：

玉米年代久了会退化

玉米属于生物

<u>结核杆菌也属于生物　　　　</u>

结核杆菌年代久了也会退化

卡默德与介兰的推导借助了类比法，这是对事物因果关系进行类比推导的情况。

事物因果关系之类比的公式如下：

S_1 有 A（B、C）则 P

S_1 属于 S

S_2 也属于 S

S_2 有 A（B、C）则 P

在公式中，S 表示一个一般事物，S_1、S_2 表示两个从属于 S 的个别事物，A（B、C）表示若干条件或原因，P 表示一个结果。“S_1 有 A（B、C）则 P”是已知前提，“S_1 属于 S，S_2 也属于 S”是类比过程，“S_2 有 A（B、C）则 P”是类比出的结论。

卡默德与介兰用类比出的“结核杆菌年代久了也会退化”的结论，培育出发预防结核杆菌的人工疫苗。

85. 哈伯－博施法（合成氨）

20 世纪初，人类第一次实现了氨的工业生产。1908 年，德国化学家弗里茨·哈伯在高温高压条件下，利用金属催化剂直接将氮气和氢气转化为氨气。

哈伯向德国的巴斯夫公司展示了他设计的合成氨过程。巴斯夫公司实验室的主管对 100 个标准大气压的反应条件感到震惊，一旦出现失误，就是人命关天的大事。巴斯夫公司实验室的卡尔·博施认为：“合成氨值得我们冒一次风险。”最终，他解决了高压合成氨的技术难题，设计出了能循环反应的工业装置。

1913 年，巴斯夫公司建成了世界上第一家用于合成氨的工厂，生产出了第一批合成氨。这种合成氨的方法，被称为哈伯-博施法。

哈伯和博施也因此分别于1918年和1931年获得了诺贝尔化学奖。

评析

哈伯通过实验观察到，在高温高压条件下，氮气和氢气则转化为氨气，探寻出“氮气和氢气在高温高压条件下则转化为氨气”的演化规律。

哈伯的察变过程如下：

在高温高压条件下利用金属催化剂

<u>氮气和氢气则转化为氨气　　　　　　　　　　</u>

氮气和氢气在高温高压条件下利用金属催化剂则转化为氨气

哈伯的伟大发明借助了察变法，这是化多为一的演化情况。

化多为一的演化公式如下：

有A（B、C）

<u>M与N等则形成S　　　　　</u>

M与N等有A（B、C）则形成S

在公式中，A（B、C）表示一定的条件，M、N等表示若干事物，S表示一个所形成的事物。“有A（B、C），M与N等则形成S”是考察过程，“M与N等有A（B、C）则形成S”是考察出的结论。

解决了高压合成氨的技术难题，随着技术的发展，持续增产的合成氨逐步提高了粮食产量，养活了越来越多的人口。

86. 法布尔揭开昆虫求偶的秘密

19世纪初，法国生物学家法布尔把一只孔雀蛾的蛹带到了实验室，这只蛹孵化成了一只雌蛾。当天晚上，雌蛾引来了一大群雄蛾。法布尔想，这些雄蛾生活在十几公里外的森林里，它们是怎样找到这里的？

法布尔把雌蛾关在纸做的罩子里，雄蛾虽然看不到雌蛾，但还是准确地找到了雌蛾，不断地飞到关着雌蛾的地方；法布尔又把雌蛾密封在一只玻璃罩里，雄蛾虽然可以透过玻璃罩看到雌蛾，但它们却不再围在雌蛾周围，而是盲目地乱飞。当法布尔把玻璃罩稍稍透开一点缝，雄蛾便马上飞到雌蛾所在的玻璃罩边。

法布尔观察到，雄蛾嗅到雌蛾的气味就能找到雌蛾，雄蛾嗅不到雌蛾的气味就找不到雌蛾。很显然，两个场合中的唯一不同条件是有没有雌蛾的气味，由此发现雄蛾是依靠雌蛾的气味找到雌蛾的。于是，法布尔揭开了昆虫求偶的秘密。

评析

法布尔的探寻过程如下：

雄蛾嗅到雌蛾的气味则能找到雌蛾

雄蛾嗅不到雌蛾的气味则找不到雌蛾

雌蛾的气味是雄蛾能找到雌蛾的原因

法布尔的探索用了觅差法，这是有因有果与无因无果之觅差的情况。

有因有果与无因无果之觅差的公式如下：

S 有 A 则有 P

S 无 A 则无 P

A 是 S 所以 P 的原因

在公式中，S 表示觅差之事物，A 表示一个条件或原因，P 表示一个结果。“S 有 A 则有 P，S 无 A 则无 P”是觅差过程，“A 是 S 所以 P 的原因”是探寻出的结论。

法布尔借助于觅差法弄清了“雌蛾的气味是雄蛾能找到雌蛾的原因”，从而揭开了昆虫求偶的秘密。

87. 艾克曼发现维生素B1

19世纪末，荷兰医生克里斯蒂安·艾克曼，前往印度尼西亚的爪哇岛工作。当时，岛上流行严重的脚气病（类似多发性神经炎）。很多科学家和医生认为，脚气病是一种传染病。艾克曼对这种看法抱有怀疑，他决定弄个水落石出。

艾克曼买了一群小鸡供实验用，由一名当地雇员喂养。一个月后，鸡群染上了脚气病，大多数死了，只有少数勉强活了下来。后来一名新来的厨师接替了喂鸡的工作。这位厨师来了以后，那些幸存下来的病鸡竟然逐步恢复了健康。

病鸡是怎样恢复健康的呢？艾克曼经过调查得知，原先那个喂鸡的雇员把鸡饲料都克扣了，他收来病人吃剩下的精白米饭去喂鸡；新来的厨师很憨厚，用实验室提供的鸡饲料喂鸡。

艾克曼想，用精白米饭喂鸡，鸡得了脚气病；用鸡饲料喂鸡，鸡的脚气病则好了。莫非食物与脚气病有关？

艾克曼做了一个实验：他把一群小鸡分成两组，一组喂精白米饭，一组喂糙米、米糠混合成的鸡饲料。一个月后，他发现喂精白米饭的小鸡得了脚气病，喂鸡饲料的小鸡却安然无恙。他改用鸡饲料喂得了脚气病的小鸡，小鸡们不久就恢复了健康。

艾克曼发现米糠中可能含有一种人体必需的重要营养物质，人体缺少后就会得脚气病，这种营养物质就是我们现在的维生素B1。艾克曼由此荣获1929年诺贝尔生理学或医学奖。

评析

艾克曼经过调查知道，小鸡食用精白米饭则患脚气病，小鸡不食用精白米饭则不患脚气病。两个场合中的不同条件是食不食用精白米饭，于是找到了小鸡患脚气病的原因。

艾克曼的探寻过程如下：

小鸡食用精白米饭则患脚气病

小鸡不食用精白米饭则不患脚气病

精白米饭是小鸡患脚气病的条件

艾克曼的探寻用了觅差法，这是有因有果与无因无果之觅差的情况。

有因有果与无因无果之觅差的公式如下：

S 有 A 则有 P

S 无 A 则无 P

A 是 S 所以 P 的原因

在公式中，S 表示觅差之事物，A 表示一个条件或原因，P 表示一个结果。“S 有 A 则有 P，S 无 A 则无 P”是觅差过程，“A 是 S 所以 P 的原因”是探寻出的结论。

艾克曼搞清楚了“精白米饭是小鸡患脚气病的条件”，经过进一步研究发现了维生素 B1，为人类打开了整个维生素世界的大门。

88. 理发师的告示

亨利是奥卡姆村的理发师。由于圣诞节即将来临，他在理发店门口贴了一张告示：“因人手不够，本店只给村里那些不给自己刮胡子的人刮胡子。特此告知，敬请谅解。”

这天晚上关店后，他发现自己的胡子也长了，便决定刮一下胡子。这时，八岁的儿子小亨利忽然说：“爸爸，您不能给自己刮胡子。”

小亨利转身跑到门口，指着告示说：您只给村里那些不给自己刮胡子的人刮胡子。如果您现在给自己刮胡子，那么，您就属于给自己刮胡子的那类人，按照告示上的规定，您是不能给自己刮胡子的。”

亨利想了想，说：“孩子，你说得很对，看来我不应该给自己刮胡子的，否则，我就破坏了自己的规定了。”

不料，小亨利又说：“爸爸，还有一个问题，您也不能不给自己刮胡子呀。”

亨利不高兴地说：“孩子，破坏自己规定的事我是不干的，否则会失去信誉。”

小亨利不紧不慢地说：“可是，如果您不给自己刮胡子，您就又属于不给自己刮胡子的那类人，按照告示上的规定，您是应该给自己刮胡子的，否则，您也破坏了这个规定。”

亨利听后，左右为难，顿时傻了眼。他没想到，无论他给不给自己刮胡子，都得破坏自己立的规定。

评析

亨利为什么会左右为难呢？原来，由于他的规定中存在悖论因素，根本无法实行。聪明的小亨利非常透彻地揭示出了规定中存在的悖论因素。

如果亨利给自己刮胡子，他就属于“给自己刮胡子的人”；按照他“只给村里那些不给自己刮胡子的人刮胡子”的规定，他就不应该给自己刮胡子。

如果亨利不给自己刮胡子，他就属于“不给自己刮胡子的人”；按照他“只给村里那些不给自己刮胡子的人刮胡子”的规定，他又应该给自己刮胡子。

可知，亨利的规定中存在悖论因素。这个悖论即逻辑史上著名的“理发师悖论”，它是由英国哲学家罗素于 1919 年提出来的。

我们知道，存在悖论因素的命题是不能成立的。一个指导人们行动的命题如果存在悖论因素，便无法实行。

89. 贝克兰发明酚醛塑料

1889年，化学家莱奥·亨德里克·贝克兰移居到美国。从1906年起，转向研究苯酚与甲醛的反应及其产物。

因为家里有老鼠，他装了捕鼠器，上面放了一些奶酪做诱饵。一天夜里，老鼠把一瓶研究酚醛树脂用的液体撞翻了，不偏不斜，恰巧倒在捕鼠器的奶酪上。第二天，贝克兰发现奶酪变得光滑，并且像石头一样坚硬。他仔细一看，原来是奶酪与酚醛树脂混合在一起导致的。

受这件事的启发，贝克兰经过反复实验与研究，发明了用苯酚与甲醛反应生成酚醛树脂，继而又发明了生产酚醛塑料的方法，并在1907年取得了专利。

此后不久，这种塑料制品就流传世界各地。酚醛塑料即人们所说的“电木”或“胶木”。1940年5月20日的《时代》周刊称他为“塑料之父”。

酚醛塑料是人类制造的第一种全合成材料，它的诞生标志着人类社会进入了塑料时代，这个发明被认为是20世纪的炼金术。

评析

贝克兰观察到，混合在一起，奶酪与酚醛树脂则变成酚醛塑料，探寻出了“奶酪与酚醛树脂混合在一起则变成酚醛塑料”的演化规律。

贝克兰的察变过程如下：

混合在一起

奶酪与酚醛树脂则变成酚醛塑料

奶酪与酚醛树脂混合在一起则变成酚醛塑料

贝克兰的发明借助了察变法，这是化多为一的演化情况。

化多为一的演化公式如下：

有 A（B、C）

M 与 N 等则形成 S

M 与 N 等有 A（B、C）则形成 S

在公式中，A（B、C）表示一定的条件，M、N 等表示若干事物，S 表示一个所形成的事物。“有 A（B、C），M 与 N 等则形成 S”是考察过程，“M 与 N 等有 A（B、C）则形成 S”是考察出的结论。

贝克兰发现了“奶酪与酚醛树脂在混合一起则变成酚醛塑料”的演化规律，从中受到启发，制造出了世界第一种全合成材料，它的诞生标志着人类社会进入了塑料时代。

90. 克劳德制成霓虹灯

1675 年的一天，法国天文学家让·皮卡尔在巴黎天文台进行观测、研究。他准备把一台水银气压计从天文台运走，当他挪动气压计时，发现水银上方玻璃管的真空里突然出现了微弱的闪光。他觉得很奇怪，于是又摇了摇气压计，证实了刚才没有看错。

为什么水银气压计的玻璃管会闪光呢？许多科学家都想揭开这个谜。

1705 年，英国物理学家弗朗西斯·豪克斯比对玻璃管闪光现象进行研究。他经过一系列的实验和研究解开了这个谜：水银与玻璃管内壁摩擦产生电荷，电荷激发水银气产生了闪光。

1910 年，法国发明家克劳德根据水银气遇到电荷则闪光的原理，制成了彩光灯具——霓虹灯。他在一根抽成真空的细长玻璃管内充入氖气，用石墨材料做电极通电，灯管发出了美丽的红光。12 月 3 日，巴黎的大宫殿首先点上了克劳德的氖气霓虹灯。1912 年，巴黎蒙马特尔大街的一家理发馆首先用这种霓虹灯做广告，招揽了很多顾客。

当今世界的夜晚，被霓虹灯装扮成了美丽的人间仙境。

评析

皮卡尔发现了水银气闪光的现象，但没弄清产生这种现象的原因。

豪克斯比通过实验发现，水银与玻璃管内壁摩擦产生电荷，水银气则闪光，把事情联系起来，就弄清了水银气闪光的原因。

豪克斯比的联系过程如下：

出现电荷

水银气则闪光

水银气遇到电荷则闪光

豪克斯比的发现借助了联缘法，这是某事物与某介入之因素相联缘的情况。

某事物与某介入之因素相联缘的公式如下：

M 介入

S 则 P

S 有 M 介入则 P

在公式中，S、M 表示两个事物，P 表示一个结果。“M 介入，S 则 P”是联系过程，“S 有 M 介入则 P”是联系出的结论。

克劳德根据“水银气遇到电荷则闪光”的原理，制成了彩光灯具——霓虹灯，把当今世界的夜晚装扮成了美丽的人间仙境。

91. 布雷尔利发明不锈钢

第一次世界大战开始后不久，英国科学家亨利·布雷尔利受英国军械库的委托，研究武器的改进工作。当时，前线作战中使用的步枪，经过长时间的射击，枪管很快就被磨损了，不仅降低了射击精度和射程，而且影响步枪的使用寿命。

布雷尔利认为枪管不耐磨，应该用坚硬耐磨的材料制成。他决定在普通钢铁中加入金属铬进行冶炼，实验结果使他大失所望，冶炼出的合金并不耐磨，只好扔进废铁垃圾堆。

一天，布雷尔利从废铁堆边经过，一个工作人员指着废铁堆对他说："先生，你看，那里是什么东西在闪闪发光？"布雷尔利走上前捡起那几块闪光的金属仔细一看，惊讶地说："啊，这是我扔掉的不耐磨的合金！"

布雷尔利又把这几块合金带回去，对它们的成分进行分析：铬占百分之十二点八，碳占百分之零点二四，其余是铁。他自言自语地说："噢，原来如此，铬、碳、铁按比例一起冶炼则变成不生锈的合金。"

布雷尔利冶炼出的这种合金，就是一种不锈钢——马氏体合金。虽然不适合用作枪管材料，但后来，布雷尔利与莫斯勒合办了一家生产不锈钢餐刀的工厂，这种餐具很受欢迎。布雷尔利因此被人们称为"不锈钢之父"。

评析

布雷尔利经过实验与分析知道，按比例混合冶炼，铬、碳、铁则变成不锈钢，探寻出"铬、碳、铁按比例冶炼则变成不锈钢"这个演化规律。

布雷尔利的察变过程如下：

按比例混合冶炼

<u>铬、碳、铁则变成不锈钢</u>

铬、碳、铁按比例混合冶炼则变成不锈钢

布雷尔利的发明借助了察变法，这是化多为一的演化情况。

化多为一的演化公式如下：

有A（B、C）

<u>M与N等则形成S</u>

M与N等有A（B、C）则形成S

在公式中，A（B、C）表示一定的条件，M、N等表示若干事物，S表示一个所形成的事物。“有A（B、C），M与N等则形成S”是考察过程，“M与N等有A（B、C）则形成S”是考察出的结论。

布雷尔利发现了“铬、碳、铁按比例冶炼则变成不生锈的合金”的演化规律，从中受到启发，发明了不锈钢。

92. 劳伦斯制成新元素

1937年，美国加州大学伯克利分校物理学家欧内斯特·劳伦斯，使用回旋加速器加速氘原子核去“轰击”42号元素钼，制得了43号新元素。

两位意大利化学家佩里埃和西格雷对其进行鉴定，并由他们将其命名为“锝（Tc）”。这第43号元素“锝”就是第一个人造元素，而“锝”的希腊文原意就是“人工制造的”。

锝是一种银光闪闪的金属，具有放射性，熔点高达2200摄氏度，在零下265摄氏度时，电阻会全部消失，成为一种没有电阻的金属。

评析

劳伦斯观察到，受到含有一个质子的氘原子核“轰击”，元素钼则变成元素锝，发现了“元素钼受到含有一个质子的氘原子核‘轰击’则变成元素锝”的演化规律。

劳伦斯的察变过程如下：

使用回旋加速器加速氘原子核去“轰击”

元素钼则变成元素锝

元素钼受到使用回旋加速器加速氘原子核去“轰击”则变成元素锝

劳伦斯的发现借助了察变法，这是化一为一的演化情况。

化一为一的演化公式如下：

有 A（B、C）

M 则形成 N

M 有 A（B、C）则形成 N

在公式中，A（B、C）表示一定的条件，M 表示一个事物，N 表示所形成的事物。“有 A（B、C），M 则形成 N”是考察过程，“M 有 A（B、C）则形成 N”是考察出的结论。

劳伦斯发现了“元素钼受到含有一个质子的氘原子核‘轰击’则变成元素锝”的演化规律，揭开了一种元素可以变成另一种元素的秘密。

锝是一种银光闪闪的金属，具有放射性，熔点高达 2200 摄氏度，在零下 265 摄氏度时，电阻会全部消失，成为一种没有电阻的金属。这个认识过程运用了综合法。

93. 弗莱明发现青霉素

英国微生物学家亚历山大·弗莱明教授，对杀菌剂进行了长期研究。弗莱明的研究对象是葡萄球菌，这是一种分布广泛、危害性很大的病原菌，伤口感染化脓往往就是由于它在作怪。

在弗莱明的实验室里，摆放着很多培养葡萄球菌的玻璃罐，他用各种药剂进行实验，从中寻找杀灭葡萄球菌的理想药物。

一天，弗莱明看见有一只玻璃罐的培养基上进入一小团青绿色的霉花。他拿起这只玻璃罐仔细观察，发现青绿色的霉花周围没有葡萄球菌：“奇怪，霉花的周围怎么没有葡萄球菌呢？难道它能阻止细菌的生长和繁殖？”弗莱明把这只玻璃罐放到显微镜下观察，发现青绿色的霉花附近的葡萄球菌全部死掉了。

原来，在生长葡萄球菌菌落的培养基上，不知何故误入的青绿色霉花使黄色的菌落变得透明而逐渐消失了。弗莱明激动地想，难道是这种青绿色的霉菌杀死葡萄球菌的吗？

经过一番艰苦的研究和实验，弗莱明证实这种青绿色的霉菌能抑制并杀死葡萄球菌、肺炎球菌、链球菌等许多病原菌，他把这种物质叫作“青霉素”。由于青霉素的发现，人们又从死神手里夺回了无数生命。

青霉素的发现与临床应用的成功，使它与原子弹和雷达一起，被人们誉为第二次世界大战时期的三大发明。1945 年，弗莱明、弗洛里和钱恩，共同获得诺贝尔生理学或医学奖。

评析

弗莱明观察到，进入绿色霉菌，葡萄球菌则死亡，把事情联系起来，就找到了二者之间的因果关系，发现了“青霉素”。

弗莱明的联系过程如下：

进入绿色霉菌

葡萄球菌则死亡

葡萄球菌遇到绿色霉菌则死亡

弗莱明的发现借助了联缘法，这是某事物与某介入之因素相联缘的情况。

某事物与某介入之因素相联缘的公式如下：

M 介入

S 则 P

S 有 M 介入则 P

在公式中，S、M 表示两个事物，P 表示一个结果。“M 介入，S 则 P”是联系过程，“S 有 M 介入则 P”是联系出的结论。

弗莱明观察到“葡萄球菌遇到绿色霉菌则死亡”，发现了“青霉素”的杀菌作用，借以拯救了无数人的生命。

94. 弗洛里提纯青霉素

1929 年，英国微生物学家弗莱明教授，发表了学术论文《青霉素——它的实际应用》，但未能将其提纯用于临床。更遗憾的是，这篇论文发表后一直没有受到科学界的重视。

10 年后，英国病理学家霍华德·沃尔特·弗洛里和他的助手生物化学家恩斯特·鲍里斯·钱恩，对弗莱明的发现大感兴趣，开始进行研究。1941 年，弗洛里经过实验发现，把青霉素稀释到二百万分之一的浓度可以杀死病菌。弗洛里对青霉素的药效进行实验：把感染了细菌的老鼠分为两组，每组 25 只，第一组老鼠注射了青霉素，第二组老鼠没有注射青霉素。实验结果，第一组老鼠仅死一只，第二组老鼠全部死亡。实验证实，青霉素的杀菌效果非常好。

弗洛里等人继续进行研究，提取了更多更纯的青霉素。弗洛里用青霉素为一个受葡萄球菌严重感染的 15 岁的孩子治疗，挽回了这个被认为已经无法医治的孩子的生命。青霉素在二战末期横空出世，迅速扭转了战局，拯救了数以千万人的生命。

二战之后，青霉素得到了更广泛的应用。1945 年，弗莱明、弗洛里和钱恩，共同获得诺贝尔生理学或医学奖。

评析

弗洛里的实验：把感染了细菌的老鼠分为两组，每组 25 只，第一组老鼠注射了青霉素，第二组老鼠没有注射青霉素。实验结果，第一组老鼠仅死一只，第二组老鼠全部死亡。

弗洛里的对照过程如下：

第一组感染了细菌的老鼠注射了青霉素仅死一只

<u>第二组感染了细菌的老鼠没有注射青霉素全部死亡</u>

青霉素是感染了细菌的老鼠没有死亡的原因

弗洛里的实验用了对照法，这是有因有果与无因无果之对照的情况。有因有果与无因无果之对照的公式如下：

S 有 A 则 P

S 无 A 则无 P

A 是 S 所以 P 的原因

在公式中，S 表示对照之事物，A 表示一个条件或原因，P 表示一个结果。“S 有 A 则 P，S 无 A 则无 P”是对照过程，“A 是 S 所以 P 的原因”是对照出的结论。

95. 伍德沃德发现铜矿

1949 年，英国地质学家伍德沃德在非洲赞比亚西部卡伦瓜地区进行地质考察。他发现当地生长着一种奇异的小草。这种小草开着美丽的紫红色花朵，长得很茁壮，当地人称它为“和氏罗勒”。伍德沃德在其他地方也见过这种小草，但长得十分细弱，花朵也缺乏紫色，像红色的花。

伍德沃德把当地开紫花的和氏罗勒带回英国，种植在自己的庭院里。开始，和氏罗勒长势很好，但不久就逐渐枯萎了。伍德沃德知道，植物生长与土壤中的成分有密切关系。于是，他把开不同颜色花朵的和氏罗勒品种连同土壤带回实验开着紫红色花朵的和氏罗勒生长茁壮，其土壤中铜元素含量丰富，生长细弱开红色花的和氏罗勒土壤中则铜元素贫乏。

伍德沃德用富含铜元素的水浇灌庭院里的和氏罗勒，和氏罗勒一天天地茂盛起来。他终于弄清，和氏罗勒是一种喜欢铜元素的植物，可以说，它是一种铜元素的指示剂。

伍德沃德又一次来到赞比亚卡伦瓜地区，他发现大片开着紫红色花朵的和氏罗勒长得十分茂盛。伍德沃德断定，此地下很可能蕴藏着丰富的铜矿。经过地质勘探，果然在地下发现了储量为 9 亿吨的罕见铜矿。

评析

伍德沃德通过实验和分析知道，铜元素含量丰富，和氏罗勒则开紫红色花朵。当他在赞比亚的卡伦瓜地区见到了开紫红色花朵的和氏罗勒，便断定地下蕴藏着丰富的铜矿。

伍德沃德的推断过程如下：

有丰富的铜元素和氏罗勒则开紫红色花朵

和氏罗勒开紫红色花朵

必然存在丰富的铜元素

伍德沃德的探索用了溯因法，这是一因一果之溯因的情况。

一因一果之溯因的公式如下：

S 有 A 则 P

S 已 P

必然有 A

在公式中，S 表示一个一般事物，A 表示一个条件或原因，P 表示一个结果。“S 有 A 则 P”是已知前提，“S 已 P”是已知结果，“必然有 A”是溯求出的结论。

96. 揭开“怪洞”之谜

在意大利那不勒斯城附近的山里，有位牧羊人发现了一个奇怪的山洞。

当牧羊人带着猎狗走进这个山洞，走不了多远，猎狗就瘫倒在地，四肢抽搐，挣扎着死掉了，而他自己却安然无恙。消息传开，许多好奇的人蜂拥而来，经过多次实验，发生了同样的情况。从此，人们就把这个山洞叫作“怪洞”。

为什么狗一进入这个山洞就会死呢？许多人都想揭开这个谜。

一位地质学家前来实地考察，他发现这个山洞属于石灰岩结构。而后，他用各种动物进行多次实验。他的实验多次出现这样一些情况：狗、猫、老鼠等头部距离地面较近的小动物，在山洞里都会死亡；马、牛、骡等头部距离地面较远的大型牲畜，在山洞里不会死亡；人在山洞里不会死亡；狗、猫、老鼠等小动物，被人抱着带进山洞也不会死亡。

经过这些实验，地质学家发现一个规律：进入山洞很快死亡的都是些头部距离地面很近的小动物，平安通过山洞的都是些头部距离地面较远的动物。于是，初步确定，小动物进入山洞的死亡原因是头部接近地面。

为什么小动物的头部接近地面就会出现死亡呢？它们平常不也是头部接近地面生活的吗？地质学家经过认真考察后发现，从岩洞地下冒出许多二氧化碳气体。于是，“怪洞”之谜终于被揭开了。

原来，二氧化碳气的比重比空气大，因洞内不通风而沉积在地面附近，接近地面的地方氧气不足。我们知道，动物呼吸不到氧气就会导致死亡。狗、猫、老鼠等小动物进到这个氧气不足的地方，就会窒息而死；而人和牛、马等大型动物通过岩洞，由于头部距离地面较远，仍然可以呼吸氧气，因而安然无恙。

评析

为什么大型动物进入山洞安然无恙，小动物进入山洞则会死亡呢？

地质学家观察到，动物头部接近地面则死亡，动物头部远离地面则没有死亡，这说明头部接近地面是动物死亡的原因。

地质学家的探寻过程如下：

动物头部接近地面则死亡

动物头部远离地面则没有死亡

头部接近地面是动物死亡的原因

地质学家的探索用了觅差法，这是有因有果与无因无果之觅差的情况。

有因有果与无因无果之觅差的公式如下：

S有A则有P

S无A则无P

A是S所以P的原因

在公式中，S表示觅差之事物，A表示一个条件或原因，P表示一个结果。“S有A则有P，S无A则无P”是觅差过程，“A是S所以P的原因”是探寻出的结论。

地质学家弄清了“头部接近地面是动物死亡的原因”，继而又发现，地面沉积浓浓的二氧化碳气，导致小动物呼吸不到氧气窒息而死，从而揭开了“怪洞”之谜。

97. 啤酒冒气泡引起的发明

1952年的一天，美国物理学家格拉塞尔和朋友一起到酒馆喝啤酒。啤酒瓶打开后，他看到气泡不断从底部向上一串串地冒出，格拉塞尔的朋友说：“这有什么奇怪，啤酒都冒气泡，过一会儿就会冒完。”

格拉塞尔不以为然，凝视着杯中的气泡。等杯中酒不再冒泡，但他认为酒中还含有气体，于是往杯中放进一粒沙子。随着沙子的下沉，沙子四周又不断地冒出气泡。他又放入许多沙子，还是有很多气泡冒出。

格拉塞尔从中受到很大启发，他把液态氢装入密封的容器中，制成了进行核物理研究的气泡室。当原子核放出的带电粒子穿过液态氢时，会夺取沿途氢原子的电子而形成离子，产生一连串儿的气泡。这样，就能很清楚地显示出原子核放出的带电粒子的飞行轨迹了。

格拉塞尔因发明气泡室荣获了1960年诺贝尔物理学奖。

评析

格拉塞尔观察到，啤酒中通过粒状物体则冒气泡。他想，啤酒是含气体的液体，液态氢也是含气体的液体，类比出“液态氢通过粒状物体也会冒气泡”的结论。

格拉塞尔的类比推导过程如下：

啤酒中通过粒状物体则冒气泡

啤酒是含气体的液体

液态氢也是含气体的液体

液态氢中通过粒状物体也会冒气泡

格拉塞尔的推导用了类比法，这是对事物因果关系进行类比推导的情况。

事物因果关系之类比的公式如下：

S_1 有 A（B、C）则 P

S_1 属于 S

S_2 也属于 S

S_2 有 A（B、C）则 P

在公式中，S 表示一个一般事物，S_1、S_2 表示两个从属于 S 的个别事物，A（B、C）表示若干条件或原因，P 表示一个结果。“S_1 有 A（B、C）则 P”是已知前提，“S_1 属于 S，S_2 也属于 S”是类比过程，“S_2 有 A（B、C）则 P”是类比出的结论。

格拉塞尔类比出“液态氢中通过粒状物体也会冒气泡”的结论，从而制成了进行核物理研究的气泡室。

98. 生物钟

古人很早就知道，某些生物的活动是按照时间的变化（昼夜交替或四季变更）进行的，具有周期性节律。例如，鸡叫三遍天亮，牵牛花破晓开放，桃花春季开放，燕子秋去春来，青蛙冬眠春醒，等等。

现代科学的研究表明，某些生物推算时间的准确度是非常高的。现在，人们通常把这种生物推算时间的本领叫作“生物钟”。从微生物到人类这些形形色色的生物中，大多具有一种无形的“时钟”，实际上是生物体生命活动的内在节律性，属于一种生理机制。

科学家根据不同种类的生物体活动具有周期性节律的特征，得出结论：生物体的活动时间都具有周期性节律。

评析

科学家观察到，鸡叫三遍天亮，牵牛花破晓开放，桃花春季开放，燕子秋去春来，青蛙冬眠春醒，等等，知道某些生物的活动具有周期性节律，又概括出鸡的活动、牵牛花的活动、桃花的活动、燕子的活动、青蛙的活动等都是生物体的活动，归纳出“生物体的活动都具有周期性节律”的结论。

科学家的归纳推导过程如下：

鸡的活动具有周期性节律

牵牛花的活动具有周期性节律

桃花的活动具有周期性节律

燕子的活动具有周期性节律

青蛙的活动具有周期性节律

鸡、牵牛花、桃花、燕子、青蛙等的活动都是生物体的活动

生物体的活动都具有周期性节律

科学家的推导用了归纳法，这是对事物属性进行归纳推导的情况。

事物属性之归纳的公式如下：

S_1有 A

S_2有 A

………

S_n有 A

S_1、S_2……S_n都属于 S

S 有 A

在公式中，S 表示一个一般事物，S_1、S_2、S_n等表示若干从属于 S 的个别事物，A 表示事物的一种属性。“S_1有 A，S_2有 A……S_n有 A”是已知前提，“S_1、S_2……S_n都属于 S”是概括过程，“S 有 A”是归纳出的结论。

科学家归纳出的“生物体的活动都具有周期性节律”的推论，对人们研究生物体的活动有着非常重要的意义。

99. 里斯博士的科研成果

1975 年，美国密西根州立大学里斯博士用苜蓿培植西红柿，取得平均每亩增产 333.5 公斤的异常效果。

里斯博士把切碎的苜蓿茎叶做基肥，埋在西红柿地里。他要求学生每公顷施肥 117 公斤。有个学生把 117 看成了 11.7，在一公顷地里只施了 11.7 公斤苜蓿基肥。但在收获时，大家惊奇地发现，仅仅施 11.7 公斤苜蓿基肥的西红柿地，与施了 117 公斤苜蓿基肥的西红柿地，同样增产了 1000 公斤西红柿。

这个实验引起了里斯博士的深思，为什么苜蓿能使西红柿增产呢？他对苜蓿进行了分析，发现苜蓿中除了含有氮、磷、钾等成分外，还含有三十烷醇的成分。三十烷醇是一种白色鳞片状的结晶物。

苜蓿中的哪种成分使西红柿增产的呢？里斯博士知道，氮的成分能使西红柿枝叶茂盛，磷的成分能使西红柿根系发达，钾的成分能使西红柿茎秆坚韧。施氮肥、磷肥、钾肥虽然会增产，但不会异常增产。那么，三十烷醇是否是西红柿异常增产的真正原因呢？

里斯博士又做了一个实验。把从苜蓿中提取的三十烷醇晶体溶液喷在一些水稻秧上，再把苜蓿的粗提溶液喷在另一些水稻秧上。结果发现，喷了三十烷醇晶体溶液的水稻长势良好，喷了苜蓿粗提溶液的水稻长势一般。实验说明三十烷醇起到了重要作用，也证实了它才是西红柿异常增产的真正原因。

评析

里斯博士通过实验观察到，施了苜蓿肥，西红柿则增产，把事情联系起来，发现二者之间的因果关系。他的探索用了联缘法。

里斯博士的联系过程如下：

施苜蓿肥

西红柿则增产
____

西红柿施苜蓿肥则增产

里斯博士的探索用了联缘法，这是某事物之变化与某介入之因素相联缘的情况。

某事物之变化与某介入之因素相联缘的公式如下：

M 介入

S 则 P
____

S 有 M 介入则 P

在公式中，S、M 表示两个事物，P 表示一个结果。“M 介入，S 则 P”是联系过程，“S 有 M 介入则 P”是联系出的结论。

里斯博士对苜蓿进行了分析实验，知道其中含有氮、磷、钾、三十烷醇等成分，使用了分析法。

里斯博士知道，氮能使西红柿枝叶茂盛，磷能使西红柿根系发达，钾能使西红柿茎秆坚韧，排除了氮、磷、钾肥异常增产的可能，使西红柿异常增产的只能是三十烷醇，使用了排除法。

最后，里斯博士用对照法进行实验，证实了三十烷醇是西红柿异常增产的原因。

里斯的对照过程如下：

水稻喷了三十烷醇晶体溶液则长势良好

水稻未喷三十烷醇晶体溶液则长势一般

三十烷醇晶体溶液是水稻长势良好的条件

里斯博士的实验使用对照法，这是有因有果与无因无果之对照的情况。

有因有果与无因无果之对照的公式如下：

S 有 A 则 P

S 无 A 则无 P

A 是 S 所以 P 的原因

在公式中，S 表示对照之事物，A 表示一个条件或原因，P 表示一个结果。“S 有 A 则 P，S 无 A 则无 P”是对照过程，“A 是 S 所以 P 的原因”是对照出的结论。

里斯博士在探寻西红柿异常增产的过程中，主要用了联缘法、分析法、排除法和对照法。

100. 一道“世界难题”

有一道叫作“谁养斑马”的逻辑题，曾经风靡一时，被称为“世界难题”。据说，此题在 20 世纪 60 年代从美国传至世界各地，引起了各方人士的兴趣。为了讨论这道难题，有不少大学生把题目贴在宿舍门上，大有废寝忘食的气氛；有些素不相识的人，因为讨论此题而一见如故。

现在这道“世界难题”就在你面前，请开动脑筋解一解，测一测。如果解不开，可以参看题后评析。

这道“世界难题”如下：

有五个不同国籍的人，居住在五幢不同颜色的房子，他们各有不同的心爱动物（如斑马、狗等），喝不同的饮料（如水、茶等），抽不同品牌的香烟。

现在知道：

1. 英国人住在红房子里。

2. 西班牙人有条狗。

3. 绿房子的主人喝咖啡。

4. 乌克兰人喝茶。

5. 绿房子在白房子的右边（从读者的方向看，下同）。

6. 抽“马宝路”牌香烟的人养蜗牛。

7. 黄房子的主人抽“可乐”牌香烟。

8. 当中那幢房子的主人喝牛奶。

9. 挪威人住在左边第一幢房子。

10. 抽“本生”牌香烟的人和养狐狸的人是隔壁邻居。

11. 抽“可乐”牌香烟的人和养马的人是隔壁邻居。

12. 抽“肯特”牌香烟的人喝橘子水。

13. 日本人抽“摩尔”牌香烟。

14. 挪威人和蓝房子的主人是隔壁邻居。

请你找一找，谁是养斑马的人。

评析

这则逻辑题要用排除法解答。

这道“世界难题”头绪繁多，比较复杂，需要从多个方面、不同角度做出假设，然后根据已知条件逐一排除无关因素。如果推导中发现此路不通，则要改道而行，另辟蹊径。经过多次反复地假设与排除，最终就能探求出问题的正确结论。

根据题意，房子的颜色有红色、绿色、白色、黄色和蓝色五种，房子的主人分别是英国人、西班牙人、乌克兰人、挪威人和日本人，他们养的动物有狗、蜗牛、狐狸、马和斑马，他们喝的饮料有咖啡、茶、牛奶、橘子水和水，他们抽的香烟有“马宝路”牌、“可乐”牌、“本生”牌、“肯特”牌和“摩尔”牌。

我们可以根据题中提供的线索，顺藤摸瓜，探求下去，经过一番一而再、再而三的反复推导与排除，最终就会找到问题的正确答案。

谁是养斑马的人呢?

注意：我们先记住，已知条件说“西班牙人有条狗”。

关于挪威人的已知条件有两个，其他人只有一个。我们先看挪威人是不是养斑马的人。

根据已知条件，我们先弄清挪威人住什么颜色的房子。

根据已知条件“英国人住在红房子里”，排除了红房子的可能；根据已知条件“挪威人住左边第一幢房子”和“挪威人和蓝房子的主人是隔壁邻居”，排除了蓝房子可能；并推知，“左边第二幢是蓝房子”；根据已知条件“挪威人住左边第一幢房子”和已知结论“左边第二幢是蓝房子”及已知条件“绿房子在白房子的右边”，可知挪威人不会住绿房子或白房子，又排除了绿房子、白房子的可能。排除结果，挪威人住黄房子。

我们顺藤摸瓜，再看挪威人抽什么牌香烟。

根据已知结论“挪威人住黄房子”和已知条件“黄房子的主人抽‘可乐’牌香烟”，可推知“挪威人抽‘可乐’牌香烟”。

我们再看挪威人喝什么饮料。

根据已知条件“乌克兰人喝茶”，排除了喝茶的可能；根据已知结论

"挪威人住黄房子"和已知条件"绿房子的主人喝咖啡"，排除了喝咖啡的可能；根据已知条件"挪威人住在左边第一幢房子"和"当中那幢房子的主人喝牛奶"，排除了喝牛奶的可能；根据已知结论"挪威人抽'可乐'牌香烟"和已知条件"抽'肯特'牌香烟的人喝橘子水"，排除了喝橘子水的可能。排除结果，挪威人喝水。

没有已知条件能推导挪威人养什么动物。

综合起来看：挪威人住黄房子，抽"可乐"牌香烟，喝水。

我们看第二幢房子的主人是谁。

根据已知条件"挪威人住在左边第一幢房子"，排除了挪威人的可能；根据已知结论"左边第二幢是蓝房子"和已知条件"英国人住在红房子里"，排除了英国人的可能；根据已知结论"挪威人抽'可乐'牌香烟"和已知条件"抽'可乐'牌香烟的人和养马的人是隔壁邻居"以及已知结论"左边第二幢是蓝房子"，可推知"蓝房子的主人养马"；再根据已知条件"西班牙人有条狗"，排除了西班牙人的可能。没有条件再推导了，排除结果，第二幢房子的主人可能是日本人或乌克兰人。

我们继续求索下去，再看第二幢房子的主人喝什么饮料。

根据已知结论"左边第二幢是蓝房子"和已知条件"绿房子的主人喝咖啡"，排除了喝咖啡的可能；根据已知结论"挪威人住黄房子"和"挪威人喝水"，排除了喝水的可能；根据已知结论"左边第二幢是蓝房子"和已知条件"当中那幢房子的主人喝牛奶"，排除了喝牛奶的可能。没有条件再推导了，排除结果，第二幢房子的主人可能喝茶或喝橘子水。

综合起来看：第二幢房子的主人可能是日本人或乌克兰人，他可能喝茶或喝橘子水。

我们看日本人住第二幢房子的假设能否成立。如果日本人住第二幢房子，他只能喝茶或喝橘子水。

根据已知条件“日本人抽‘摩尔’牌香烟”和“抽‘肯特’牌香烟的人喝橘子水”，排除了日本人喝橘子水的可能，可推知日本人喝茶。显然，“日本人喝茶”和已知条件“乌克兰人喝茶”相矛盾，日本人住第二幢房子的假设不能成立。排除了日本人的可能，乌克兰人住第二幢房子。

根据已知结论“乌克兰人住第二幢房子”、“左边第二幢是蓝房子”和“蓝房子的主人养马”，可推知“乌克兰人养马”。

注意：乌克兰人养马。

我们继续求索，再看乌克兰人抽什么牌香烟。

根据已知条件“日本人抽‘摩尔’牌香烟”，排除了“摩尔”牌的可能；根据已知结论“挪威人抽‘可乐’牌香烟”，排除了“可乐”牌的可能；根据已知结论“乌克兰人养马”和已知条件“抽‘马宝路’牌香烟的人养蜗牛”，排除了“马宝路”牌的可能；根据已知条件“乌克兰人喝茶”和“抽‘肯特’牌香烟的人喝橘子水”，排除了“肯特”牌的可能。排除结果，乌克兰人抽“本生”牌香烟。

综合起来看：乌克兰人住蓝房子，喝茶，养马，抽“本生”牌香烟。

已知“西班牙人有条狗”，西班牙人抽什么牌香烟呢？

根据已知条件“日本人抽‘摩尔’牌香烟”，排除了“摩尔”牌的可能；根据已知条件“西班牙人有条狗”和“抽‘马宝路’牌香烟的人养蜗牛”，排除了“马宝路”牌的可能；根据已知结论“挪威人抽‘可乐’牌香烟”和“乌克兰人抽‘本生’牌香烟”，排除了“可乐”牌和“本生”牌的可能。排除结果，西班牙人抽“肯特”牌香烟。

我们再看英国人抽什么牌香烟。

已经知道，日本人抽“摩尔”牌香烟，挪威人抽“可乐”牌香烟，乌克兰人抽“本生”牌香烟，西班牙人抽“肯特”牌香烟。经过排除可知，英国人抽“马宝路”牌香烟。

再根据已知条件“抽‘马宝路’牌香烟的人养蜗牛”，可推知“英国人养蜗牛”。

注意：英国人养蜗牛。

我们再顺藤摸瓜，看英国人喝什么饮料。

根据已知条件“乌克兰人喝茶”，排除了喝茶的可能；根据已知结论“挪威人喝水”，排除了喝水的可能；根据已知条件“英国人住在红房子里”和“绿房子的主人喝咖啡”，排除了喝咖啡的可能；根据已知结论“英国人抽‘马宝路’牌香烟”和已知条件“抽‘肯特’牌香烟的人喝橘子水”，排除了喝橘子水的可能。排除结果，英国人喝牛奶。

再根据已知条件“当中那幢房子的主人喝牛奶”，可推知“英国人住在当中那幢房子”。

根据已知条件“挪威人住在左边第一幢房子”和已知结论“乌克兰人住第二幢蓝房子”及“英国人住在当中那幢房子”，可推知“乌克兰人住在挪威人与英国人之间”。

根据已知结论“乌克兰人抽‘本生’牌香烟”和已知条件“抽‘本生’牌香烟的人和养狐狸的人是隔壁邻居”，可推知“乌克兰人和养狐狸的人是隔壁邻居”。根据已知结论“乌克兰人住在挪威人与英国人之间”，可推知养狐狸的人不是挪威人就是英国人；根据已知结论“英国人养蜗牛”，可推知“挪威人养狐狸”。

注意：挪威人养狐狸。

谁是养斑马的人呢？

已知条件说“西班牙人有条狗”，又陆续推导出“乌克兰人养马”、“英国人养蜗牛”和“挪威人养狐狸”，排除了西班牙人、乌克兰人、英国人和挪威人的可能，是日本人养斑马。

这个“世界难题”的答案是：日本人是养斑马的人。

后　记

古希腊的亚里士多德创立了形式逻辑科学，建立了直言三段论的演绎逻辑。16 世纪，英国的弗兰西斯 · 培根否定了亚里士多德的演绎逻辑，创立了归纳逻辑。亚里士多德的演绎逻辑和培根的归纳逻辑，构成了形式逻辑的基本内容，为形式逻辑的形成与发展奠定了基础。

恩格斯说过："形式逻辑本身从亚里士多德直到今天都是一个激烈争论的场所。"[1]

当前，由于数理逻辑的长足发展，针对形式逻辑所进行的论争愈加激烈。很多人认为，应该在数理逻辑指导下改造发展形式逻辑。有些人甚至认为，应该用数理逻辑取代形式逻辑。

首先，数理逻辑代替不了形式逻辑。

刘治旺等人著的《简明数理逻辑基础》中说："传统逻辑（即形式逻辑—引者注）的主要作用是帮助人们正确表达思想，正确进行论辩。……这一作用是数理逻辑不能胜任的，人们在日常生活中决不会用数理逻辑的语言来表达和论辩。其次，传统逻辑讨论的一些和认识论有关的问题，数理逻辑也是处理不了的。"

我们赞同刘治旺先生等人的看法，形式逻辑中关于"表达思想""进行论辩"，以及"一些和认识论有关的问题""数理逻辑也是处理不了的"，

[1] 马克思恩格斯选集：第 3 卷 . 北京：人民出版社，1972：465—466.

因而数理逻辑代替不了形式逻辑。

形式逻辑是需要改造和发展，但是，在数理逻辑指导下改造和发展形式逻辑并非正确途径。

应该如何改造和发展形式逻辑呢？

我们认为，改造和发展形式逻辑应该从它所研究的具体内容入手。

形式逻辑所研究的具体内容有哪些呢？

毛泽东说过："科学研究的区分，就是根据科学对象所具有的特殊的矛盾性。因此，对于某一现象的领域所特有的某一种矛盾的研究，就构成某一门科学的对象。"[1]

刘治旺先生等人说：一个内容是"帮助人们正确表达思想"，一个内容是"帮助人们……正确进行论辩"，一个内容是"和认识论有关的问题"。

因此，形式逻辑针对的是三个不同现象，应该把它们分开单独研究，使之形成三个各自独立的学科。

（一）关于"和认识论有关"的内容，可以结合辩证唯物主义的认识论，使之形成一套指导人们如何认识事物的理论体系。这个理论体系可称之为"逻辑学"。

"逻辑学是和认识论一致的。""逻辑学是关于认识的学说，是认识的理论。""在《资本论》中，逻辑、辩证法和唯物主义的认识论 [不必要三个词：它们是同一个东西] 都应用于同一门科学。"

这个指导人们如何认识事物的理论体系，即列宁所说的逻辑学，也就是这部书所讲的内容。

（二）关于"表达思想"的内容，可以结合语法和修辞，使之形成一套指导人们如何写文章的理论体系。这个理论体系可称之为"语文基础

[1] 毛泽东选集：第 1 卷 . 北京：人民出版社，1968：284.

知识”。

毛泽东说：“写文章要讲逻辑。就是要注意整篇文章、整篇说话的结构，开头、中间、尾巴要有一种关系，要有一种内部的联系，不要互相冲突。……总之，一个合逻辑，一个合文法，一个较好的修辞，这三点请你们在写文章的时候注意。”[1]

这是指导人们如何写文章的理论体系“语文基础知识”。

（三）关于“进行论辩”的内容，可以结合我国古代的论辩理论和印度的因明理论，建立起一套指导人们如何进行辩论的理论体系。这个理论体系可称之为“论辩学”。

关于指导人们如何进行辩论的理论体系，笔者已经出版一部《趣味论辩学》。

这样分开单独研究，彻底突破了形式逻辑的旧框框，对形式逻辑的理论基础和体系实行了根本改造，使之得到发展。

笔者于2000年出版《传统逻辑体系探析》一书，承蒙中国人民大学的麻保安教授作序。

麻保安教授评论说：“该书将传统逻辑在认识、表达和论辩等方面的应用充实为三大部分，即上篇——逻辑学，中篇——形式逻辑，下篇——论辩学，突破了现代通行逻辑教材的旧框框，为传统逻辑的发展方向提出了一个引人瞩目的独特的改革方案。”

综上所述，把形式逻辑分为三个各自独立的学科之后可以知道，只有指导人们如何认识事物的理论体系才能叫作逻辑学，其余两个内容，应归入“语文基础知识”和“论辩学”。

把形式逻辑分为三个各自独立的学科之后，形式逻辑的理论体系就不能成立了。而将形式逻辑中“和认识论有关”的内容与辩证唯物主义的认

[1] 毛泽东选集：第5卷．北京：人民出版社，1977：217.

识论相结合，使之形成一套关于认识的理论体系。

恩格斯说过：“每一时代的理论思维，从而我们时代的理论思维，都是一种历史的产物，在不同的时代具有非常不同的形式，并因而具有非常不同的内容。”[1]

前人为我们打开了认识真理的通路，但他们并没有穷尽真理。我们应该把前人的学说当作通往真理的桥梁，而不能视为神圣不可侵犯的教条。社会在发展，人类在进步，我们时代的理论思维应该超越前人，具有更科学的形式和内容。

这部书是一部创新之作，肯定会存在很多不成熟或不妥当之处，恳请读者不吝提出宝贵意见，以利于这门学科的形成与发展，使之进一步完善。

刘润泽

2024 年 12 月

[1] 马克思恩格斯选集：第 3 卷 . 北京：人民出版社，1972：465.